高等院校网络教育系列教材

统计学原理(第二版)

刘桂荣　主编

·上海·

图书在版编目(CIP)数据

统计学原理 / 刘桂荣主编. —2版. —上海：华东理工大学出版社，2019.6
高等院校网络教育系列教材
ISBN 978-7-5628-5843-0

Ⅰ.①统… Ⅱ.①刘… Ⅲ.①统计学-高等学校-教材 Ⅳ.①C8

中国版本图书馆CIP数据核字(2019)第073467号

项目统筹 / 牛　东
责任编辑 / 赵子艳
装帧设计 / 徐　蓉
出版发行 / 华东理工大学出版社有限公司
　　　　　　地　　址：上海市梅陇路130号，200237
　　　　　　电　　话：021-64250306
　　　　　　网　　址：www.ecustpress.cn
　　　　　　邮　　箱：zongbianban@ecustpress.cn
印　　刷 / 北京虎彩文化传播有限公司
开　　本 / 787mm×1092mm　1/16
印　　张 / 18.25
字　　数 / 444千字
版　　次 / 2010年8月第1版
　　　　　　2019年6月第2版
印　　次 / 2019年6月第1次
定　　价 / 68.00元

版权所有　侵权必究

前　言

统计是作为认识社会和管理国家的工具而产生的,至今已有三百多年的历史。21世纪的人类社会,是信息大爆炸的时代。不管你是否愿意,我们每天都面对大量的信息,需要大量的信息,更要在大量的信息中搜寻到对自己有用的信息。而数据信息是信息的主体,绝大多数信息都是以数据的形式存在着。现代人在工作和生活中,都要从这大量的、杂乱纷繁的数据中发掘出事物的规律,做出正确的判断,以决定合适的行动方针,人人都离不开统计。

统计学是关于数据的科学和艺术,作为数据处理和分析技术的统计方法已经越来越广泛地应用于科学研究、生产经营管理和普通人的寻常生活之中。学习统计知识、掌握统计思想、具有统计思维方式已是现代社会发展的必然趋势。因此,"统计学"已经成为我国高校经济管理类各专业的核心课。

《统计学原理》主要是介绍基本的统计思想、统计理论和统计方法,教会读者用统计思维思考问题,用统计方法解决某些社会实际问题,并结合 Excel 软件的统计分析功能,提高读者学习统计学的兴趣和应用统计方法分析解决实际问题的能力。

本教材共分为八章。

第一章是绪论。介绍统计学的产生和发展、统计学的性质和特点、统计学中的基本概念和中国的政府统计制度。

第二章是数据资料的收集。介绍数据资料收集的方法、数据资料的类型、中国的统计报表制度和四种重要的专项调查的组织方式。

第三章是数据资料的整理。介绍如何把大量的数据资料进行加工处理,使数据资料系统化、条理化。本章重点介绍数据处理的技巧和方法以及数据的图形和表格展示方法。

第四章是数据资料的分析。介绍描述性统计数据的计算和应用,主要是综合指标、数据的集中趋势和离散趋势的测定。

第五章是动态数列。任何现象都是不断发展变化的,本章介绍了对现象发展进行动态水平分析、速度分析、趋势分析和季节变动分析的技巧和方法。

第六章是统计指数。介绍统计指数的种类、意义,指数分析法的应用。

第七章是随机抽样方法。介绍随机抽样调查的种类、意义、组织方式,抽样误差的计算控制,全及指标的推断,必要样本容量的确定。

第八章是相关分析与回归分析。介绍相关和回归的概念、种类,一元线性相关分析和一元线性回归分析。

本教材的特点是:(1)内容精练、语言通俗、资料翔实。本教材介绍了社会经济统计学的基本原理和统计学的入门知识,内容精练。用通俗的语言叙述统计学的概念、知识点和统计方法,易于理解和掌握。有丰富翔实的资料帮助读者理解概念、掌握要领、融会贯通。(2)密切联系实际。统计学是一门应用社会科学,只有用好统计分析技术,才能真正理解和掌握统计学。本教材提供了大量的实例,用发生在身边的事实,解释叙述统计学的概念。理论联系实际,阐述统计思想,提高读者的学习兴趣。(3)结合Excel软件的统计分析功能。Excel是Windows环境下的电子表格系统,它操作简便,具有强大的图表功能和数据分析功能,为复杂的统计分析带来极大的便利。本教材介绍了Excel的基本图表功能和相关数据分析功能,使复杂枯燥的数据处理变得生动、直观、形象。

本教材可作为高等院校经济管理类各专业的教材和参考书,也可作为统计知识爱好者、统计研究工作者的修读书目。

同第一版相比,第二版教材主要有以下改动:(1)在每一章的开头,增加了"本章导言",用简洁精练的语句概括出本章的主题内容;(2)每一章的练习题部分增加了"综合题",以提高学生们综合运用和理解各章内容的能力;(3)更新了所有的实际案例;(4)对所有关于数据的内容做了更新,以体现统计数据的时效性。

本书的顺利完成得益于以下同仁的大力帮助和支持,他们是马艳梅、袁国华、倪坚,刘天和袁泉协助完成了本书的相关工作。笔者对他们的辛勤付出表示感谢。

本教材的编写,参考了大量的现有文献,无法逐一列出这些文献的作者姓名。在此,对这些文献作者表示深深的谢意!

由于时间和水平所限,书中存在疏漏和错误之处,敬请各位同仁、读者给予批评指正!

编者
2019年1月

目　录

第一章　绪论　　1

　　第一节　统计学的产生与发展 / 2
　　　　一、统计学的产生 / 2
　　　　二、统计学的发展 / 3
　　　　三、统计学的分科 / 5
　　第二节　社会经济统计学的性质和特点 / 7
　　　　一、统计的含义 / 7
　　　　二、社会经济统计学的性质 / 8
　　　　三、社会经济统计认识社会的特点 / 9
　　　　四、社会经济统计学的研究对象 / 10
　　第三节　社会经济统计的作用 / 11
　　　　一、社会经济统计的作用 / 11
　　　　二、统计工作的职能 / 12
　　　　三、统计工作过程 / 13
　　第四节　统计学中的几个基本概念 / 14
　　　　一、总体和总体单位 / 14
　　　　二、标志与变量 / 15
　　　　三、统计指标与指标体系 / 17
　　　　四、流量与存量 / 20
　　第五节　中国的政府统计 / 21
　　　　一、中国统计的组织体制 / 21
　　　　二、中国的统计公报制度 / 22
　　本章小结 / 24
　　重要词汇 / 25
　　思考题 / 25
　　练习题 / 25

第二章 数据资料的收集　　28

第一节 统计数据的量化尺度和种类 / 29
　　一、统计数据的量化尺度 / 29
　　二、统计数据的类型 / 32
第二节 统计数据的收集 / 32
　　一、统计调查的意义 / 33
　　二、统计调查的种类 / 33
第三节 统计调查方案设计 / 36
　　一、明确调查的目的 / 36
　　二、确定调查对象、调查单位和填报单位 / 36
　　三、明确调查项目 / 37
　　四、确定调查时间和调查期限 / 38
　　五、制订调查的组织实施计划 / 38
第四节 统计报表 / 39
　　一、统计报表的意义和作用 / 39
　　二、统计报表的种类 / 40
　　三、统计报表制度的基本内容 / 41
　　四、统计报表制度的意义和作用 / 42
第五节 专项调查 / 43
　　一、普查 / 43
　　二、重点调查 / 45
　　三、典型调查 / 46
　　四、抽样调查 / 47
第六节 次级资料的收集 / 48
本章小结 / 48
重要词汇 / 49
思考题 / 49
练习题 / 49

第三章 数据资料的整理　　52

第一节 数据资料整理的基本问题 / 53
　　一、数据资料的整理 / 53
　　二、数据资料整理的基本步骤 / 53

第二节 统计分组 / 54
　　一、统计分组的意义 / 54
　　二、统计分组的作用 / 55
　　三、统计分组的方法 / 56
第三节 统计频数分布 / 58
　　一、频数分布的概念和种类 / 58
　　二、变量型频数分布的编制 / 62
　　三、累计次数分布 / 65
　　四、次数分布的主要类型 / 65
第四节 统计资料的图形展示 / 68
　　一、定类数据的图形展示 / 68
　　二、定序数据的图形展示 / 70
　　三、定距数据和定比数据的图形展示 / 72
第五节 统计表 / 74
　　一、统计表的作用 / 74
　　二、统计表的结构 / 75
　　三、统计表的种类 / 75
　　四、编制统计表的规则 / 76
本章小结 / 77
重要词汇 / 77
思考题 / 77
练习题 / 78
附录：学习 Excel 的基本统计功能 / 80

第四章　数据资料的分析　　　　　　　　　　　　　　　　85

第一节 总量指标 / 86
　　一、总量指标的概念和作用 / 86
　　二、总量指标的分类 / 87
　　三、总量指标的计量单位 / 88
第二节 相对指标 / 89
　　一、相对指标的概念和表现形式 / 89
　　二、相对指标的种类和计算方法 / 90
　　三、计算和运用相对指标应注意的问题 / 97

第三节 平均指标 / 98
    一、平均指标的概念、特点和作用 / 98
    二、算术平均数 / 99
    三、众数 / 103
    四、中位数 / 105
    五、各种平均指标之间的关系 / 107

第四节 标志变动指标 / 108
    一、标志变动指标的概念 / 108
    二、全距 / 109
    三、标准差 / 109
    四、离散系数 / 110

本章小结 / 111
重要词汇 / 112
思考题 / 112
练习题 / 112
附录：用 Excel 计算描述统计指标 / 116

第五章　动态数列　118

第一节 动态数列的概念、种类和编制原则 / 119
    一、动态数列的概念 / 119
    二、动态数列的种类 / 119
    三、动态数列的编制原则 / 121

第二节 动态分析的水平指标 / 122
    一、发展水平 / 122
    二、平均发展水平 / 123
    三、增长量 / 128
    四、平均增长量 / 130

第三节 动态分析的速度指标 / 130
    一、发展速度 / 130
    二、增长速度 / 132
    三、平均发展速度 / 133
    四、平均增长速度 / 134

第四节 长期发展趋势分析 / 135
   一、动态数列的影响因素 / 135
   二、长期趋势的测定 / 135
   三、移动平均法 / 136
   四、最小平方法 / 138
 第五节 季节波动的测定 / 141
   一、季节波动的概念 / 141
   二、按月平均法 / 141
   三、移动平均趋势剔除法 / 144
本章小结 / 147
重要词汇 / 147
思考题 / 148
练习题 / 148
附录：用Excel的数据分析功能计算移动平均值 / 153

第六章 统计指数 155

 第一节 指数的概念 / 156
   一、指数的概念 / 156
   二、指数的作用 / 158
   三、指数的分类 / 159
 第二节 个体指数 / 161
   一、个体数量指数 / 161
   二、个体质量指数 / 161
 第三节 综合指数 / 162
   一、综合指数的概念和特点 / 162
   二、数量指标综合指数的编制 / 164
   三、质量指标综合指数的编制 / 166
 第四节 平均数指数 / 168
   一、平均数指数的概念 / 168
   二、加权算术平均数指数 / 169
   三、加权调和平均数指数 / 170
 第五节 平均指标对比指数 / 172

一、平均指标对比指数的概念 / 173
　　二、平均指标对比指数的应用 / 174
第六节　指数体系及因素分析法 / 175
　　一、指数体系的概念 / 175
　　二、总量指标的两因素指数分析法 / 176
　　三、平均指标的因素分析法 / 178
　　四、指数推算 / 181
本章小结 / 182
重要词汇 / 182
思考题 / 182
练习题 / 183

第七章　随机抽样方法　　188

第一节　抽样调查的基本问题 / 189
　　一、抽样调查的概念和特点 / 189
　　二、抽样调查的应用范围 / 190
　　三、抽样调查的几个基本概念 / 191
　　四、抽样调查的理论依据 / 196
第二节　抽样误差 / 197
　　一、抽样误差的概念 / 197
　　二、抽样平均误差的意义和作用 / 198
　　三、抽样平均误差的计算 / 198
　　四、影响抽样平均误差的因素 / 202
　　五、抽样极限误差 / 203
第三节　抽样估计 / 203
　　一、抽样估计的概率度和可靠程度 / 203
　　二、抽样估计的方法 / 205
　　三、全及总体指标的推算 / 206
第四节　随机抽样的组织方式 / 209
　　一、抽样调查的组织程序 / 209
　　二、简单随机抽样 / 209
　　三、类型抽样 / 211

四、等距抽样 / 212

　　五、整群抽样 / 213

第五节　必要样本容量的确定 / 214

　　一、必要样本容量的含义 / 214

　　二、简单随机抽样的必要样本容量 / 215

本章小结 / 218

重要词汇 / 218

思考题 / 218

练习题 / 219

第八章　相关分析与回归分析　　223

第一节　相关分析 / 224

　　一、现象之间的关系 / 224

　　二、相关关系的特点 / 225

　　三、相关关系的种类 / 226

　　四、相关分析的主要内容 / 228

第二节　简单线性相关分析 / 229

　　一、线性相关关系的判定 / 229

　　二、线性相关系数 / 231

　　三、线性相关系数的性质和应用 / 233

第三节　简单线性回归分析 / 234

　　一、回归分析的概念 / 234

　　二、相关分析与回归分析的关系 / 235

　　三、一元线性回归分析 / 235

　　四、回归系数的计算 / 236

　　五、估计标准误差 / 237

　　六、判定系数 / 238

　　七、相关系数 r 和估计标准误差 S_y 的关系 / 239

　　八、相关系数 r 与回归系数 $\hat{b}$ 的关系 / 240

　　九、回归方程的应用 / 240

第四节　多元线性回归分析 / 242

　　一、多元线性回归模型 / 242

二、多元回归估计标准误差 / 243
　　三、复相关系数 / 243
第五节　可线性化的曲线回归 / 245
　　一、二次曲线(抛物线) / 246
　　二、指数曲线 / 246
　　三、幂函数曲线 / 247
　　四、双曲线 / 247
　　五、对数函数曲线 / 248
　　六、多项式回归 / 249
本章小结 / 251
重要词汇 / 251
思考题 / 251
练习题 / 251
附录8-1：应用Excel计算相关系数 / 255
附录8-2：应用Excel计算回归系数 / 257

参考答案　　259

参考文献　　277

第一章 绪　论

本章导言

世上无处不数据

2018年12月26日,星期三。上海市松江区的温度是6～10℃,下午2:00时的降水概率是90%,下午11:00时的降水概率是50%。

2018年12月26日,北京时间14:00,上证综指(代码,000001)为2 496.17,上证A股指数(代码,000002)为2 613.95,上证B股指数(代码,000001)为270.47。

中国大陆人口钟显示,大陆地区的总人口数是1 397 334 380人。

美元兑人民币汇率的中间价是6.884 5。

上海期货交易所,2019年1月份交割的铜期货合约的开盘价是47 940元,最高价是48 080元,最低价是47 850元。

日本的汽车设计师,在设计汽车驾驶员的座椅时,考虑了驾驶员的性别、身高、体重、手臂长度、腿长以及驾驶行为习惯等,将之数据化,并植入座椅的设计之中。如果是驾驶员本人驾驶汽车,汽车可以发动并正常行驶,如果不是驾驶员本人驾驶汽车,发动机会自动熄火,已达到汽车防盗功能。

计算机技术和科技的发展,拓展了"数据"的内涵和外延,使得数据无处不在、无时不有。"大数据"已成为一门科学,收集数据,分析数据,提炼出数据中的有用信息,发现数据之中隐藏的规律,可以作为加强管理、制订计划和规划,用于决策和预测的依据。

统计学是"关于数据的科学",人人都要有统计思维,人人都必须学习统计学。

学习目标

1. 了解统计学的产生和发展。
2. 知道"统计"这个名词的三种含义。

3. 了解三个重要的统计学流派。
4. 掌握统计学的研究对象及其特点。
5. 熟练掌握统计学中的八个基本概念。

第一节 统计学的产生与发展

一、统计学的产生

统计学(Statistics)作为一门方法论的应用社会学科,至今已有三百多年的历史。同任何一门学科的发展规律一样,必须先有社会需求,有广大劳动人民积极参与的社会实践活动,然后才有对社会实践活动的经验总结和理论概括,这种关于社会实践活动的经验总结,在实践中不断得到丰富和完善,上升到理论高度,最后发展成一门学科,再用于更好地指导社会实践活动。即理论来源于社会实践活动,反过来再用于指导社会实践。

统计的社会实践活动最早产生于还没有文字的原始社会。原始社会是人类社会发展历史中的第一个阶段,人们过着部落群居的简单生活,共同劳作,共同分享劳动成果。在进行劳动成果的记录和分配时,群居生活的部落首领必须知道本部落的人数和待分配的各种食物和劳动成果,这就需要知道事物"量"的特征。

事实上,任何事物都同时具有"量"和"质"两个方面的特征,而"量"的特征是对现象最直观的描述,最具有说服力。人们对任何现象的认识可以先从"量"上面进行认识和把握。在没有文字和数字用以表示事物"量"的特征时,古人非常聪明,想象出了比较形象和直观的表示方式,即在石块上刻出某种符号或者在绳子上打结以表达事物的"量",这样就出现了"结绳计数"和"刻石计数"。如《周易正义》中写到原始社会:"事大,大结其绳;事小,小结其绳;结之多少,随物众寡",这就是人们对社会现象进行的简单的记录和计量活动,于是产生了最早的统计萌芽。由此可见,统计产生于人们对客观现象进行"记录"或"计量"的现实需求。

随着人类社会的发展,人们的社会实践活动日益丰富,社会生产关系和生产力得到了极大的发展,人类社会随之进入奴隶社会和封建社会。原始社会的部落首领发展成奴隶社会的奴隶主和封建社会的封建主,奴隶主和封建主们为了加强自己的统治、管理和扩大自己的势力,开始了对人口、土地和财产的基本记录和计量,统计已应用于管理活动,统计实践活动的内容更加丰富。

随着社会的发展,国家为了加强对内统治和对外防御战争,需要进行征兵、征税等,因而统计已成为一项国家管理工具。例如,早在四千多年前的中国夏禹王朝,为了治国治水的需要,曾进行初步的国情统计,查明当时中国有人口约1 355万人,土地约2 431

万顷,并将全国分为九州。约公元前3000年,埃及为了建造金字塔,在全国对人口、财产进行过统计。

这个时期的统计活动,范围比较狭窄,仅限于对人口、土地、财产等重要社会财富的记录和计量,统计活动是人类社会生产实践活动的附加活动,统计工作仅仅是生产者的附加职能,社会分工中还没有出现专职的统计工作人员,更没有专业的统计研究机构发布各种统计数据信息。这种情况是由当时的社会生产力和生产关系的发展程度决定的。

> **重要知识点**:统计萌芽于原始社会对生产活动的计数、记录或计量活动,是作为认识工具和管理工具产生的。

二、统计学的发展

统计活动产生于人类的社会实践活动,统计活动的理论经验在社会实践活动中经过总结、提炼和升华,发展成统计学。统计学是随着人类社会的发展和国家管理的需要而发展起来的,是需求导向的结果。统计取得广泛迅速的发展是在资本主义社会。资本主义社会的社会分工更加细化,生产力得到快速发展,生产关系更加复杂,资本家追求利润最大化的动机更强。社会对情报、信息和统计数据的需求日益增长。统计已不限于人口、土地、财产等社会财富范围,它逐步扩展到更为广泛的领域,如贸易、交通运输、工业生产、商业流通、银行、保险、劳动、就业等。社会的发展客观上需要有专业机构来收集社会生产、社会生活等各个方面的数据信息,对之进行加工处理和分析,并且公开发布。由于社会对信息需求的增长,统计最终成为一种专门的社会职业,从生产者的附加职能中分离出来,形成了各种专业的社会经济统计。在1830—1849年,欧洲各国相继成立了统计机关和统计研究机构。1853年,在布鲁塞尔举办了首届国际统计会议(International Statistical Congress),这种有组织的国际统计会议逐渐发展成目前的国际统计学会(International Statistical Institution)。此外,17世纪之后,在统计学的发展历史上出现了几个比较重要的统计学流派,主要如下。

政治算术学派。政治算术学派产生于17世纪中叶的英国,主要代表人物是英国著名的古典经济学家威廉·配第(William Petty,1623—1687)和约翰·格朗特(John Graunt,1620—1674)。16世纪末到17世纪初,英国发生了几次鼠疫大流行,伦敦市民对出生、死亡、结婚、洗礼等含有大量数字的报告变得关心起来。约翰·格朗特根据寺院提供的关于死亡和洗礼的资料,编制了世界上第一张"死亡率"统计表,并出版了《对死亡表的自然观察和政治观察》。威廉·配第继承和发展了格朗特的研究工作,根据对人口、土地、财政、经济等各方面的大量观察,完成了《政治算术》(1690)一书。这里的"政治"是指"政治经济学","算术"是指统计方法。在他的著作中,配第第一次运用数字、重量、尺度等计量和比较的方法,运用大量的统计资料,将英国的国力与法国、意大利、荷兰等欧洲国家进行了比较研究,提出了一套在当时来说较为系统的数量对比分析方法,用于对社会经济现象进行数量性的描述和比较分析,创立了政治算术学派。

政治算术学派是统计学发展的开端,此后,在人口统计学方面,由于研究对象的不同,出现了保险统计、卫生统计等统计学的分支;在经济统计方面,出现了农业统计、工商统计和物价指数计算方法的研究等。

政治算术学派虽然被称为统计学的真正起源,但是,这一学派没有把对社会客观现象的数量研究方法叫作"统计学","统计学"这个名称实则源自"国势学派"。

国势学派(又称记述学派)。国势学派产生于18世纪的德国,创始人是赫尔曼•康林(Herman Conring,1606—1681)。他对欧洲许多国家的人口、国土面积、政体、财政、军备等方面进行了文字性的记述,并在大学开设"国势学"课程。18世纪德国政治学教授格特弗里德•阿亨瓦尔(Gottfried Achenwall,1719—1772)继承和发展了康林的"国势学",1749年,阿亨瓦尔出版了其代表作《近代欧洲各国国势学概论》。康林和阿亨瓦尔都比较全面地记述了欧洲各国的基本情况,如人口、领土、政治结构、议会、军队、财政、经济、宗教、地理、风俗、货币、艺术等。但是他们很少对事物做数量方面的观察,也不研究事物数量之间的联系,更没有触及统计资料的实质,这与英国的政治算术学派大不相同。国势学派首先将"国势学"命名为"统计学","统计学"的名字一直沿用至今。

数理统计学派。数理统计学派产生于19世纪的比利时,主要代表人物是凯特勒(A. Quetelet,1796—1874),他的代表作是《社会物理学》。凯特勒发展了政治算术学派,在应用数量观察分析方法的同时,将统计方法应用于社会生活的各个方面,可以说是开创了统计学的新纪元。此外,凯特勒还率先将概率论引入社会现象的统计研究之中,提出了社会现象的发展并非偶然,而是具有内在规律性的观点,并且提出了关于统计学的新概念。通过他的努力,统计学的方法获得了普遍应用。凯特勒还写过不少运用概率论的著作,到19世纪60年代,他又进一步将国势学、政治算术、概率论的科学方法结合起来,使之形成近代应用数理统计学,创立了"数理统计学派",被后人称为"现代统计学之父"。凯特勒还是比利时国家统计工作的领导人,是国际统计学术会议的倡导者和组织者,在统计学的发展中,做出过巨大贡献,产生了重要影响。

在社会发展进程中,各种统计学派相互影响,相互汲取其他学派的有益之处,相互促进,共同发展,不断完善。同时概率论等数学学科的发展,也丰富和发展了统计学的数学方法,使统计学逐渐发展成一门社会科学。

20世纪50年代之后,随着数学和计算机技术的发展,统计理论、统计方法和统计学的应用都进入了一个全面发展的新阶段。特别是计算机技术的发展与普及,为统计学在应用上的普及开拓了广阔的前景,新的研究领域层出不穷。无论在自然科学、社会科学以及农业、林业、医药等各个领域,统计学都成为不可缺少的分析工具和管理工具。

在现代经济金融社会中,统计学更是一门非常重要的管理工具和分析工具,不能掌握基本的统计分析技术和了解统计数据的真实意义,对于国家管理、企业管理和个人及家庭生活都将产生不利的影响。我国著名经济学家马寅初先生曾经说过:"学者不能离开统计而研究,政治家不能离开统计而施政,事业家不能离开统计而执业。"统计是窥测奥秘的工具,是使人聪明的技术。对统计学的一知半解常常造成不必要的上当受骗,对统计学的一概排斥往往造成不必要的愚昧无知。现代经济社会,人人都要有统计思想,都要学习一些基本的统计方法和统计分析技术,统计无处不在。

> **重要知识点**:统计学是随着人类社会的发展和国家管理的需要而发展起来的。资本主义社会出现了三大重要的统计学流派:政治算术学派、国势学派和数理统计学派。"统计学"一词起源于18世纪的国势学派。

三、统计学的分科

统计学产生于人们的统计社会实践活动,是对人类社会统计实践活动经验的高度概括,是对统计实践活动的经验总结和提炼,用于指导人们更好地进行各种社会统计实践活动。《不列颠百科全书》把统计学定义为"收集和分析数据的科学和艺术,其中标出统计方法的艺术"。关于统计学的概念,不同时期有不同的含义,多种多样。我们认为统计学是一门关于数据的科学和艺术,研究有关数据的收集、整理和分析的基本方法,探究数据的内在数量规律,研究数据的展示方法,从数量方面达到对客观事物的科学认识。

统计学在发展过程中,经过不断的进化和完善,吸收了数学和概率论的基本方法,研究对象和研究方法也不断细化,形成了不同的分支学科,主要如下。

(一)描述统计学(Descriptive Statistics)和推断统计学(Inferential Statistics)

根据统计学的研究方法在研究统计数据的过程中的作用不同,统计学分为描述统计学和推断统计学。描述统计学产生于20世纪20年代。生物学家达尔文在研究生物的遗传变异等进化理论时,采集了生物、地质、地理等方面的大量标本和化石,在收集、整理和权衡事实的过程中,借助了简单的统计方法,引起了很多人的兴趣。此后,一些生物学家兼科学家,将生物进化和统计研究相结合,使生命科学的研究从定性分析迈向定量分析,开创了生物统计学派。

生物统计学派的主要代表人物是高尔顿(F. Galton,1822—1911)和皮尔逊(K. Pearson,1857—1936)。达尔文《物种起源》这一巨作的问世,触动和激发了高尔顿用统计方法去精确地研究智力遗传的进化问题,奠定了其生物统计学派创始人的地位。高尔顿努力探索那些能把大量数据加以描述与比较的方法和途径,结果出色地引入了诸如中位数、百分位数、四分位数、四分位差以及分布、相关、回归等重要的统计学概念与方法,对变异、相关、回归有独到的见解,为统计学的发展做出了巨大的贡献。皮尔逊是生物统计学派的主要干将,他继承和发展了高尔顿的统计思想。皮尔逊致力于生物统计学、优生学和遗传学的统计方法研究,对一般生物现象进行数量描述,创造了许多统计学的用语。例如,频数分布表、频数分布图、相关系数的计算公式、回归系数的计算公式、卡方检验等。可以说,统计中的大部分内容都是由皮尔逊整理出来的,大部分统计术语也是由他命名的,是他使描述统计学不断地发扬光大。

以皮尔逊为首的生物统计学派在研究进化遗传等生物现象时,他们的许多统计方法也能适用于社会、经济、人口等方面的统计研究。因此,生物统计学逐步被统计学家们抽象化而成为在自然科学、社会科学的广泛领域中都能通用的方法,并构成了统计学的一个极重要的组成部分。因此,现代西方统计学界把20世纪20年代样本推断统计学以前的、以大样本观察为基础的一整套统计理论与方法称之为"描述统计学"。

从生物统计学派发展而来的描述统计学是以大样本近似分布为基础,重点研究数据的收集整理和对数据进行直观的描述。它的基本研究方法即是大量观察法和综合归纳法。把大量的繁杂的统计数据进行归纳整理,提炼出说明现象本质特征及规律的有用信息,是描述统计学的中心内容。描述统计学用诸如排序、分组、列表、制图等整理手段以及百分比、平均数、标准差、相关系数、回归系数等计算手段,把大量的数据简捷地浓缩到可以利用的程度。对收集到的大量数据进行加工、整理、列表、图示以及计算综合指标,用以探索数据内在的数量规律性是描述统计学的基本特征。

推断统计学诞生于1920年前后,主要代表人物是戈瑟特(W. S. Gorsset,1876—1937)和费希尔(R. A. Fisher,1890—1962)。推断统计学主要研究如何根据样本数据去推断总体未知数量特征的方法,它是在对样本数据进行描述的基础上,对总体未知的数量特征做出以概率形式表述的推断。特别是建立在小样本基础上的推断统计学方法成为推断统计学的主流。

描述统计学和推断统计学的划分,既反映了统计方法发展的两个不同阶段,也反映了应用统计方法探索客观事物数量规律性的不同过程。由于推断统计学需要应用概率论和数理统计的基本方法,相对比较复杂,因此本书主要介绍描述统计学的基本方法和应用。

(二) 理论统计学(Theoretical Statistics)和应用统计学(Applied Statistics)

根据统计学的研究目的不同,统计学分为理论统计学和应用统计学。理论统计学主要研究统计学的基本原理和基本方法,研究如何将数学原理和计算机技术应用于统计学,以发展出新的统计学方法和技术。理论统计学的发展推动和完善了统计学学科的发展。理论统计学是统计方法论的理论基础,没有理论统计学,统计学科的发展将止步不前。

应用统计学主要是研究如何将统计学的方法和原理与实际问题相结合,使用统计学的方法解决实际问题。统计学是一门关于数据的科学,现实世界中任何现象都表现为"量"和"质"两个方面,其量的规定性可以通过统计学的方法进行认识和把握,统计学方法的应用几乎扩展到了所有的科学研究领域。例如,将统计学的方法应用于生物学的研究,形成了生物统计学;应用于医学研究,形成了医疗卫生统计学;应用于商业,形成了商务统计学;应用于旅游业,形成了旅游统计学;应用于现代金融服务业,形成了金融统计学等。现代经济社会中的各个主体,都必须学习一定的统计学知识,掌握一定的统计学知识将使你受益无穷。

此外,统计学作为一门方法论科学,能够和其他学科交叉结合,形成新的统计学分支,如社会经济统计学、农业统计学、管理统计学、商业统计学、贸易统计学、人口统计学等。

> **重要知识点**:描述统计学是收集大量的样本观察数据,对数据加工整理,通过图、表和特征指标对总体的数量特征、规律和分布形态进行展示的一整套统计方法论。Excel提供了统计图表的制作及描述统计指标的计算方法。推断统计学是利用随机性原则抽取样本,通过对样本进行描述统计的结果对总体的未知特征进行有一定概率保证程度的推断。

第二节 社会经济统计学的性质和特点

一、统计的含义

18世纪,出现了"统计学"这个名词,现代社会中"统计"一词随处可见,每个人都离不开统计,从国家行政机关的构成来看,世界各国都设有专业的统计机构,联合国设有统计署。中国最高的统计研究机构和统计数据信息发布机构是中华人民共和国国家统计局,各级地方政府都设有专业的统计工作机构,基层单位设有专职的统计工作人员。"统计"一词到底有什么含义呢?根据国际统计惯例和规则,"统计"一词有三种含义——统计活动、统计资料和统计科学。

(一)统计活动

统计活动或统计工作是指统计工作人员对社会经济现象的数量方面进行记录、收集、整理和分析活动的过程,它是一种社会调查研究活动。例如,基层单位的统计工作人员对本单位工人出勤情况的记录和分析活动;基层单位的统计工作人员对本单位的产品生产、库存、销售所进行的记录和分析工作;各级政府统计研究机关的各项工作活动;社会调查人员的调查工作等。统计活动也可以称为统计工作。现代社会中,检验、化验、监督监测、信息预报等活动都是统计活动。统计活动的成果即是统计资料,包括各种调查数据、调查表格,根据调查数据绘制的各种图表及对社会经济现象进行的定性分析和定量分析等。

(二)统计资料

统计资料是反映社会经济现象发展变化规律的重要数据资料,对于描述现象发展的现状和发展规律、进行发展趋势的预测、开展科学研究、加强管理和国际交流、制定宏观经济政策和企业发展战略具有非常重要的意义。

统计资料是统计活动或统计工作的最终成果,数据或图表是现代统计资料的主要表现形式,借助计算机技术和统计分析软件,可以对统计资料进行深入的分析,并撰写统计分析报告。我国的政府统计部门每年都要定期发布反映国民经济和社会发展情况的统计公报,国家统计局每月都要发布中国宏观经济运行的统计数据,为个人消费、储蓄和投资,企业投资、生产经营管理,银行信贷的发放以及宏观经济管理提供依据。

统计资料还是统计信息的主要内容。在当今信息化时代,信息的表现形式主要是各种统计数字。例如,在2018年"双十一"全球购物狂欢节活动中,11日凌晨0点02分05秒时,天猫"双十一"的成交额就突破100亿元人民币,比2017年用时快了近一分钟,天猫"双十一"的交易总额达到创纪录的2 135亿元。京东"双十一"累计成交额达到1 598亿元。这些数字信息直观地说明了2018年"双十一"中国电商平台的销售规模,反映了中国电商行业的发展水平。又比如,2018年11月5日至10日,中国第一届国际进口博览会在上海举行。为了办好进博会,上海招募了5 438名志愿者,其中96%来自上海高校。进博会期间,参会国家、地区和国际组织172个,参展企业3 600多个,记者达4 100多人。11月6日至8日的3天时间里,来自82个国家和地区的1 178家参展商、2 462家采购商进行了多轮现场"一对一"洽谈。首届中国国际进口博览会累计意向成交总金额达578.3亿美元,其中,智能及高端装备展区成交额最高,为164.6亿美元。进博会累计进场达80万人。这些数据信息说明了进博会空前的盛况。

(三) 统计科学

统计科学是统计实践活动经验的高度概括,是从统计活动中提炼出来的关于正确进行统计活动,更好地发挥统计作用的科学原理和方法,对统计活动具有指导作用,是"统计"的最高层次含义。

现代社会生活中,统计学已经成为一门重要的方法论科学。它提供一套数据分析方法和技术,没有统计学提供的数据收集方法、数据分析方法和分析技术,我们就无法深刻了解现象发展的现状,无法进行现象发展趋势的预测,根本不可能做出科学的决策。

"统计"的三种含义中,统计活动是基础,没有统计活动,就没有统计资料,也不会有统计工作经验的总结和概括,统计科学也就不可能形成和发展。在具体的环境条件下,"统计"的含义不尽相同,我们要学会根据现实条件,判断"统计"的含义。

> **重要知识点**:"统计"可以是统计工作(活动)、统计资料和统计科学。其中,统计工作或统计活动是最基础的。

二、社会经济统计学的性质

社会经济统计学是统计学的一大分支,是从数量方面入手研究社会经济现象的现状及其发展规律的手段,社会经济统计学是一门系统论述社会经济统计方法的应用社会科学。

辩证唯物主义告诉我们,任何事物都有质和量两个方面,都是质和量的辩证统一体,没有质就没有量,没有量也就没有质,量变引起质变,质变促进新的量变。辩证唯物主义关于质量互变的原理给人们指出了认识社会的一种途径,即通过把握事物的数量特征和从数量关系入手,经过调查研究,探索社会经济现象的本质和规律性。社会经济统计正是在认识事物量的基础上认识事物的质,为其他实质性学科提供数理指导,成为认识社会的方法之一。因此,社会经济统计学是一门研究大量社会经济现象总体数量方面的方法论科学。

我们可以利用社会经济统计学的研究方法对 2017 年中国的对外经济情况进行统计。统计公报表明,2017 年全年中国货物进出口总额达 277 923 亿元,比 2016 年增长 14.2%。其中,出口 153 321 亿元,增长 10.8%;进口 124 602 亿元,增长 18.7%。货物进出口差额(出口减进口)达 28 719 亿元,比 2016 年减少 4 734 亿元。对"一带一路"沿线国家的进出口总额达 73 745 亿元,比 2016 年增长 17.8%。2017 年全年中国吸收外商直接投资(不含银行、证券、保险)新设立企业 35 652 家,比 2016 年增长 27.8%。实际使用外商直接投资金额 8 776 亿元(折 1 310 亿美元),增长 7.9%,增速比 2016 年加快 3.8 个百分点。其中"一带一路"沿线国家对华直接投资新设立企业 3 857 家,增长 32.8%;对华直接投资金额 374 亿元(折 56 亿美元)。全年高技术制造业实际使用外资 666 亿元,增长 11.3%。

社会经济统计提供了大量的反映我国国民经济和社会发展基本情况的经济数据,有了这些经济数据,我们可以更好地把握 2017 年我国国民经济的运行状况,了解我国的对外经济状况,了解我国经济的开放程度及其与世界的联系程度。

三、社会经济统计认识社会的特点

社会经济统计的性质决定了它认识社会具有以下特点。

(一) 总体性

总体性是指社会经济统计是从总体上反映和分析社会经济现象的数量方面,而不是着眼在个别事物上。这是因为我们必须从整体上观察现象的本质和发展规律,才能做出正确的判断。个别事物的发展容易受到许多偶然因素的影响,其数量特征并不能代表总体的情况。从总体上研究社会现象的数量方面,也是使统计学区别于其他社会科学的一个主要特点。然而,这并不意味着统计研究可以抛开个别事物的数量特征,相反,只有从个别事物入手,先掌握个别事物的数量情况,才能统计出总体的数量特征,因此,个体的数量资料是统计研究的基础。例如,要了解某班级同学的统计学考试情况,必须先统计每个同学的统计学考试成绩,然后才能统计出反映全班考试情况的最高分、最低分、平均分、及格率和不及格率等;要对宏观经济进行调控,就必须了解宏观经济中基本行业的发展现状,如消费、储蓄、投资、农业、工业、房地产业、高科技产业、出口、进口等的发展情况;要判断经济中是否存在通货膨胀的趋势,就要了解基本商品的价格变化情况。

(二) 数量性

数量性是指社会经济统计是从数量方面入手认识社会的工具。任何事物都有质的规定性，也有量的规定性，而数量是最具有说服力的，统计学用大量的数据资料说明事物的规模、水平、结构、速度、比例关系、差别程度、普遍程度、密集程度、强弱程度等。比如，根据国家统计局的初步核算，2017 年全年我国的国内生产总值为 827 122 亿元，比 2016 年增长 6.9%。第一产业增加值占国内生产总值的比重为 7.9%，第二产业增加值比重为 40.5%，第三产业增加值比重为 51.6%。国民经济中，第一产业的比重最低，这说明我国的经济结构已经逐步优化。2017 年全年我国最终消费支出对国内生产总值增长的贡献率为 58.8%，资本形成总额贡献率为 32.1%，货物和服务净出口贡献率为 9.1%。由此可见，消费支出对国民经济的贡献最大，刺激消费，扩大消费，有利于经济增长。2017 年全年我国人均国内生产总值为 59 660 元，比 2016 年增长 6.3%。值得注意的是，统计学并不是孤立认识事物的量，而是在质与量的密切联系中研究事物的数量方面。

(三) 具体性

社会经济统计学研究的社会经济现象总体的数量方面，都是客观存在的、具体的，是可以实际测度出来的，而不是抽象的数量关系，或抽象的数量描述。比如，上海的土地面积仅占全国的 0.06%，但是却承载了全国人口的 1%。据统计，2017 年末全国大陆总人口为 139 008 万人，比 2016 年末增加 737 万人，其中城镇常住人口 81 347 万人，占总人口比重（常住人口城镇化率）为 58.52%，比 2016 年末提高 1.17 个百分点。户籍人口城镇化率为 42.35%，比 2016 年末提高 1.15 个百分点。2017 年全年我国出生人口数为 1 723 万，出生率为 12.43‰；死亡人口数 986 万，死亡率为 7.11‰；自然增长率为 5.32‰。全国人户分离的人口数为 2.91 亿，其中流动人口数 2.44 亿。所有这些数据都是具体的、现实的、真实的、客观存在的。

四、社会经济统计学的研究对象

社会经济统计学的研究对象，也是社会经济统计学的研究范围或领域。明确了社会经济统计学的研究对象，即可知道哪些现象可用统计学的方法研究，哪些现象不能研究。

关于社会经济统计学的研究对象，不同时期、不同学派有不同的观点，曾经引起很大的争论，对此笔者不做一一详述。在各种流派的不同观点中，笔者比较倾向于认同社会经济统计学是一门系统论述社会经济统计方法的应用社会科学，它是在质和量的辩证统一中，研究社会经济现象总体的数量方面；同时提供各种研究社会经济现象总体数量方面的研究方法。因此，只要涉及社会经济现象总体的数量方面，都是它的研究领域。

> **重要知识点**：社会经济统计学研究社会经济现象总体的数量方面，是从数量方面入手研究社会经济现象的发展规律和特征，它的研究内容具有总体性、数量性和具体性的特点。

第三节 社会经济统计的作用

一、社会经济统计的作用

社会经济统计的应用十分广泛。21世纪是信息爆炸的时代,信息的收集、整理、发布、传播和应用是社会发展的主流。在全球经济一体化进程中,谁先掌握并能够开发利用各种信息资源,谁就在激烈的竞争中掌握了主动权。我国著名统计学家陈希孺院士就曾说过:"我们现在处在一个所谓的'信息爆炸'时代,信息的一种最常见的形式就是数据。现代人在工作和生活中,不时地要从这大量的、杂乱纷繁的数据中发掘出事物的规律,做出正确的判断,以决定合适的行动方针。可以说,这方面的能力如何,实在是衡量一个人聪明与否的一个极重要的外现指标。"

统计信息是社会经济信息的主要内容,因而大至国家的宏观管理,小到基层单位的核算和家庭的日常生活,个人的工作、学习,各行各业,各种经济主体都要利用统计信息,统计无处不在,人人离不开统计。社会经济统计的作用主要表现在以下几个方面。

(一) 在管理工作中的作用

统计是基于国家管理的需要而产生和发展的,市场经济充满了机遇、竞争和风险,加强科学管理,可提高竞争优势和效率。社会经济统计为制订管理措施和做出管理决策提供可靠依据。企业管理者将产品的产量和生产总成本作为确定平均成本的依据;根据生产进度和材料库存,做出材料的采购计划;央行根据投资额、存款额、贷款额和CPI(居民消费价格指数),作为调节宏观经济和制定货币政策的依据;根据商品和服务贸易、直接投资、外债等因素确定人民币汇率的"一篮子货币";家庭根据平均月收入制订消费支出的计划等。这些都是统计在管理工作中的具体表现。社会经济统计在管理中的作用可以概括为提供信息、实行监督、提供咨询和参与决策四个方面。

(二) 在国家宏观调控中的作用

宏观调控是政府的主要职能,政府通过适当的财政政策、货币政策和产业政策调控国民经济的运行。政府根据宏观经济的运行状况、社会投资额的增长速度和货币投放量来制定调控政策;央行根据房产贷款额的增长量、房产价格和居民可支配收入,通过利率调控房地产行业。在制定各种宏观调控政策时必须有微观经济运行情况的基本统计资料,社会经济统计提供的各种数据,可以作为制定宏观调控政策的各种依据。

2018年12月19日至21日,中央经济工作会议在北京召开。会议指出,宏观政策要强化逆周期调节,继续实施积极的财政政策和稳健的货币政策。会议要求"实施更大规模的减税减费",预计2019年减税幅度将由2018年的1.3万亿元上调至1.5万亿元,增值税、企业所得税、个人所得税以及社保缴费都存在一定下降空间。

（三）在科学研究中的作用

科学研究需要掌握大量的研究背景资料和有关信息，背景资料是进行科学研究的基础，是进行比较研究的依据。更重要的是，科学研究需要收集第一手的研究资料，为此，研究者必须进行广泛的调查。社会经济统计的调查方法可以为研究者提供问卷设计的方法、统计调查的方法，便于研究者收集原始资料。社会经济统计不仅可提供信息资料的收集、整理和分析的原理与方法，还可以为科学研究提供必要的数字信息，分析涉及的数量关系及其发展变化，得出有说服力的科学研究成果。

几乎所有的科学实验和科学研究都需要科学家收集样本，通过对样本的观察和研究获得重要的一手数据，以便于对研究总体的相应特征进行推断和研究。科学家设计调查问卷，收集样本，对调查数据进行整理、分析和推断的过程都要用到统计学的思维和方法。统计为科学研究做出了重要贡献。

2015年，中国科学家屠呦呦荣获诺贝尔生理学或医学奖。20世纪60年代初、70年代初我国两次大范围爆发疟疾，屠呦呦率领的科研团队在3个月内，从2 000多个药方中精选编辑了包括640个药方的《疟疾单秘验方集》。1971年9月，屠呦呦课题组筛选的100余种中药水提物和醇提物样品中，对疟原虫抑制率最高的也只有40%左右。经过周密思考和反复实验，屠呦呦终于证实青蒿乙醚提取物效果最好。190次失败后，1971年10月4日，191号青蒿乙醚中性提取物样品对疟原虫的抑制率达到100%。

（四）在国际交流中的作用

当今的世界经济是开放的经济，因特网技术将世界变成一个地球村落。世界经济一体化、全球化的浪潮无法阻挡。改革开放和国际交流是社会经济发展的必要条件，而政治、经济、文化、教育、服务、劳务、投资、融资、科学技术等统计信息的交流是国际交流的主要内容。社会经济统计可以提供多方面的统计信息，对开展对外合作，进行国际交流，有十分重要的作用。2018年11月30日至12月1日，二十国集团（G20）领导人第十三次峰会在阿根廷首都布宜诺斯艾利斯举行，我国国家主席习近平出席此次峰会。G20成员人口占全球的2/3，国土面积占全球的60%，国内生产总值占全球的90%，贸易额占全球的75%。G20在引领和推动国际经济合作交流方面具有举足轻重的作用。

二、统计工作的职能

统计工作的职能是指统计工作在社会经济发展中具有的功能。统计工作是关于事物数量方面数据资料的收集整理和分析的实践活动。统计有多种功能，基本功能是信息功能。根据研究的目的和任务的需要，统计工作要如实有效地对国民经济和社会发展情况进行调查、研究分析，提供统计资料，发挥统计的信息功能。除信息功能外，统计还有咨询和监督两种功能。《中华人民共和国统计法》明确规定："统计的基本任务是对国民经济和社会发展情况进行统计调查、统计分析，提供统计资料和统计咨询意见，实行统计监督。"

统计工作的功能是通过正确地完成统计工作的基本任务,及时地提供优质的统计服务和实施统计监督来实现的。

三、统计工作过程

统计工作是一项复杂系统的社会实践活动。一般地,一项统计工作可以分为统计设计、统计调查、统计整理、统计分析和统计资料的提供与开发五个阶段。

统计设计是统计工作过程的第一个阶段,是根据统计研究任务的需要和统计研究对象的特点,对统计工作的各个方面和各个环节的通盘考虑和安排,因而,它是整个统计研究工作的规划。如统计问卷的设计、统计分组和分类设计、统计指标和指标体系设计、资料整理的方法和步骤设计、统计工作时间进度安排和统计力量的组织与协调等。统计设计的结果表现为各种统计工作方案,是保证统计工作顺利进行的基础。

统计调查是统计工作过程的第二个阶段,是在统计设计的基础上,采用科学的调查方法,有计划有组织地收集社会经济现象的实际资料的活动过程,是认识社会经济现象的起点,也是统计整理和统计分析的基础。通过统计调查收集到的材料越充实,就越能为认识社会打下牢固的基础。统计调查的数据质量必须符合统计研究的需要,即满足统计的时效性、有效性、完整性和准确性。

统计整理是统计工作过程的第三个阶段,是在统计设计的基础上,根据统计研究的任务和目的,采用科学的方法对统计调查的数据资料进行加工处理,利用统计方法提炼出数据中的有用信息,利用统计指标对经济现象进行描述,得出客观经济现象的发展规律,为统计分析服务。统计整理就是对统计调查来的数据进行科学的汇总综合,使数据具有条理性和规律性。

统计分析是统计工作过程的第四个阶段,是在统计整理的基础上,采用各种统计分析的方法对统计整理的结果计算各种分析指标,揭示社会经济现象和过程的数量特征和规律性,对研究对象的现状和发展趋势进行描述和推断,并根据分析研究,做出科学的结论。

统计资料的提供与开发是实现统计信息社会化的重要步骤。在全球经济一体化和信息大爆炸的时代,统计信息的重要作用越来越明显,政府统计部门根据各种统计研究的结果,收集整理丰富的统计资料,建立数据库、信息库和信息网,并且定期公开发布,为国家、企业、个人提供统计资料和统计信息咨询,为各级领导和决策部门提供优质服务,使其充分利用统计信息资源,更好地发挥统计的功能。统计工作过程的各个阶段并不是孤立的,而是紧密联系的一个整体。

> **重要知识点**:统计工作的基本过程:统计调查、统计整理、统计分析。

第四节　统计学中的几个基本概念

一、总体和总体单位

总体亦称为统计总体,是根据统计研究的任务和目的的要求,由客观存在的、在相同性质基础上结合起来的许多基本单位组成的整体。例如,2018年中国开展第四次经济普查,本次经济普查的对象,即普查总体是我国境内从事第二产业和第三产业的全部法人单位、产业活动单位和个体经营户。其中,法人单位、产业活动单位和个体经营户按照《普查单位划分规定》进行界定。2016年,中国开展第三次全国农业普查,农业普查的登记对象,即统计研究总体是中华人民共和国境内的农业经营户、农业经营单位、居住在农村且有确权(承包)土地的住户。统计总体明确了统计研究工作的整体范围。

统计总体是统计研究工作的基础,是统计学中最基本的一个概念。统计总体具有以下特征:(1)客观性。总体是客观存在的,看得见、摸得着,有一定的实物性和具体形态。上海已经是中国大陆地区的金融中心,为了促进上海金融中心建设和金融业健康稳健发展,2018年8月20日,全国首家金融法院——上海金融法院挂牌成立。至11月26日,上海金融法院已受理案件1 600多件,标的额近200亿元。这些投诉案件组成一个客观存在的总体。(2)同质性。组成总体的基本单位至少有一个共同的性质,这也是总体存在的前提条件。如上海金融法院受理的案件都是金融行业、金融领域的违法事件。同质性是组成总体的基本条件。(3)大量性。大量性是指组成总体的基本单位数是大量的、很多的。如2018年全国第四次经济普查的普查总体是由大量的国民经济中的经济基本单位组成的。(4)变异性。变异性是指组成总体的基本单位在性质上是有差异的,不完全相同的。变异性是进行统计研究的必要条件。例如,在上海金融法院受理的1 600多件案件中,每件案件的涉案标的物、涉案主题、涉案主体、违法内容、诉讼内容、案件发生的时间都不相同。

统计总体可以根据所包含的总体单位数的情况分为有限总体和无限总体。如果一个总体所包含的基本单位数是有限个或可列个,称之为有限总体。例如,截至2018年11月30日,上海证券交易所共有上市公司1 449家,上市A股股票1 442只,B股股票51只,上市证券数12 226只。深圳证券交易所共有上市公司2 132家,上市证券数7 907只。如果总体所包含的基本单位数有无限多个或是不可列的,则称之为无限总体。如某企业连续生产的某种产品的数量;大海里的海洋资源量;原始森林等。一般来说,社会经济统计研究的总体大都是有限总体。

统计总体还可以根据总体与时间的联系状态分为静态总体和动态总体。如果一个总体不随时间的变化而变化即是静态总体,如果一个总体随时间的变化而变化即是动态总体。一般来说,宇宙万物都随着时间的变化而发生相应的改变,不改变只是相对的。动态总体是常见的研究总体,静态总体是特殊情况下的研究总体。

组成总体的基本单位称为总体单位。总体单位是统计数据资料的承担者。在统计总体确定的情况下,总体单位不需要再细分。总体相当于一个集合,总体单位是组成总体这个集合的元素。例如,截至2017年末,我国共有自治县117个,县1 355个,县级市363个,地级市294个,市辖区962个。这里的每个行政单位都可以是总体单位。

总体和总体单位是相对的,随着研究目的的不同,总体和总体单位可以相互转化。总体是研究的对象,总体单位是资料收集的对象。

二、标志与变量

(一) 标志

标志是总体单位所具有的属性和特征的名称。任何总体单位都具有一些不同的属性和特征,所有这些属性和特征,称之为总体单位的标志。比如,要研究某高校全体在校大学生的学习状况,每位在校大学生是总体单位,每位大学生都有姓名、籍贯、年龄、爱好、性别、高考成绩、专业等标志。又如,截至2018年11月30日,以总市值排名,中国工商银行、中国建设银行和中国农业银行位列我国上市公司市值排名前三名。这里的每家银行都有银行名称、注册资本金、职工人数、股票发行额、股票发行价、上市时间、存款额、贷款额、经营利润、个人银行账户数、企业银行账户数等标志。之所以要学习标志,是因为,统计研究的是社会现象总体的数量方面,而这些数量方面是必须从总体单位上来获得的,所以要了解总体单位的某些标志。总体单位有多个标志,可以对标志进行分类。

1. 标志按其表现形式,可分为品质标志和数量标志

品质标志是说明总体单位品质方面特征的,一般不能用数值表示,只能用文字描述。如银行名称、企业的所有制性质、企业注册地址等。这些都是品质标志。有时候,为了使总体单位品质方面的表述结果便于记录、管理和录入计算机,可以把品质标志用数字表示,如身份证号码、银行卡号码、手机号码、学号、工号、门牌号、路牌号和驾照号码等。这些号码虽然表现为一串数字,但是没有量的特征和含义,不具有数值概念,不能进行量的运算,仅仅是符号而已。因此,这类标志还是品质标志。

数量标志是说明总体单位量的方面的特征,大都能用数值表示,如上市银行的资产规模、注册资本金、客户量、分支机构数、营业网点数等,这些都是数量标志。数量标志表现为"量"或"值",可以进行数学运算。据哥伦比亚《时代报》报道,人体具有许多有趣的数量特征,统计显示,为了保持眼睛润滑,每个人每周要眨眼2.5万次左右。喷嚏在口腔中的运行时速为965千米。红细胞的平均寿命是120天,白细胞是12小时左右。普通人一生坐在电视机前的时间可达12年,与人对话的时间也是12年。人一生中要流65升眼泪。咳嗽是身体排斥异物的反应,咳嗽的平均时速是140千米。

2. 标志按其在总体单位上的表现,可分为不变标志和可变标志

不变标志是指在同一个总体的所有总体单位上的表现都相同的标志,如某高校在校大学生的学籍;某班级每位同学的专业;某地区户籍人口的户籍等。不变标志是组成总体的基本条件,没有不变标志,就不能成为总体。可变标志是指在同一个总体的各单位上的表现不全相同的标志,如某高校在校大学生的姓名、籍贯、年龄、专业、爱好等;银行的业务范围、注册成立的时间、注册地址等,这些都是可变标志。可变标志表明总体单位的差异性或变异性,是进行统计研究的根本目的。不变标志一般都是品质标志,可变标志可以是品质标志也可以是数量标志。

(二) 变量

统计中的变量是指数量标志或品质标志在总体单位上的不同表现,如工业企业的产量、产值、职工人数和利润;每位学生的性别、籍贯、年龄、身高和考试成绩等。

统计中的变量都有变量名和变量值,变量名说明了变量的基本内涵,变量的取值叫变量值,也称标志值,即可变标志在某个总体单位上表现出的具体数值。如某班级4名学生的统计学考试成绩为60分、68分、80分、95分;金融机构的资产规模分别是2 356万元、1 258万元、5 000万元、8 910万元等。变量反映了总体单位的基本特征,是统计研究资料收集的对象,统计研究收集的原始资料大都是总体单位的各种标志值。说明总体特征的变量有多个,可以进行分类。

1. 变量按取值情况,可分为离散型变量和连续型变量

由于社会经济现象的复杂性,用来描述总体单位基本特征的变量也是多种多样的。只能取整数值的变量是离散变量,如某地区的出生人口数、企业数、银行个人账户数、证券公司开户数等。离散变量的取值在数轴上是分散的。既能取整数也能取非整数的变量是连续变量,如企业的产值、成本、利润、房屋的建筑面积、产品的价格等。连续变量的取值在数轴上是连续的,连续变量能够取到数轴上的任何数值。

2. 变量按其所受影响因素的不同,可分为确定性变量和随机性变量

受确定性因素影响的变量叫确定性变量,确定性变量和其影响因素之间的因果关系非常密切,如商店的营业额受商品的销售价格和销售数量变动的影响,销售价格和销售数量是影响销售额的最直接因素,销售额由销售量和销售价格确定。

受随机性因素影响的变量称为随机性变量,如农产品的产量受施肥量和气候变化的影响。随机性变量与其影响因素之间的因果关系带有很大的偶然性,除施肥量和气候变化以外,还有种子质量、耕种方式、土地的肥沃程度等因素直接影响农产品的产量。因此,农产品产量不能由施肥量和气候完全确定,当施肥量和气候的情况一致时,农产品的产量并不完全一致,表现出一定的偶然性或随机性。

将变量区分为确定性变量和随机性变量有助于了解变量的基本特征。社会经济现象中的变量既有随机性变量,也有确定性变量,对这些变量的认识和研究既要采用社会

经济统计学的方法,也要运用数理统计学的方法。

3. 按变量的观察结果,分为定性变量和定量变量

社会经济现象是复杂多样的,有的观察结果直接表现为数量,可以用数字计量其观察结果和变化,如旅游景点游客数、金融机构高管的年薪、电商企业的网上销售量等。这样的变量称为定量变量或数值变量,前面介绍的变量都有具体的数值表现,都是定量变量。

统计总体具有变异性,所谓变异即是指品质标志在总体单位上的不同表现,如人的性别、职称、民族;产品的型号、颜色;企业的注册地址、法人代表、经营范围等。变异是客观存在的,是总体单位质的规定性的不同客观表现,是进行统计研究的目的所在。这种品质标志上的差异依据观察结果表现可以用不同的类别来表示。例如,"性别"表现为"男"或"女";"专业"表现为"经济学""法律""管理学""金融学"等;"学院"表现为"商学院""理学院""法学院""体育学院"等,这些观察结果不表现为具体的数字,仅表现为不同的类别,所以称为分类变量。而职工的"技术职称"表现为"初级""中级""高级"等;"人的受教育程度"表现为"文盲""小学""中学""大学""大学以上"等,这些观察结果既表现为不同的类别,又表现为不同的等级,有优劣顺序差别,称为顺序变量。分类变量和顺序变量统称为定性变量。定性变量是对现象质的方面的认识,定量变量是对现象量的方面的把握。

三、统计指标与指标体系

(一)统计指标

统计指标是反映统计总体数量方面综合特征的具体数值。例如,上证 A 股综合价格指数,反映了上海证券交易所交易的股票价格的情况。2018 年 11 月 30 日,上证 A 股综合价格指数是 2 588.19,深圳成分股价格指数是 7 681.75。

统计指标有指标名称和指标数值两个基本的构成要素,指标名称反映了指标的内涵,说明指标的经济范畴,是总体质的规定性;指标数值说明总体数量方面的综合特征,反映了总体的规模、水平、速度和相互联系程度。指标既反映了总体的性质,也反映了总体的数量,因此,指标对总体的认识具有定性认识和定量认识的双重作用。例如,2018 年 11 月份中国制造业采购经理指数(PMI)为 50.0%;2017 年全国"三新(新产业、新业态、新商业模式)"经济增加值为 129 578 亿,其中,第一产业"三新"经济增加值为 5 998 亿元;第二产业"三新"经济增加值为 54 253 亿元;第三产业"三新"经济增加值为 69 326 亿元。

此外,统计指标还具有计量单位、时间特征和空间范围等构成要素。上述 PMI 是 2018 年 11 月份,我国制造业采购经理指数;"三新"经济增加值是 2017 年全年,我国"三新"经济的发展状况。

1. 统计指标的特征

统计指标具有三个特征:第一,数量性。统计指标都是用数值表示的,或统计指标都

表现为具体的数值。如,2018年1～10月份,我国全国网上零售额为70 539亿元,其中,实物商品网上零售额为54 141亿元。10月份,我国进出口总额为27 478亿元。其中,出口14 907亿元,进口12 571亿元。进出口相抵,贸易顺差2 336亿元。规模以上工业企业实现出口交货值11 489亿元。1～10月,规模以上工业企业实现出口交货值101 201亿元。2017年全年,上海受理专利申请131 746件,其中,发明专利申请54 633件。全年专利授权量为70 464件,其中,发明专利授权量为20 681件。至2017年末,上海全市有效发明专利达100 433件,每万人口发明专利拥有量达41.5件,全年经认定登记的各类技术交易合同21 559件,合同金额867.53亿元。第二,综合性。统计指标是说明统计总体数量方面综合特征的。如,2017年,上海市户籍人口平均期望寿命达到83.37岁,其中,男性80.98岁,女性85.85岁。2017年末,上海全市拥有各类民用汽车361.02万辆,其中,私人汽车274.41万辆。2017年全年,上海完成邮政业务总量711.87亿元,电信业务总量694.71亿元。邮政业全年完成邮政函件业务6.74亿件、包裹业务245.92万件、快递业务31.15亿件;快递业务收入868.89亿元。第三,经济范畴性。统计指标反映的都是一定社会经济范畴的数量。如,2017年全年上海市实现旅游产业增加值1 888.24亿元。至2017年末,上海市已有星级宾馆229家,旅行社1 578家,A级旅游景区(点)99个,红色旅游基地34个。

2. 统计指标的分类

(1) 统计指标按其所反映的总体内容的不同,分为数量指标和质量指标

数量指标是反映总体的规模、总量和水平的各种总量指标,一般用绝对数表示。例如,至2017年末,上海市各类金融单位达到1 491家。其中,货币金融服务单位623家,资本市场服务单位403家,保险业单位389家。在全市各类金融单位中,在沪经营性外资金融单位达到251家。这些指标说明了上海国际金融中心建设取得的成绩。

质量指标是反映总体的强度、密度、经济效益和工作质量等的各种相对指标和平均指标,一般用相对数或平均数表示。如劳动生产率、资金利税率、产品合格率、技术工人数占全部职工人数的比例、商业银行不良贷款率等。例如,2017年全年,上海市用于研究与试验发展(R&D)的经费支出占上海市生产总值的比例为3.78%左右。2017年上海市新当选两院院士13人,占全国10.2%。2017年全年,上海市常住人口出生率为8.1‰,死亡率为5.3‰,常住人口自然增长率为2.8‰。全年户籍常住人口出生率为7.8‰,死亡率为8.4‰,户籍常住人口自然增长率为-0.6‰。这些指标都说明了社会经济现象总体质量方面的特征。一般来说,质量指标都是由两个数量指标或一个数量指标与另一个质量指标相除所得到的。

(2) 统计指标按其计量单位不同,分为实物指标和价值指标

实物指标是以实物单位计量的统计指标。所谓实物单位是根据事物的自然属性及特点所采用的计量单位,例如,人口数以"人"为计量单位;电视机、电脑以"台"为计量单位;建筑楼房以"幢"为计量单位;桥梁以"架"或"座"为计量单位;教室以"间"为计量单位

等。2017年全年,上海市共发生生产安全事故444起,死亡430人。其中,工矿商贸事故202起,造成死亡192人;生产经营性道路交通事故224起,造成死亡217人;生产经营性火灾事故7起,造成死亡8人;水上交通事故11起,造成死亡13人。2017年,上海城市公园总数达到243个。

价值指标是以货币单位计量的统计指标。例如,2017年全年,上海市完成的电子商务交易额为24 263.60亿元。其中,B2B交易额16 923.40亿元;网络购物交易额7 340.20亿元。全年完成城市基础设施建设投资1 705.22亿元。其中,交通运输投资903.62亿元;邮电通信投资92.48亿元;公用事业投资97.68亿元;市政建设投资473.60亿元。上海市2017年全年完成房地产开发投资额3 856.53亿元。

实物指标反映事物的使用价值量,不同物品的使用价值量不同。因此,不同种类的实物指标无法进行比较和综合汇总。比如,2017年全年,上海市新增供应各类保障性住房8万套;全年供应租赁住房用地80公顷,可形成租赁住房供应能力近3万套。

价值指标反映事物的劳动价值量,劳动价值量以劳动时间衡量,便于综合汇总和比较。如,2017年全年,上海金融市场交易总额达到1 428.44万亿元。其中,上海证券交易所总成交金额306.39万亿元。全年通过上海证券市场股票筹资7 578.06亿元;发行公司债14 937.99亿元。

实物指标乘上相应物品的价格即可转化为价值指标。实物指标反映客观事物真实的实物量,价值指标要受到物品价格的影响,在用价值指标衡量事物的价值量时,通常可消除价格的影响,以某个时期的不变价格来反映事物价值量的大小。

(3) 统计指标按反映的时间特点的不同,分为时期指标和时点指标

时期指标反映客观事物在一段时间内发展变化的数量特征,指标值通常与时间长短有密切的关系。例如,2017年全年,上海期货交易所总成交金额89.93万亿元;中国金融期货交易所总成交金额24.59万亿元;银行间市场总成交金额997.77万亿元;上海黄金交易所总成交金额9.76万亿元;保险公司原保险保费收入1 587.10亿元。

时点指标反映社会经济现象在某一时点上的数量表现。如,截至2017年底,在上海投资的国家和地区已达175个,在上海落户的跨国公司地区总部累计达到625家。其中,亚太区总部70家;投资性公司345家;外资研发中心426家。

一般而言,时期指标值与时期长短呈同向变动关系,时点指标值仅与某一个时点或时刻有关。区分时期指标和时点指标有助于我们了解事物数量方面的时间变动特征。

值得指出的是,标志和统计指标既有联系又有区别。所谓联系是指所有的统计指标都是由总体单位的相关标志计算而来的,标志是计算指标的基础,没有具体标志就没有统计指标。所谓区别是指标志反映的是总体单位的属性和特征,并不全部表现为数值,而指标说明的是总体的数量综合特征,一定表现为数值。标志和统计指标的联系还表现在标志与统计指标具有相对性,在不同的研究目的下,标志和统计指标可以相互转化。

(二) 指标体系

一个统计指标只能说明总体一个方面的数量特征,而社会经济现象的数量表现是多

方面的,并且在数量上也是有联系的。为了更全面、深刻地认识和掌握事物总体的数量特征和数量关系,必须用一套相互联系的指标。

若干个相互联系的指标组成的一个整体称为统计指标体系。例如,某企业固定资产原值、净值、累计折旧、年折旧额、年折旧率、使用年限、净残值等指标即构成反映固定资产情况的统计指标体系。某高校的在校生数、招生人数、老师数、招生专业数、学费、教学楼、实验室数、运动场等构成反映学校综合实力的指标体系。指标体系中的指标都是有联系的,其中的某一个指标可以用其他部分或全部指标计算或表示出来,以发挥指标体系的整体性功能,这是统计指标体系最根本的特点,没有任何关系的指标的堆积,不能称之为指标体系。指标体系使我们对复杂事物的认识更加全面、综合、深刻。

四、流量与存量

流量是指事物在一定时期内发展变化的总量,是按一定时期计算出来的数量,如国内生产总值(GDP)、储蓄存款增加额等。因此,流量都是时期指标。例如,一段时间内的旅客流量、资金流量、技术流量、信息流量等。流量也称为增量。

存量是指事物在一定时点上积累或结存的总量,是按一定时点计算出来的。如年初储蓄存款余额、年末人口数、上证综合指数等,存量都是时点指标。例如,2017 年末,上海全市轨道交通运营线路长度达到 666.40 千米,公交专用道路达到 350 千米(不含有轨电车长度)。上海"市民信箱"累计注册用户 769 万人,市信用平台已建 23 个子平台,已设立 17 家服务窗口。这些指标都是存量指标。

流量与存量之间的联系是密切的,主要表现在以下两个方面。

(1) 流量与存量相互依存、相互影响。有些社会经济现象,流量与存量相对应而存在,缺一不可。如一定时期内出生(死亡)人口数与期末人口数,库存商品数与已销商品数,现金流量与现金余额等。这些现象中,有流量必然有存量,且数量上互相影响。一方面流量来自存量,存量越多,流量也越多;另一方面,流量也在一定程度上决定和影响存量的大小。

(2) 有流量无存量。有些社会经济现象,只有流量没有相应的存量。如某企业一定时期内的产值,一定时期内生产的总成本;某地区一定时期的进口总额、出口总额等,这些流量指标都没有相应的存量指标。

存量和流量是社会经济统计分析中常用的两个分析指标,分析的角度和目的各不相同。对社会经济现象分别进行存量分析和流量分析可以使我们既了解现象发展变化的过程,又能把握现象发展的最终结果。

> **重要知识点**:统计总体和总体单位、标志和变量、统计指标和指标体系、存量和流量。

第五节　中国的政府统计

一、中国统计的组织体制

现代社会是信息社会，统计是产生信息的重要方式，统计是国家管理，制定计划、规划和决策的依据。为了保证统计工作的顺利进行，必须建立完善的统计工作管理体制。

世界各国政府的统计管理体制，大体上有两种类型，即分散型和集中型。分散型，如美国和日本属于这一类型，美国政府所需要的统计资料，是通过不同的部门来收集的。集中型，如加拿大以及前东欧的社会主义国家，全国的统计工作，由联邦统计局、共和国和自治省统计局、区统计局等各级政府统计机构负责。我国的统计工作目前仍然属于集中管理型，统计工作必须按照集中统一的原则进行管理，这是由中国传统的计划经济体制决定的。

中国统计的组织体制包括政府统计和企业统计两大组成部分，其中政府统计又分为中央政府统计和各级地方政府统计。从纵向看，中国统计的组织体制包括三大层次：基层企业统计、各级地方政府统计和中央政府统计。这三个层次组成统计管理体制的金字塔式的组织结构。从横向看，除中央政府统计外，各省（自治区、市）、县及所属的基层单位都相应设立各自的统计组织机构，组成平行的统计系统。可以用形象的"条块"管理来描述我国的统计管理体制。由国家统计局至基层单位的统计部门，组成自上而下的"条"，基层部门统计、地方政府统计形成了横向的"块"，"条块"结合组成严密的统计网络，实现对国民经济和社会发展情况进行统计调查、统计分析，提供统计资料和统计咨询意见，实行统计监督。

有关国民经济和社会发展情况的统计信息是社会经济信息的主体，为了建成国家重要的统计咨询和监督系统，要加强对统计工作的领导和组织，建立适合我国国情的统计管理体制。

我国的国家统计组织遵循集中统一的原则，在全国范围内建立集中统一的统计系统，实行中央政府统计部门统一领导，各级地方政府统计部门分级负责的统计管理体制。各基层企业统计部门执行统一的方针政策和统计调查计划，贯彻执行统一的统计制度和统计标准，使用统一的统计报表和统计资料管理制度，同时协调统计、会计、财务、审计、税务、业务核算制度和核算标准等。具体如下。

（一）政府统计系统

政府统计系统由中央政府统计部门——中华人民共和国国家统计局和各级地方政府统计机构所组成。1949年10月，政务院财政经济委员会在中央财经计划局内设立统计处,后改称统计总处,开始为建立全国统一的统计制度做准备。在统计总处的基础上,1952年8月7日成立了国家统计局,薛暮桥为第一任国家统计局局长。1953年起,国家统计局着手在全国范围内建立全国统一的统计工作制度。国家统计局负责组织领导全国各级和各部门的统计机构,在国务院的领导下,结合当时国民经济和社会发展的实际情况,制定统计工作的方针政策,指导各级统计部门开展统计工作,承担全国性的基本统计任务。各级地方政府统计机构负责组织本地区的统计工作,并接受上级统计机构的领导,监督检查本地区国民经济和社会发展的基本情况,为本地区党政领导提供统计信息。政府统计系统是国家宏观统计系统。

(二) 企业统计系统

我国的企业统计系统由中央和地方各级业务部门的专业统计机构和基层单位的统计组织组成。企业统计系统在我国的统计组织体制中发挥着极其重要的作用。它们是各种统计工作和统计任务的具体实施者,为政府的宏观统计提供必要的微观基础。企业统计系统能为企业管理快速提供企业内外最全面、最精确的统计资料,为企业的生产经营管理服务。企业统计系统在业务上既要满足本单位的经营、管理、计划、规划和决策的需要,也要接受政府统计机构的领导、监督和指导。

随着我国市场经济的建立和发展,改革开放的不断深入,社会对各种信息的需求越来越多。除了统计部门提供的统计信息以外,各种市场咨询公司如雨后春笋般发展起来,提供各种专业市场调查、背景数据收集、信息咨询、决策咨询等服务。

二、中国的统计公报制度

中国的统计公报制度是在严格的计划经济体制下建立的,由各级政府统计机构定期公开报告国民经济和社会发展基本情况的统计信息发布制度,是全国统一的统计工作制度的具体化。统计公报制度的贯彻和实施有赖于中国特有的统计报表制度。1951年1月,我国开始实行全国统一的公营及公私合营工业企业定期报表制度,同时实行中财委与中央贸易部共同制定的国营贸易企业定期报表和对外贸易机构定期统计报表制度,7月开始实行全国统一的基本建设定期统计报表制度。1951年,中财委布置了全国统一的1951年农业生产年度总结基本报表。由此,拉开了中国定期统计报表制度的序幕。

统计报表制度是全面收集国民经济和社会发展情况有关信息的统计调查制度。按照法律规定,执行统计报表制度是各地方、各部门、各单位必须向国家履行的一种义务和职责。

各基层单位根据本单位生产经营的实际情况,填报统计报表,自下而上地向上级主管部门提交统计报表,汇总综合后,逐级上报,直至报送到国家的最高统计研究机构——国家统计局,最后由国家统计局汇总综合后,得到反映国民经济和社会发展情况的统计公报,并向全国发布。在汇总过程中,地方统计部门可以发布反映本地区国民经济和社会发展情况的统计信息。

统计报表是定期报表制度收集资料的载体,是由国家统计局统一制定、颁发的,报表的格式、内容、指标,及指标的计算口径、计算方法,报表的报送时间、报送周期、报送程序等,在实施范围内严格统一,以确保统计资料准确、完整和及时。

中国的统计公报都是定期发布的,有月度公报、季度公报、半年度公报、年度公报,揭示国民经济和社会发展的月度、季度、半年度、年度发展情况。其中月度的统计公报主要反映以GDP、CPI为核心指标的国民经济和社会发展的月度情况,与上年同期相比的变动情况等。由于时间较短,收集的资料有限,月度公报的内容很精练。国家统计局每月中旬公开发布上一个月的国家宏观经济月度基本数据。而年度公报较全面详细地反映国民经济和社会发展的情况,可为科学研究、国际交流、加强管理、信息咨询、统计监督提供充分的依据。各地方政府统计部门按照我国统计制度的规定发布本地的年度统计公报。现代社会,计算机技术和互联网技术飞速发展,为统计公报制度的实施提供了必要的技术条件,更好地发挥了统计监督和统计信息咨询的服务功能。

此外,为了贯彻科学发展观,建设和谐社会,更好地发挥统计的功能,加强宏观经济管理,及时掌握经济发展状况,为国民经济和社会发展服务,国家统计局常常开展各种专项调查或普查,如经济普查、人口普查、工业普查、农业普查等。为了及时反映普查进度和普查成果,经常发布各种普查公报。

在计划经济体制下,我国实行单一的社会主义公有制,经济成分、经济类型和经营方式比较简单,统计报表制度的实施简便易行,为国民经济的发展和社会主义经济建设做出了巨大的贡献。改革开放后,我国实行社会主义市场经济体制,国民经济出现了以公有制为主体的多种所有制、多种经济成分、多种经济类型和多种经营方式共存的局面。单纯依靠统计报表制度已无法收集到全面反映国民经济和社会发展详细情况的统计资料,因此必须广开信息渠道,改革现有的统计公报制度。

我国已经加入WTO,机遇与挑战并存,中国的统计管理体制和统计公报制度也要与国际统计惯例接轨。1993年,中国开始实行新的国民经济核算体系。

随着世界经济一体化进程的加快,各国间的交流与合作越来越频繁,为减少摩擦与矛盾,也为加强国际组织对各国经济运行状况的监督,国际社会在各领域纷纷建立了国际通行标准,其中,国际货币基金组织(International Monetary Funds,简称IMF)制定的数据公布通用系统(General Data Dissemination System,简称GDDS)和数据公布特殊标准(Special Data Dissemination Standards,简称SDDS),即为统计数据公布的国际标准。1996年4月和1997年12月,SDDS和GDDS分别制定完成,由成员国自愿认报。IMF建立GDDS的宗旨首先是鼓励成员国改善统计数据的质量;其次是提供一个评估数据改善必要性和确定改善重点的综合框架;最后,在经济和金融日趋一体化的背景下指导成员国向公众提供全面、及时、易于获得和可靠的经济、金融和社会人口统计数据。GDDS的总体框架主要包括数据特征、公布数据的质量、公布数据的完整性和公众获取数据4个部分。2000年已有47个成员国加入SDDS，9个成员国加入GDDS。2000年初，经国务院领导批准，我国成立了由中国人民银行牵头，国家计委、国家经贸委、财政部、国家统计局、证监会、保监会等单位组成的跨部委的"透明度问题专门小组"，针对近年来国际上日益受到关注的透明度问题进行了较为深入的专题研究。其中，"宏观经济透明度问题"子课题研究小组由国家统计局牵头，财政部、中国人民银行和国家外汇管理局共同组成。这标志着中国在宏观经济数据的透明度方面，开始向国际标准迈进。2001年10月26日，国家统计局、财政部、中国人民银行和国家外汇管理局联合向国务院请示，建议于2002年以书面形式向国际货币基金组织表示中国加入GDDS的意愿。国务院于11月16日批准请示。此后，在国际货币基金组织、世界银行和经济合作与发展组织的专家援助下，中国加入GDDS的进程日益加快。2002年4月15日，中国统计的英文数据诠释在IMF的公告栏上正式对全世界公开。在4月19日的IMF年会上，时任央行行长的戴相龙先生会见了IMF科勒总裁，共同举行了中国正式加入GDDS的开通仪式，并向全世界宣布了这一消息。至此，中国完成了加入GDDS的全过程，标志着中国政府的统计工作又迈上了一个新台阶。

加入GDDS，标志着中国统计与国际接轨迈出了实质性的一大步，各部门的统计工作更加规范、透明、公正，中国的统计数据质量有了进一步的提高。但是，中国统计的现状与WTO对统计工作的组织和管理要求仍有一定的差距，特别是政府统计。为了抓住机遇迎接挑战，缩小差距，中国的统计工作者和统计学者都要尽心尽力地为实现这一目标而努力奋斗。

本章小结

1. 统计产生于原始社会末期。"统计"一词有"统计工作或统计活动""统计资料"和"统计科学"三种含义，其中"统计工作或统计活动"是基础。

2. 描述统计学是通过大量观察法收集数据，整理并显示数据，进而用各种统计指标对现象总体进行描述的基本统计理论方法的总称。

3. 社会经济现象总体的数量方面是社会经济统计学的研究对象，它具有社会性、总体性、数量性、具体性和广泛性等特点。

4. 统计调查、统计整理和统计分析是统计工作的三个重要阶段。

5. 总体、总体单位、标志、变量、指标、指标体系、存量、流量是统计学中几个重要的基本概念，是理解和学好统计学的基础。

重要词汇

统计、统计学、统计学流派、描述统计学、总体、总体单位、标志、变量、统计指标、指标体系、存量、流量。

思 考 题

1. 总体和总体单位有什么区别和联系？
2. 什么是品质标志？什么是数量标志？
3. 什么是质量指标？什么是数量指标？指标和标志有什么区别和联系？
4. 季度、行业、经济所有制各是什么变量？温度是什么变量？
5. 股票成交总额和股票成交价格，哪个是存量？哪个是流量？

练 习 题

一、单项选择题（每题只有一个正确答案）

1. "统计"一词有三种含义，其基础是（　　）。
  A. 统计活动　　　B. 统计资料　　　C. 统计科学　　　D. 统计分析
2. 社会经济统计学是从（　　）入手认识社会的工具。
  A. 数量方面　　　B. 质量方面　　　C. 宏观方面　　　D. 微观方面
3. 欲了解100名同学的统计学课程考试成绩，则总体单位是（　　）。
  A. 100名同学
  B. 100名同学的总成绩
  C. 每名同学的考试成绩
  D. 100名同学的平均成绩
4. 下列属于品质标志的是（　　）。
  A. 学生的年龄　　B. 学生的成绩　　C. 学生的籍贯　　D. 学生的身高
5. 下列属于数量标志的是（　　）。
  A. 企业名称　　　B. 经营范围　　　C. 年产量　　　　D. 所有制形式
6. 统计指标按其计量单位不同可分为（　　）。
  A. 实物指标和价值指标
  B. 数量指标和质量指标
  C. 时点指标和时期指标
  D. 客观指标和主观指标
7. 下列是离散变量的是（　　）。
  A. 企业数　　　　B. 企业成本　　　C. 企业产值　　　D. 工资总额

8. 考试及格率是（　　）。
   A. 数量指标　　　B. 价值指标　　　C. 质量指标　　　D. 实物指标
9. 某商业银行2019年3月末的住房贷款余额是129.56亿元，该数字是（　　）。
   A. 存量指标　　　B. 流量指标　　　C. 实物指标　　　D. 离散变量
10. 一个统计总体（　　）。
    A. 只能有一个标志　　　　　　　B. 只能有一个指标
    C. 可以有多个标志　　　　　　　D. 可以有多个指标
11. 某班级5名同学的统计学考试成绩分别是85分、73分、61分、58分、92分，这5个数字是（　　）。
    A. 指标　　　　　B. 标志　　　　　C. 变量　　　　　D. 变量值
12. 以一等品、二等品、三等品和次品来衡量某产品的质量好坏，该产品等级是（　　）。
    A. 品质标志　　　B. 数量标志　　　C. 数量指标　　　D. 质量指标
13. 研究某市金融机构的经济效益，某金融机构的职工人数是（　　）。
    A. 数量标志　　　B. 数量指标　　　C. 数量标志值　　D. 质量标志值
14. 下列属于质量指标的是（　　）。
    A. 国内生产总值　B. 利税总额　　　C. 劳动生产率　　D. 进出口贸易总值
15. 某大学的研究人员想研究一年级新生的课余学习时间，他观察了200名新生，他们的业余学习时间是平均每天4.8小时。该研究人员的研究总体是（　　）。
    A. 该学校的所有学生　　　　　　B. 所有的大学生
    C. 该学校所有的一年级新生　　　D. 已观察的200名学生

二、判断题（下列各题中，对的打"√"，错的打"×"）

1. 统计活动和统计资料是统计工作和统计成果的关系。　　　　　　　　　（　　）
2. 政治算术学派是统计学发展史上影响较大的统计学流派，但"统计学"这个名称实则源自"国势学派"。　　　　　　　　　　　　　　　　　　　　　　　　（　　）
3. 社会经济统计学的研究对象是社会经济现象总体的数量方面，但它在研究具体问题时，也离不开对现象的质的认识。　　　　　　　　　　　　　　　　（　　）
4. 总体单位是标志的承担者，标志是依附于总体单位的。　　　　　　　　（　　）
5. 总体的同质性是指总体中的各个单位在所有标志上都相同。　　　　　　（　　）
6. 个人的工资收入和全部职工的工资水平，都可以称为统计指标。　　　　（　　）
7. 统计调查是统计工作的第一阶段，是保证统计工作顺利进行的基础。　　（　　）
8. 总体和总体单位是相对的，随着研究目的的不同，总体和总体单位可以相互转化。
   　　　　　　　　　　　　　　　　　　　　　　　　　　　　　　　　（　　）
9. 标志是说明总体特征的，指标是说明总体单位特征的。　　　　　　　　（　　）
10. 统计指标和数量标志都可以用数值表示，所以两者反映的内容是相同的。（　　）

三、填空题

1. "统计"一词在不同场合可以有不同含义,它包括三个方面:统计工作、_____、统计科学。

2. 根据统计学研究方法和统计方法的应用范围不同,统计学分为理论统计学和_____。

3. 统计的基本职能是:信息职能、_____、监督职能。

4. 统计工作活动的特点有:数量性、_____、具体性。

5. 统计研究工作的过程包括:统计设计、统计调查、统计整理、_____、统计资料的开发与提供。

6. 统计总体可以根据所包含的总体单位数的情况分为有限总体和_____。

7. 当我们研究某市居民户的生活水平时,该市全部居民户便构成_____,每一居民是_____。

8. 要了解某企业的产品生产情况,总体是_____,总体单位是_____。

9. 任何一个统计总体,至少应有一个标志在所有总体单位上的表现都相同,该标志就是_____,它是总体存在的必要前提。

10. 只能取整数值的变量是_____,如出生人口数、企业数、产品产量等。

四、综合题

1. 一家咨询研究机构从外资金融机构从业者中随机抽取800人进行调查,其中80%的人,月收入在28 500元以上,92%的人经常使用支付宝和微信支付方式。请问:

(1) 这项统计调查研究的总体是什么?

(2) 月收入是什么变量?

(3) 支付宝和微信支付方式是什么变量?

2. 举例说明流量和存量,并解释和分析流量与存量之间的关系。

第二章
数据资料的收集

本章导言

没有调查就没有发言权

2018年9月，国家统计局对统计系统正常运行的32家网站(含国家统计联网直报门户、国家数据等8家业务类例外网站)进行全面检查，对湖南调查总队、广东调查总队、广州调查队、佛山调查队、江门调查队、深圳调查队、崇左调查队、南宁调查队、桂林调查队、海口调查队10家网站进行了二次抽查，抽查结果全部合格。从总体情况看，各统计网站运行稳定，网站的可用性、信息更新情况、互动回应情况和服务实用情况均有所提升。

2018年11月8日，国际女性飞行员协会最新调查数据显示，印度共有8 797名飞行员，其中1 092名女飞行员，占国内飞行员总数的12.4%，这一比率全球最高。全球范围内女飞行员的平均比率为5.4%。

2018年12月20日，日本体育厅的调查显示，每天使用电视、手机等电子设备超过3个小时的儿童，其体能及运动能力均低于日本全国平均水平。

为了监测宏观经济的运行，中国人民银行每个季度都要调查5 000多家企业、3 200家银行及2万户城镇储户。2018年12月24日，央行发布了2018年第四季度的企业家、银行家及城镇储户的三大类问卷调查报告。调查报告显示，近7成的企业家与银行家均认为宏观经济正常，近三成受调查的储户看涨明年第一季度的房价。

一项以14万多中国人为样本的基因监测研究表明，南方人免疫力更强。

统计学是关于数据的科学，数据反映了现象的状态和本质，统计研究所需要的数据主要来源于统计调查。

学习目标

1. 了解统计数据的含义和种类。
2. 掌握统计数据的收集方法。
3. 领会中国的统计报表制度。
4. 掌握四种专项调查的组织方式。

第一节 统计数据的量化尺度和种类

一、统计数据的量化尺度

统计研究的是现象总体的数量方面,这种数量方面是通过具体的统计数据表现出来的。所谓统计数据(Data),是指按一定标准对客观现象进行计量或测度的结果,统计数据是进行统计研究的基础。没有统计数据,统计研究就成了无源之水、无本之木。大千世界纷繁复杂,客观事物多种多样,对客观事物进行计量或测度的标准也是多种多样的,对同一种客观现象也可以用多种方式进行计量或测度。例如,对考试结果的计量或测度,可以采用百分制,也可以采用等级制。而采用等级制计量考试的结果时,可以用两个等级,"合格""不合格",也可以采用三个等级,"好""中""差",还可以采用五个等级,"优""良""中""差""不合格"。因此,作为反映现象数量方面特征的统计数据也有不同的表现形式。根据现象本身的特点,数据的量化尺度主要有以下四种。

(一)定类尺度(Nominal Scale)

定类尺度是根据现象本身的自然类别特征,依据品质标志对其进行分类或分组计量。例如,依据性别特征,人口总体可分为男性和女性两类;在校大学生根据所学专业,可分为经济学、管理学等类别;医院可以按诊断病情状况分为内科、外科、口腔科等。国民经济按照产业类别,分为第一产业、第二产业和第三产业。"物以类聚",任何一个复杂的现象都可以进行定性的分类,区分出多种不同的类别。

定类尺度是最粗略、计量层次最低的计量尺度,各类别之间是平等的或平行的关系,类别之间不存在优劣大小之分。如医院诊断疾病的科室类别;金融机构按经营业务划分的不同类别;在校学生按专业划分的类别等。为了便于日常管理或计算机处理,通常将某一类别用某种特定的符号或字符表示,而这些符号或字符之间不具有任何数学运算关系。如,为了管理方便,在校学生每人都有一个学号,不同年级的学号有不同的规律。这种符号或数字,仅仅是为了管理的方便,并不表示直接的量化结果,也无大小优劣之别,更不能进行任何数学运算。

在对客观现象进行定类尺度的计量时,一定要遵循事物本身的属性,分类必须符合穷尽和互斥原则,不重不漏,也就是每一个个体都能够并且只能够划归到某一个类别中。在对定类尺度的数据进行统计分析时,我们只能计算出每一类别中的个体个数,即频数;或计算出每一类别的个体个数占全部总数的比重,即频率。通过频数或频率来反映总体的分布特征。

例如,某企业各部门职工人数统计情况,如表2.1所示。

表2.1　某企业各部门职工人数统计表

部门	符号	人数(频数)/人	频率/%
产品生产部	01	180	63.16
产品销售部	02	30	10.53
人力资源部	03	25	8.77
行政管理部	04	20	7.02
技术服务部	05	20	7.02
售后服务部	06	10	3.50
合计	—	285	100

表2.1中第2列的数字符号完全是主观赋予的,不具有任何客观公正性,纯粹是为了计算机处理的方便或管理的方便。理论上,这种数字符号可以是任何管理者认为方便的符号。

(二) 定序尺度(Ordinal Scale)

定序尺度是对事物本身具有的等级或顺序差别的测度,这种计量尺度既能区分事物之间不同的类别,又能对不同的类别进行优劣排序。例如,按受教育程度,人口总体可以分为文盲、小学、中学、大学及大学以上四类;某地区的医院按质量等级,可分为特级、三级甲等、三级乙等、三级丙等;技术职称可分为高级、中级、初级等。此外,台风预警的颜色、军人的军衔级别、运动员的奖牌级别等都带有一定的顺序差别。

定序尺度比定类尺度更精确一些,它不仅能区分出事物的类别,还能比较出各类别之间的优劣,并对类别进行排序。与定类尺度一样,为了便于日常管理或计算机处理,通常将某一类别用某种特定的符号或字符表示,而这些符号或字符之间不具有任何数学运算关系,只具有逻辑上的顺序关系。例如,关于居民对公共服务的满意程度可分为非常满意、满意、一般、不满意、非常不满意五类,我们可以分别用数字1、2、3、4、5代表。但是,对于定序尺度计量的数据除了能够进行优劣排序以外,仍然不能进行任何形式的数学运算。与定类尺度一样,我们在对定序尺度计量的数据进行统计分析时,也只能计算出各类别的频数或频率。

例如,某单位职工按受教育程度分类排序的统计结果如表2.2所示。

表 2.2　某单位职工按受教育程度统计表

职称	符号	人数/人	频率/%
文盲	1	0	0.0
小学	2	8	5.00
中学	3	15	9.38
大学及大学以上	4	137	85.62
合计	—	160	100

表 2.2 中第 2 列的数字是主观赋予的,并不是对现象直接测量的结果,这些数字不具有数学上的运算关系。

(三) 定距尺度(Interval Scale)

定类尺度和定序尺度只能区分事物之间的不同类别,没有真正测度出每一类别的数值大小,计量的结果只是表现为不同的类别,并不直接表现为数值型的数据。定距尺度比定类尺度和定序尺度更进了一步,计量上更加精确,它不仅能对事物进行分类、排序,还能测度出每一类别的具体数值,并能说明各类别之间的差距程度。定距尺度是对事物类别或次序之间间距的测度,它通常使用自然单位或度量衡单位作为计量尺度,例如,用货币度量收入;用摄氏度或华氏度度量温度;用百分制度量考试成绩等。如果两名同学的统计学课程考试成绩分别是 80 分和 90 分,那么,两者的成绩相差 90－80＝10(分)。如果 2019 年 2 月 20 日上海奉贤和徐家汇两地的最高温度分别是 12 摄氏度和 15 摄氏度,显然,徐家汇的最高温度比奉贤的最高温度高 3 摄氏度。定距尺度计量的结果表现为具体的数值,并可以计算差值,对定类尺度和定序尺度的统计分析方法,同样适合于定距尺度。

值得注意的是,在定距尺度中,测度值"0"是有意义的,不表示"没有"的意思。如温度是 0 摄氏度的地区,不能说该地区没有温度;统计学课程考试成绩为 0 分的学生,不能说他没有成绩,更不能说他没有学习到统计学知识。对定距尺度而言,它仅能进行数学中的加减运算。

(四) 定比尺度(Ratio Scale)

定比尺度与定距尺度同属一个层次,其计量的结果也表现为确切的数值,它除了具有前面三种计量尺度的所有特性外,还具有一个独特的特性,那就是可以计算两个测度值之间的比值,进行乘法或除法运算。例如,甲、乙两人的工资收入分别是 12 000 元和 9 800 元,那么,乙的工资收入就是甲的 81.67%;如果甲地的粮食平均亩[①]产量是 950 千克,乙地的粮食平均亩产量是 890 千克,那么,甲地的粮食平均亩产量就是乙地的 1.07 倍。

---

① 1 亩＝666.7 平方米。

在定比尺度中,测度值"0"表示"没有"的意思,如工资收入为0时,表示没有收入;粮食亩产量为0时,表示没有粮食产出。这是定比尺度和定距尺度最大的区别。定比尺度的测度值可以进行任何一种数学运算,是最高级别的计量尺度,一般的数据多为定距尺度和定比尺度计量的结果。

二、统计数据的类型

根据统计数据的四种计量尺度,可以将统计数据分为四种类型。

(1) 定类数据:对客观事物进行分类计量的结果,仅表现为不同的类别,观察结果也称为分类数据(Categorical Data)。

(2) 定序数据:对客观事物进行分类排序计量的结果,不仅表现为不同的类别,还可以对不同的类别进行优劣排序,观察结果称为顺序数据(Rank Data)。

(3) 定距数据:对客观事物进行定距计量的结果,表现为具体的数值,可进行加减运算,观察结果称为数值型数据(Metric Data)。

(4) 定比数据:对客观事物进行定比计量的结果,表现为具体的数值,可进行加减乘除运算,观察结果也称为数值型数据(Metric Data)。

其中定类数据和定序数据主要说明事物的品质特征,是根据品质标志对客观现象进行分类计量的结果,称为品质数据或定性数据;定距数据和定比数据主要说明事物的数量特征,称为数量数据或定量数据,见图2.1。

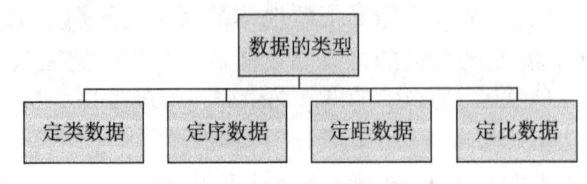

图2.1 四种基本的数据类型

> **重要知识点**:两类统计数据:品质数据或数量数据。定类数据和定序数据称为品质数据或定性数据;定距数据和定比数据称为数量数据或定量数据。

第二节 统计数据的收集

统计数据是开展社会经济统计研究的基础,数据的收集是非常重要的一步。一般而言,我们可以使用现有的各种数据。比如各种公开出版物和新闻媒体公开报道的数据,统计部门公开发布的统计信息、统计公报或各种年鉴上的数据,互联网上获取的数据,专业数据库等。但是,统计研究要获得的数据通常是原始的第一手资料,本节介绍有关原始数据收集——统计调查的基本知识。

一、统计调查的意义

统计调查是统计工作过程中的一个重要阶段。它是按照统计任务的要求和研究对象的特点,运用科学的调查方法,有组织地向客观实际收集各项原始资料的过程。统计调查是获得统计数据的最直接的方法,是统计数据的直接来源,能够保证统计研究工作的顺利完成。

统计调查工作,必须满足准确性、完整性和及时性的基本要求,力求原始数据的快、精、准、实。所谓准确性,就是指统计调查收集的统计资料必须符合实际情况,准确可靠。公开发布真实准确的统计数字已经成为检查社会开放度的重要标志,防止统计数字的差错,提高其可靠性,必须从统计调查开始。所谓完整性是指所有应该调查的总体单位和应该调查的标志都必须调查到,不能有遗漏,使收集到的数据资料能够全面充分反映客观事物的本质,保证统计汇总的基本数据是全面的、充分的。所谓及时性,包括统计调查要尽早开始、尽快完成,统计调查的结果要及时发布,以满足各级领导的需要,及时完成各项调查资料的上报任务,满足统计的时效性。因为过时的资料,反映不了实际情况,起不了应有的监督作用。在统计调查中,准确性要求和及时性要求是相互结合、相互依存的。及时性只有在准确性的前提下才有意义,而准确性也不能损害及时性的要求。所谓实,是指统计调查要实事求是,符合客观实际。

二、统计调查的种类

统计调查作为收集原始资料的基本方式,从不同的角度可以做不同的分类。

(一) 按调查的组织形式分类

所谓统计调查的组织形式,是指采取什么样的方式组织调查工作,以取得统计资料。我国统计调查的组织形式分为统计报表制度和专项调查。

统计报表制度是按照一定的报表格式、报送程序、报送周期、报送内容,自下而上地逐级上报基层单位生产经营情况,以收集统计数据的调查方式。是全面收集反映国民经济和社会发展基本情况数据信息的一种常用的调查方式。统计报表制度是借助中国政府统计的组织体制,以了解我国国民经济整体运行状况为目的,以现有的自上而下的统计机构为平台,不需要专门组织,就可以定期收集反映国民经济和社会发展基本情况的统计数据。

专项调查是一种常用的统计调查组织方式,它是为了某一特定目的,专门组织的一种收集特定资料的统计调查。其调查形式主要有问卷调查、电话调查、媒介调查、走访调查、抽样调查、座谈调查、手机短信调查、网络调查等。例如,2018 年我国进行的第四次全国经济普查,为了解和反映企业投资与经营环境状况,为各级党政领导宏观决策和制定相应的企业发展战略提供可靠依据。2018年11月5号至10号,中国第一届国际进口博览会在上海国家会展中心举办。据调查和统计,共有130多个国家和地区的3 000多家企业、超过16万采购商参加了中国首届国际进口博览会。这些调查都是专项调查。根据专项调查的特点和应用范围,专项调查有普查、重点调查、典型调查和抽样调查四种。

随着社会主义市场经济体制的建立和蓬勃发展,我们必须建立符合新世纪、新情况的统计调查方法。

(二) 按调查对象包括的范围分类

统计调查按调查对象所包括范围的不同,可分为全面调查和非全面调查。全面调查是对构成调查对象总体的每一个单位都进行调查。全面调查也称为普查。例如,对入学新生进行全面的体检;某单位组织的年度职工健康普查;对地铁、高铁和飞机乘客的安全检查等。全面调查要调查总体中的每一个单位,因此全面调查能够掌握比较系统、完整的统计资料,能够了解总体的全貌。但是,全面调查必须花费较多的人力、物力、财力和时间,操作比较复杂。而且,由于涉及全部的总体单位,对调查执行人员的素质要求也较高,否则容易出错,调查获得的数据资料未必符合研究目的的要求。全面调查在实际中不常使用。

非全面调查是对被研究对象中的一部分单位进行调查。例如,对某企业开发上市的新产品,选取一部分进行质量检查;2015年我国进行的1%人口抽样调查等,都属于非全面调查。非全面调查在实际中应用非常广泛。对有些产品的质量检查,带有破坏性,如电子产品的质量检测、火柴质量的检查等,不可能进行全面调查,只得采用非全面调查。重点调查、抽样调查、典型调查及非全面统计报表等都属于非全面调查。非全面调查涉及的调查单位少,可以用较少的时间、人力、财力和物力,调查较多的内容,并能推算和说明全面情况,达到事半功倍之效,为人们所常用。

(三) 按登记事物的连续性分类

统计调查按记录事物的连续性不同,分为经常性调查和一次性调查。经常性调查是指随着调查对象的变化,连续不断地进行调查登记,以了解事物在一定时期内产生、发展的全部过程。例如,产品产量指标就是某一时期内对产量连续登记观察的结果。经常性调查收集的都是某一时期指标的数据资料,刻画事物在一定时期内发生、发展变化的流量。

一次性调查,是指每隔一段时间才对事物的变化进行一次调查,用以了解事物在一定时点上的状态。例如,要了解某地区的人口数及其构成,可以间隔较长的一段时间进行一次普查。比如,2010年,我国进行的第六次全国人口普查。一次性调查收集的都是时点指标的数据资料,刻画事物在一定时点上发生、发展变化的存量状况。2018年我国进行的第四次经济普查也是一次性调查。

(四) 按收集资料的方法分类

统计调查按收集资料方法的不同,主要分为直接观察法和询问调查法。直接观察法是由调查人员到现场对被调查对象进行直接点数和计量,以收集数据资料。例如,2009年5月11日,我国四川省确诊了首例H1N1流感患者,随后,医学部门对所有与该患者接触的人员进行隔离观察,并进行流行性病学调查。直接观察法的优点是能够保证所收集的数据资料的准确性、及时性和完整性,但是,需要花费较大的人力、物力和较长的时间,适用范围较窄。因而统计调查更多地采取询问调查的方法。

询问调查法是调查者与被调查者就某个问题通过直接接触或间接接触,调查者根据被调查者的回答以收集数据的一种调查方法。询问调查法具体包括访问调查、邮寄调查、电话调查、电脑辅助调查、手机短信调查、网络调查、座谈会和个别深度访问等。询问调查法利用现代先进的通信工具,可以保证调查资料的时效性,并可以对当前社会上出现的新情况、新问题及时开展调查。在上述众多的询问调查方法中,能够体现时代气息、充分利用现代化的通信工具开展调查的方法主要是电话调查、手机短信调查、微信调查和网络调查。

电话调查是调查人员以电话为工具,同被调查者进行信息交流,以收集数据资料的一种现代化的调查方式。电话调查特别适合于远距离的调查,当调查者和被调查者相距较远时,利用电话进行调查既能及时获得数据信息,又能节省调查时间和调查费用。随着电话的普及,电话调查方法的应用也越来越广泛。这种调查所涉及的问题都是普通老百姓身边每天发生的事情,备选答案主要是要求参与者表明自己的态度或观点,相对较容易,只要家中有电话,想发表自己的观点者,都可以参与调查。电话调查速度快,范围广,费用低;回答率高;误差小。在电话中回答问题一般较坦率,适用于不习惯面谈的人,但电话调查时间短,答案简单,难以深入,受电话设备的限制。

手机是现代化的通信工具,手机短信和微信方便快捷,是通信交流的重要方式。近年来,电视台、广播台与电信公司合作,利用手机短信或微信扫码获得实时数据资料。例如,春节晚会上,利用手机短信或微信对晚会节目进行点评;利用手机短信或微信评选优秀节目和优秀节目表演者等。

网络调查是利用更现代化、更先进的网络进行询问调查。将事先设计好的调查问卷在网站上公布,设定好填写问卷的基本要求和规范标准,就可以在第一时间获得数据资料。

综上所述,统计调查的方式多种多样,实际收集数据资料时,到底采取什么样的调查方式,利用何种方法收集数据资料,必须根据调查的具体任务和调查对象本身的特点而定,并随客观情况和工作条件的变化而适当选用。当前,应该大力推广非全面调查的方式,特别是抽样调查。同时,也要注意各种调查方法的结合运用,把全面调查和非全面调查结合起来,将直接观察法和询问调查法综合使用,或用非全面调查的资料核实全面调查的质量。

> **重要知识点**:统计调查分为统计报表制度和专项调查;全面调查和非全面调查;经常性调查和一次性调查;直接观察法和询问调查法。

第三节 统计调查方案设计

统计调查是一项复杂而又细致的工作,涉及方方面面,为了使统计调查能够按目的顺利进行,在组织实施调查之前,必须首先设计一个周密的调查方案。统计调查方案包括以下五项基本内容。

一、明确调查的目的

设计统计调查方案,首先要明确统计调查的目的。所谓统计调查的目的,就是指为什么要进行调查?调查要收集哪些数据资料?通过调查,希望解决哪些现实问题?统计调查的目的是统计调查中的一个根本性问题,它是根据统计研究任务所提出的要求和研究对象的特点来确定的。有了明确的目的,才能做到有的放矢,正确地确定调查的内容和方法,收集相关的资料,舍弃与之无关的资料,节约人力、物力,按时完成调查,提高调查资料的时效性。

根据《全国经济普查条例》的规定,国务院决定于2018年开展第四次全国经济普查。本次经济普查的目的是全面调查我国第二产业和第三产业的发展规模、布局和效益,了解产业组织、产业结构、产业技术、产业形态的现状以及各生产要素的构成,摸清全部法人单位资产负债状况和新兴产业发展情况,进一步查实各类单位的基本情况和主要产品产量、服务活动,全面准确反映供给侧结构性改革、新动能培育壮大、经济结构优化升级等方面的新进展。经济普查是对中国经济进行的一次"全面体检"。

二、确定调查对象、调查单位和填报单位

统计调查要收集反映客观实际的数据资料,必须事先明确数据资料的载体,调查对象和调查单位都是数据资料的具体承担者,只有确定了调查对象和调查单位,才能明确应该向谁调查。

所谓调查对象,就是我们需要进行调查研究的总体范围,即调查总体。它是由许多性质相同的基本单位所组成的。确定调查对象,就是要明确调查总体的范围,以防在调查工作中产生重复或遗漏,保证调查的数据资料符合完整性的要求。

第四次全国经济普查的对象是在我国境内从事第二产业和第三产业的全部法人单位、产业活动单位和个体经营户。具体包括:采矿业,制造业,电力、热力、燃气及水生产和供应业,建筑业,批发和零售业,交通运输、仓储和邮政业,住宿和餐饮业,信息传输、软件和信息技术服务业,金融业,房地产业,租赁和商务服务业,科学研究和技术服务业,水利、环境和公共设施管理业,居民服务、修理和其他服务业,教育,卫生和社会工作,文化、

体育和娱乐业，公共管理、社会保障和社会组织等。确定调查对象是一个比较复杂的问题，因为社会现象彼此之间既相互联系又相互交错，所以在确定调查对象时，要把调查对象和与它相近的一些现象划分清楚，区别应调查和不应调查的现象。

所谓调查单位，就是我们所要调查的、组成调查对象的总体单位，也即所要登记的标志的承担者。我国经济普查的调查单位就是在中华人民共和国境内从事第二产业、第三产业活动的每一家法人单位、产业活动单位和个体经营户。农业普查的调查单位是中华人民共和国境内的农业生产经营单位，即从事农业生产经营的法人单位、产业活动单位和基本符合法人单位条件的未注册单位。有了调查单位，就容易确定调查的标志和调查的项目。

所谓填报单位，是指负责填报统计调查表、汇总上报基本调查资料的基层单位。在实际工作中，必须注意，不能把调查单位和填报单位相混淆。调查单位是调查数据资料的承担者，而填报单位则是负责填报和上报调查资料的单位，两者有时一致，有时并不相一致。

三、明确调查项目

所谓调查项目就是所要调查的具体内容，它完全是由调查对象的性质、统计研究的目的和任务所决定的。调查项目包括调查单位必须登记的有关标志及其他有关事项。2010年中国第六次人口普查表短表共有18个调查项目，按户填报的有6项，按人填报的有12项。项目内容反映了人口基本状况、受教育程度和户的基本情况等。第六次人口普查表长表共有45个调查项目，按户填报的有17项，按人填报的有28项。除了短表的调查项目内容外，还反映了人口的迁移流动、身体健康状况、就业状况、妇女生育状况和住房情况等。

调查项目是要调查的具体内容，通常把调查项目设计成必须让被调查者回答的各种问题。在设计调查项目时需要注意下列事项：

第一，调查项目要少而精，只设计必需的调查项目；

第二，本着需要和可能的原则，只列入能够得到确切答案的项目；

第三，调查项目之间尽可能保持联系，以便相互核验；

第四，对重大或敏感性较强的调查项目应该设计好多个备选答案，并且备选答案之间要互不相容；

第五，调查项目的内容不宜设计得太长、太复杂或难以理解；

第六，调查项目及其备选答案不应掺入调查者的意图和倾向，以免误导被调查者。

调查表也叫调查问卷。调查表是把所有调查项目按一定顺序或规则排列而成的文件，用于登记调查单位的数据资料。调查表一般由表题、表体和表外附加三个主要部分构成。表题就是调查表的名称，用来简要说明调查表的内容；表体是调查表的主体部分，主要是调查的具体项目；表外附加通常是说明调查表的填写事项。我国第四次经济普查的普查表共有四种,分别是一套表单位普查表、非一套表单位普查表、个体经营户普查表和部门普查表。

调查表一般分为一览表与单一表两种形式。一览表是把至少两个调查单位和相应的调查项目按次序排列在一张调查表上。当调查项目不多时,常用一览表。例如,2010年第六次人口普查以户为单位进行登记,户又分为家庭户和集体户。以家庭户为填报登记单位,每张表可登记所有家庭成员个人的相关信息,就是一览表。一览表上能够填写多个调查单位的标志信息,可以节约调查成本。但是,一览表中的标志信息必须是各调查单位共有的。因而,一览表收集的标志信息相对较少。

单一表是一张调查表里只填写一个调查单位的标志信息,如果调查项目过多,一份调查表可以由几张表组成。如身份证、工作证等。单一表只能填写一个调查单位的相关信息,当调查对象的范围很广时,需要很多的调查表。

一览表的优点是每个调查单位的共同事项统一成一个调查项目,可以节省人力、时间和调查成本;其缺点是不能多登记调查单位的标志信息。而单一表的优点是可以容纳较多的标志;其缺点是每份表上都要注明调查地点、时间及其他共同事项,造成人力、时间的浪费,增加调查成本。

四、确定调查时间和调查期限

调查时间是指调查资料所属的时点或时期。从资料的性质来看,有的资料反映的是现象在一段时期内发展变化的状况,必须指明资料所述的期间。有的资料反映的是现象在某一时点上的状态,统计调查必须规定统一的时点。对普查来说,这一时点称为标准时间。例如,第六次全国人口普查的标准时点是2010年11月1日零时;第四次经济普查的标准时点为2018年12月31日。规定普查的标准时点是为了避免资料登记的重复或遗漏。

调查期限是指调查工作进行的起讫时间(从开始到结束的时间),包括收集资料和报送资料的整个工作期间。例如,2010年11月1日至11月30日为第六次人口普查的登记复查阶段,主要工作为普查员入户登记,进行全面复查,开展数据质量抽查等。2018年第四次经济普查的普查登记时间是2019年1月至4月。

五、制订调查的组织实施计划

统计调查是一项复杂的工作,在设计调查方案时,必须进行严密细致的组织工作,以保证统计调查工作顺利进行。调查工作的组织计划包括确定调查机构、设计调查程序、培训调查人员、筹措调查经费等实际问题。需要注意的是,调查人员的素质往往直接影响调查的质量,因此,在组织大型调查之前必须对调查人员进行必要的专门训练。同时要选择合适的调查方式和方法,认真落实经费来源,制订切实可行的组织实施计划。

第一次全国经济普查,工作量非常大,在全国范围内需要动员大量的人力。全国各级普查机构,招聘和选调普查员大约240万人,普查指导员有60万人左右,同时还动员企事业单位财会和统计人员大约700万人,合计约有1 000万的普查人员,而且这一千万人员都进行了很好的培训。

2018年,我国进行了第四次经济普查,第四次全国经济普查领导小组的成员单位包括国务院办公厅、统计局、国家发展改革委员会、中央宣传部、中央编办、监察部、民政部、财政部、税务总局、工商总局和质检总局等部门。

涉及普查经费方面的事项,由财政部负责协调;涉及物资保障方面的事项,由国家发展改革委员会负责协调;涉及企业和个体工商户名录方面的事项,由工商总局和税务总局负责协调;涉及机关和事业单位名录方面的事项,由中央编办负责协调;涉及社团和非企业单位名录方面的事项,由民政部负责协调;涉及组织机构代码方面的事项,由质检总局负责协调;涉及各级政府及其普查工作人员在普查工作中违法违纪行为的事项,由监察部负责协调处理。地方各级人民政府也要设立相应的普查领导小组及其办公室,认真做好本地区的普查工作。

经济普查所需经费,由中央和地方各级人民政府共同负担,并列入相应年度的财政预算,按时拨付,确保到位。

统计调查方案设计的内容,即是对统计调查的整体规划。这个规划方案不仅限于调查阶段的问题,也包括了统计整理阶段和统计分析阶段的问题。因此,应该把它看成是一项统计研究工作过程的总方案,需要认真对待。

> **重要知识点**:调查目的、调查对象和调查单位、调查表、调查时间和调查期限、做好组织协调是统计调查方案设计的主要内容。

第四节　统计报表

一、统计报表的意义和作用

统计报表是我国政府定期收集反映国民经济和社会发展基本情况统计资料的一种重要的统计调查组织形式。它是按照国家统计局或上级统计部门统一规定的报表格式、统一的填报指标、统一的报送程序和报送时间的要求,自下而上逐级提供反映国民经济和社会发展基本情况统计资料的一种重要调查方式。统计报表提供的基本统计资料可以满足各级政府了解本地区国民经济发展概况的需要,并作为制定计划、规划、政策和决策的依据。

统计报表主要是进行全面调查,也有一些是非全面调查。统计报表制度的实施依赖于基层单位的原始记录和企业内部报表。我国自从建国初期就开始实行定期的统计报表制度。这种定期的、比较稳定的统计报表制度在社会主义现代化建设和国民经济管理中具有重要作用。我国目前有关国计民生的重要的统计资料绝大部分是依靠统计报表获得的。

必须指出,统计报表在使用上存在着一定的局限性。一是缺乏灵活性。因为统计报表所反映的是现象的结果,无法反映现象发生发展的过程,并且统计报表是定期报送的,我们无法利用报表资料实时研究不断变化的新情况、新问题。二是在我国目前实行社会主义市场经济体制的条件下,还必须结合客观实际,采用灵活多样的专门调查形式。因此,我们决不能滥用和滥发统计报表。

二、统计报表的种类

统计报表制度是借助统计报表来收集数据资料的。所谓统计报表,是反映各基层单位基本生产经营情况的表格文件,统计报表通常由企业以外的统计部门或主管机构制定颁发。由于国民经济的复杂性和社会经济主体的多样化,用于收集数据资料的统计报表也多种多样,按照不同的标准,可以对统计报表进行分类,使我们对统计报表制度的认识更加全面和深刻。

(一) 基本统计报表和专业统计报表

目前,按报表主管系统的不同,我国的国家统计报表可分为基本统计报表和专业统计报表。

基本统计报表是政府统计部门为了收集反映国民经济和社会发展情况的基本统计资料,由国家统计局统一制定颁发,并在规定的范围内,统一报送执行的统计报表。基本统计报表用来收集工农业生产、交通运输、邮电、商业、外贸、财政金融、劳动工资、就业、教育、居民生活、福利保障等国民经济的基本统计资料,为党和国家各级领导了解情况、指导工作、制定改革规划、制定经济发展政策、编制和检查规划提供依据,各单位必须按规定及时、准确、全面地报送,不得虚报、瞒报、拒报,不得伪造。

专业统计报表是国民经济各业务部门统计系统为收集适应本部门业务管理所需要的专业统计资料,由业务主管部门制定颁发的统计报表,也称为业务部门统计报表。部门统计报表只在本系统内执行,用来收集有关本部门的业务技术资料,作为基本统计报表的必要补充。如国家财政部门为了解财政收入和财政支出的执行情况,而制定颁发的统计报表;税务部门为了解税收计划的执行和完成情况,制定颁发的统计报表;交通部门为了解铁路客运量而制定颁发的统计报表等。

(二) 全面统计报表和非全面统计报表

统计报表按填报范围的不同可分为全面统计报表和非全面统计报表。全面统计报表要求调查对象中的每个调查单位都要填报;非全面统计报表,只要求调查对象中的一部分调查单位填报。如基本单位统计报表是全面统计报表,适合于全面调查;批发零售贸易、餐饮业统计报表和企业调查统计报表是非全面统计报表,适合于非全面调查。

(三) 定期报表和年报

统计报表按照报送周期长短的不同,可分为日报、旬报、月报、季报、半年报和年报等。除年报外,其他报表的报送周期都是固定的,报表的报送周期和日历年度的周期相一致,称为定期报表。另外,由于各企业注册成立的时间不同,其生产经营的周期年度和日历年度不一致,因此,年报不能称为定期报表。日报、旬报由于时效性强,报送的内容比较简要、精练,重点报送反映生产经营基本情况的数据资料。各种报表报送周期的长短和报送的指标项目的多少有一定的相关性。报表报送的周期越短,报送的指标项目就越少,内容越精练,重要性越强;报表报送的周期越长,报送的指标项目就越多,内容越广泛,指标也越详细。

年报是对一年来的生产经营情况进行全面的综合总结,其作用在于总结报告年度的计划执行情况,分析研究生产发展的变动关系和发展速度,以便为各级领导机关制定方针、政策提供依据。所以,年报具有指标多、分组细、内容范围广等特点。

(四) 基层报表和综合报表

统计报表按填报单位的不同,可分为基层报表和综合报表。基层报表是由基层企业、事业单位根据本单位的原始记录,汇总整理、编报的统计报表。基层报表只能反映一个基层填报单位的基本经济情况,是独立的、个体的、片面的。综合报表是由各级国家统计部门或业务主管部门根据基层报表进行汇总整理、编报的统计报表,用以反映一个地区、一个行业、一个部门或全国的整体基本情况。综合报表反映的是一个部门、行业、地区或国家的基本经济情况,是相关的、整体的、全面的、综合的。

(五) 电讯报表和书面报表

统计报表按报送方式的不同,可分为电讯报表和书面报表两种。电讯报表是采用现代化的通信技术进行报表的报送,能够满足统计资料时效性的基本要求。电讯报表又可分为电报、电话、电视传真和网络报送等方式。目前,以现代互联网技术为依托的网络报送方式越来越受到人们的青睐。书面报表是通过邮局或快递寄送的方式报送报表,这种报送方式比较安全,但时效性有点差。采用什么方式报送报表,主要取决于报表内容的紧迫性和时效性要求。由于日报和旬报的时效性较强,必须迅速上报,通常采用电讯方式报送;而月报、季报、半年报和年报,除少数月报要采用电讯方式报送外,可以采用书面的方式报送。当然,在现代计算机技术日益发达的今天,为尽快满足人们对数据信息的需求,应该采用安全、快速和高效的方式报送报表。

三、统计报表制度的基本内容

统计报表制度是一整套收集国民经济和社会发展基本情况数据资料的系统,其基本内容主要有以下两项。

(一) 表式

表式是指统计报表的具体格式。反映国民经济和社会发展基本情况的统计报表是由一系列不同的报表组成的,对于填报单位而言,报表的具体格式非常重要。报表的格式是由国家统计部门根据研究的任务与目的的需要而专门设计的。表式是统计报表制度的主体内容,包括报表体系、报表的具体格式以及报表的结构等。就一份统计报表而言,表式主要包括主栏项目、宾栏指标等主要内容。此外,每张表还要列出表名、表号、制表单位、填报单位、审批单位、报出日期以及报送单位负责人和填表人的签名等。有了这些内容,才能称其为完整的统计报表。2018年,国家统计局制定的规模以上服务业统计报表制度规定,规模以上服务业有两张综合报表,一是F103-综合表1,主要填报规模以上服务业企业法人单位地区主要指标,报表有3页;二是F103-综合表2,主要填报规模以上服务业企业法人单位分行业主要指标,报表有4页。这两张报表都是年报。

(二) 填表说明

统计报表报出的数据必须是准确的、真实的、可靠的和及时的。为了保证报出资料的准确性,必须对统计报表的填报事项加以详细的解释和说明。填表说明就是有关报表填写事项的详细说明和解释。主要内容如下。

(1) 填报范围,即统计报表的实施范围,它明确规定每种统计报表应该由哪些单位填报,这样可避免填报单位的遗漏,保证调查资料的完整性和汇总资料的准确性。2018年规模以上服务业统计报表F103-综合表1和F103-综合表2的填报范围都是辖区内规模以上的服务业法人单位。

(2) 指标解释,是对列入统计报表的宾栏指标的概念、含义、计算口径、计算方法以及其他有关问题做出具体的说明,使填报人员对填报的指标有统一明确的认识,准确填报统计报表。

(3) 统计目录,也称分类目录,它是统计报表中主栏项目的一览表,是填报单位的重要依据。主栏项目是统计报表中需要填报的详细类目,有了统计目录就可以确保统计报表内容的完整性。

(4) 其他事项。除上述各项说明外,还要对诸如报送日期、报送程序、报送份数、报送方式和受表单位等加以解释和说明,以确保统计报表及时准确地报送。

2018年中国企业(单位)研发活动统计报表制度对报表中的研发与开发(R&D)人员的含义、R&D人员全时当量、R&D经费内部支出、R&D项目、机构人员等指标的计算及填报都给出了严谨的解释和说明。

四、统计报表制度的意义和作用

统计报表制度是我国统计调查的一种重要的组织形式,是统计部门全面收集反映国民经济和社会发展基本情况数据资料的重要手段,对我国的社会主义现代化建设具有重要作用。

第一,统计报表的资料是各级党政领导了解国民经济的基本情况,制定经济发展的计划、方针、政策,制定改革规划和方案,特别是制定宏观经济政策的基本依据。

第二,统计报表的资料是编制国民经济和社会发展规划并检查其执行情况的基本依据。我国的国民经济发展实行"五年规划"制度,在每一个"五年规划"的初期,都要认真制定下一个"五年规划"的目标和任务,并检查当期五年规划任务的完成情况。

第三,统计报表的资料反映了我国社会主义现代化建设的伟大成就,表明了我国经济发展的速度和趋势,反映了人民的生活水平,是进行科学研究、开展国际交流的基本依据。

第四,统计报表的资料揭示了国民经济和社会发展的内在规律、发展成就,是总结经验、加强管理和指导生产的基本依据。

第五,统计报表的资料是实现统计信息化和完善统计工作职能的基础。

统计报表制度为我国的经济管理和社会主义现代化建设发挥了巨大的作用。但是,在新的形势下,这种调查方式也有不足之处。主要表现在:一是在社会主义市场经济体制下,经济主体多元化、经济利益多元化,由于利益关系,虚报、瞒报现象无法彻底根除,影响了报表数据资料的质量。二是在社会主义市场经济体制下,所有制、经济类型、经济成分多种多样,因而对数据资料的需求也多种多样。单一的统计报表制度无法满足多元化的需要。2001年,我国已加入WTO,统计规则和统计数据要符合国际惯例,必须改革现有的统计报表制度,应用灵活多样的专门调查形式,完善统计报表制度,更好地发挥统计的认识作用和管理作用。

> **重要知识点**:统计报表制度是统计调查的重要组织方式,表式、报表目录和填表说明是统计报表制度的基本内容。统计报表可以分为基本统计报表和专业统计报表、基层报表和综合报表、定期报表和年报、全面统计报表和非全面统计报表、电讯报表和书面报表。

第五节 专项调查

统计报表制度是政府部门收集国民经济和社会发展基本情况统计资料的专用调查方式,对于社会经济中发生的突发事件,社会经济发展中出现的新情况、新现象,或者要详细深入地了解某种事项的时候,统计报表制度是无法实现的。这时,我们就需要使用专项调查的方式。专项调查是收集常用的统计资料的组织方式之一,根据组织方式不同,专项调查有普查、重点调查、典型调查和抽样调查四种。

一、普查

普查是专门组织的一次性的全面调查,主要是调查社会经济现象在某一时期或某一时点的状况。普查的目的是收集那些不必要或不可能采用统计报表取得总体资料的社会经济现象,例如,经济普查、污染源普查、人口普查等。普查的特点为以下四个方面。

第一,普查是专项调查。它是专门组织的统计调查。如,2018年第四次全国经济普查;2016年第三次全国农业普查;2010年全国第六次人口普查等。

第二,普查是一次性调查。它是非连续性调查,由于普查是全面调查,涉及面广,一般不常进行,主要用来收集属于一定时点上的社会经济现象的总体资料。

第三,普查是全面调查。调查对象中的每一个调查单位都要进行调查。普查用于收集重要的国情国力和某些重要经济现象的全面情况的统计资料。利用普查资料,可以深入反映国民经济和社会发展的状况,为各级党政领导制定规划、方针、政策和决策提供准确可靠的数字依据。

第四,普查的应用范围比较窄,只能调查某些特定的现象。由于普查是全面调查,如果调查对象范围很广,普查的工作量就很大,需要动员较多的人力,花费较长的时间,耗资也多,所以普查不宜经常进行。根据我国第三次(2013年)全国经济普查的结果,2013年末,全国共有从事第二产业和第三产业活动的法人单位1 085.7万个,比2008年末(第二次全国经济普查年份)增加375.8万个,增长52.9%;产业活动单位1 303.5万个,增加417.1万个,增长47.1%;有证照个体经营户3 279.1万个,增加405.4万个,增长14.1%。

普查的主要作用在于掌握某些关系到国计民生和国情国力的重要数据,为党和政府制定重大的方针政策、编制国民经济长远发展规划提供基本依据。所以,普查是一项不可缺少的统计调查的组织形式,是统计报表制度的必要补充。

普查有两种组织方式:一种是组织专门的普查机构,由普查人员对调查单位直接进行调查登记。例如,2018年的全国第四次经济普查,2010年的全国第六次人口普查,都是由国务院及各级政府组成专门的普查机构,由基层普查人员直接进行调查登记。另一种是利用调查单位的原始记录和核算资料及企业内部报表,颁发一定的调查表,由调查单位自行填报。如基本单位普查、全国科技人才普查、清产核资等都是属于这种方式的普查。

由于普查是一次性的全面调查,需要动用很多人力、物力,对调查的内容要求有较高的准确性和时效性,因而普查工作必须统一领导、统一要求和统一行动,并严格遵守以下几个基本原则。

第一,确定统一的普查时点。普查取得的资料说明了社会经济现象在一定时点上的状态,为了避免资料重复、遗漏以及受时间变化的影响,必须统一规定调查的标准时点。例如,第四次全国经济普查的标准时点是2018年12月31日;第六次人口普查的标准时点是2010年11月1日零时。

第二,规定明确的普查期限。普查期限指普查的起止时间,在调查对象范围内,每个普查点应该同时进行工作,并在最短期限内完成,以便在方法、步骤上保持一致,从而保证调查资料的准确性和时效性。例如,第四次全国经济普查的登记时间是 2019 年 1 月 1 日至 4 月 30 日;第六次全国人口普查的登记时间是 2010 年 11 月 1 日至 11 月 30 日。

第三,规定统一的普查项目。普查项目是普查的具体内容,由于普查涉及的范围很广,必须规定统一的普查项目,以保证资料的完整性、统一性和可比性。对已经规定的普查项目,不能随意改变或增减,以免影响全面资料的汇总工作,降低资料质量和普查效果。同一种普查,应尽量保持各次普查项目的一致性,便于相互比较。

第四,正确选择普查时期。社会经济现象周而复始,循环往复,有一定的周期性,重要的普查应尽可能做到周期进行,便于对普查资料的前后期做动态分析和比较,研究事物发展的特点与规律性。如全国经济普查每十年进行两次,分别在逢 3 和逢 8 的年份实施;农业普查每十年进行一次,在逢 6 的年份实施;工业普查在逢 5 的年份实施。

二、重点调查

重点调查是专门组织的一种非全面调查方式,主要适用于那些反映主要情况或基本趋势的调查,是在全部调查单位中,选出少数重点单位,对重点单位进行全面调查,以收集现象总体的数据资料。这些重点单位虽然只是全部单位中的一小部分,但它们的标志总量在总体标志总量中却占据了绝大部分,因而,对这些重点单位进行调查就能反映总体现象的基本情况。例如,2018 年第 22 号超强台风山竹,9 月 16 日 17 时在广东台山海宴镇登陆,登陆时中心附近最大风力 14 级,即 45 米/秒,相当于 162 千米/时,中心最低气压 9.55×10^4 帕。2015 年至 2016 年,我国商品房价格快速上涨,高涨的房价会引发经济风险和社会矛盾。2017 年 3 月,国务院和各地政府纷纷出台政策以调控房价。如果要了解房价调控政策的效果,只要调查北京、上海、广东和深圳等一线城市的房价变化就可以了。

重点调查的优点在于调查单位少,只要花费较少的人力、物力和时间就可以调查较多的项目和指标,获得效果较好的反映总体基本情况的数据资料。一般来说,当调查目的只是为了了解事物的发展趋势、变动水平或比例等数量方面的特征,而少数单位又具备所需条件时,便可采用重点调查。值得注意的是,由于重点单位数在全部单位中只占很小的比例,通常不能由重点调查的结果来推算总体的相应结果。

重点调查的关键问题在于重点单位的选取。重点单位必须满足两个基本条件:第一,重点单位数占全部总体单位数的比重较小;第二,重点单位的某一个数量标志值的总和占全部单位数量标志值的总和较大。重点单位的多少,依调查任务而定。通常情况下,选出的重点单位应尽可能大。例如,要了解中国金融机构的不良资产状况,只要选取中国银行、中国工商银行、中国建设银行和中国农业银行这四大国有商业银行,对它们的不良资产的总量、结构、存量、形成原因做全面详细的调查,就能反映全国金融机构不良资产的基本情况。

根据重点调查的特点,重点调查的主要作用在于反映调查总体的主要情况或基本趋势。因此,重点调查通常用于不定期的一次性调查,但有时也用于经常性的连续调查。值得注意的是,重点单位的选取带有较大的主观性,重点单位因人而异,因时而异。

重点调查的优势,一是要调查的单位数较少,可以节省调查时间和调查成本;二是能大大降低调查的登记性误差。不足之处是重点单位的选取不具有客观性,不能根据所有重点单位的数量特征推断总体的数量特征。

重点调查主要采取专项调查的组织方式,也可以颁发定期统计报表,由被调查的重点单位填报。

三、典型调查

典型调查是专门组织的非全面调查方式,是在调查对象中有意识地选出若干个在性质上最有代表性的单位,进行深入细致的研究,以收集总体信息特征的一种统计调查方法。进行典型调查的主要目的不在于取得社会经济现象的总体数值,而在于了解与有关数字相关的生动具体情况。

例如,国有企业改革是当前中国经济改革的重点和难点,要总结国企改革的成功经验和失败教训,推广改革的成功经验,既要选取改革成功的典型企业,如宝钢、海尔、长虹、联想等,也要选取改革失败的典型企业。对它们的改革情况进行深入细致的研究,即可掌握国企改革的一般情况。

典型调查的主要特点是被调查的范围较小,调查单位少,代表性好,调查方法灵活多样;能够用较少的人力、物力,在短时间内对某一问题进行深入细致的调查研究,提高调查的时效性。

典型调查的首要问题是选取有代表性的典型单位。只有选取正确的典型单位,才能提高典型调查的质量。所谓典型单位,是指在性质上最有代表性的单位。一般来说,调查单位之间差异性不大时,只要选出少数几个典型单位就可以了。常言道,"麻雀虽小,五脏俱全",我们只要解剖一只麻雀,就可以了解所有麻雀的身体构造。典型调查的目的在于通过典型单位来说明事物的一般情况或事物发展的一般规律性。当调查单位之间的差异性很大时,我们必须将调查对象进行分类,在每一类别中选出几个典型单位,全部类别的典型单位形成一个典型单位的整体,这种选取典型单位的方法叫作"划类选典法"。如各行各业选出的劳模,上证股票价格指数中精心选出的样本股等都是典型单位。通过对典型单位组成的总体进行仔细的调查研究,就可以了解总体的数量方面或质量方面的大致情况。只有调查者对情况较熟悉,研究问题的态度客观认真,才能使典型调查取得较好的效果。典型调查的具体方法主要是直接观察法和采访法。

典型调查的作用主要有以下几个方面:

第一,可以用来研究社会经济现象中出现的新事物、新情况、新问题;

第二,能对具体问题进行深入细致的分析。

典型调查机动灵活,可以节省时间、人力、物力和财力,是研究社会经济现象中新情况、新问题的好方法。另外,典型调查中典型单位的选取不符合随机性原则,因此,典型调查的结果未必能获得众人的认同和首肯,而且典型调查容易受人为因素的干扰,可能会导致调查的结论有一定的倾向性。典型调查的结果一般情况下不宜用于推算全面数字。

四、抽样调查

抽样调查也是专门组织的一种非全面调查方式。它是按照随机性的原则在全部调查单位中抽取一部分单位组成样本,对样本进行观察,并根据所获得的样本数据来推算总体的数量特征。例如,我们要检验一批电子元件的质量,只要从全部电子元件中随机抽取若干个电子元件进行检测,测得它们的平均使用时间,即可推断该批电子元件的平均寿命,同时还可推断出该批电子元件的合格率和次品率。

抽样调查按随机性原则选取样本单位,同重点调查和典型调查相比,样本单位的选取排除了个人主观意图的影响,样本代表性好。在一定的抽样组织方式下,抽样调查的结果可以用于推断总体的数量。抽样调查是非全面调查,既节省人力、物力和财力,又能提高资料的时效性,还能取得比较正确的全面统计资料,应用范围非常广泛。抽样调查有以下三个突出特点:(1)按随机性原则抽选样本;(2)总体中每一个单位都有一定的概率被抽中;(3)可以用一定的概率来保证将抽样误差控制在规定的范围之内。

有关抽样调查的详细内容,本书后面将单列一章进行介绍。

以上从不同角度介绍了统计调查的各种方式方法,每种调查都有各自的优点和局限性,实际工作中,各种调查只有结合运用,才能更好地发挥统计认识社会的重要作用。各类统计调查的特点如表2.3所示。

表2.3 各类统计调查的特点

调查方式	调查范围	组织形式	收集资料方法
统计报表制度	全面或非全面	报表制度	基层报告
普查	全面	专项调查	询问或基层报告
重点调查	非全面	专项调查	基层报告
典型调查	非全面	专项调查	询问
抽样调查	非全面	专项调查	直接观察或报告

重要知识点:普查、重点调查、典型调查和抽样调查是重要的专项调查组织方式。其中,普查是全面调查,其他三种是非全面调查。抽样调查是最重要的非全面调查。

第六节 次级资料的收集

前面介绍的统计调查方法都是用于收集原始数据资料的,统计研究还要收集各种次级资料或二手资料。次级资料在统计研究中主要用于比较或基础准备,作为研究的背景资料。

所谓次级资料是指已经公开出版或发布的各种数据资料。在我国,既有官方公开出版或报道的反映国民经济和社会发展基本情况的数据资料,也有民间调查公司公开的各种实时调查数据。前者如国家各级统计部门出版的各种年鉴,后者如零点调查公司等市场调查公司公开的各种社会调查数据资料等。因此,要收集二手资料,可以通过以下途径。

(1) 各级统计部门的公开出版物。如国家统计局和各省市地方统计局出版的《统计年鉴》《经济年鉴》以及其他专业年鉴等。

(2) 各级专业研究机构公开出版的研究报告或调研报告。如中科院、中国工程院、国务院所属的研究机构以及其他各级专业研究机构的公开出版物等。

(3) 报纸、杂志、图书、广播、电视等媒体中公开的各种数据资料。

(4) 互联网。在当今互联网普及的时代,通过网络收集次级数据资料非常方便。

(5) 各种专业数据库。

本章小结

1. 统计数据是采用一定标准对客观现象进行计量或测度的结果。有品质数据和数值数据两大类。

2. 统计调查是取得原始统计资料的重要方法,通过统计调查可以获取重要的第一手资料,是统计研究工作的一个重要阶段。

3. 统计调查分为统计报表制度和专项调查;全面调查和非全面调查;经常性调查和一次性调查;直接观察法和询问调查法等。

4. 统计调查方案是关于统计调查具体实施的全面规划和策略措施,在一定条件下,能够保证统计调查工作的顺利实施。

5. 统计报表制度是我国收集全面反映国民经济和社会发展基本情况重要数据资料的政府统计方式。

6. 普查是重要的全面调查方式,用于收集现象在一定时点上或一定时期的数据资料。抽样调查、典型调查和重点调查是重要的非全面调查方式。

7. 可以利用互联网、报纸、杂志、电视、广播和专业研究机构的公开出版物收集次级数据资料。

重要词汇

统计数据、统计调查、统计报表、专项调查、调查对象、调查单位、调查表、普查、重点调查、典型调查、抽样调查。

思 考 题

1. 2018年11月5日至10日中国(上海)第一届国际进口博览会在上海召开,为了保证游客的安全和展品安全,进博会期间,入园游客和参展商都要接受安全检查,这是什么调查?
2. 现实中,怎样区分重点调查和典型调查?
3. 抽样调查中,怎样选取样本单位?
4. 怎样才能查到沪深300股指期货的交易数据?怎样才能获得鸡蛋期货的交易概况?

练 习 题

一、单项选择题(每题只有一个正确答案)

1. 在国有企业的设备普查中,国有企业的每一台设备是( )。
   A. 调查对象   B. 调查项目   C. 报告单位   D. 调查单位
2. 调查表是调查内容的表现形式,它包括( )。
   A. 单一表
   B. 一览表
   C. 单一表和一览表
   D. 整理表
3. 全国人口普查中,调查单位是( )。
   A. 全国总人口
   B. 每一个人
   C. 每一户
   D. 每一个基层单位的人
4. 人口普查中规定统一的标准时间是为了( )。
   A. 确定调查的范围
   B. 确定调查的单位

C. 避免登记的重复与遗漏　　　　　D. 登记的方便

5. 某地区为了掌握本地区电子商务的发展状况,拟对该地区五个大型网络平台的销售情况进行调查,这种调查方式是(　　)。
   A. 普查　　　B. 典型调查　　　C. 重点调查　　　D. 抽样调查

6. 某工厂对生产的一批电子元件进行质量检查,这种检查应采用(　　)。
   A. 普查　　　B. 典型调查　　　C. 重点调查　　　D. 抽样调查

7. 某些不能够或不宜用定期统计报表收集的全面统计资料,一般应采取的方法是(　　)。
   A. 普查　　　B. 典型调查　　　C. 重点调查　　　D. 抽样调查

8. 抽样调查和典型调查都是非全面调查,两者的根本区别是(　　)。
   A. 组织方式不同　　　　　　　B. 作用不同
   C. 选取调查单位的方法不同　　D. 灵活程度不同

9. 统计调查中,调查对象是(　　)。
   A. 调查标志的承担者　　　　　B. 构成调查对象的每一个单位
   C. 组成研究对象的总体　　　　D. 构成调查总体的每一个单位

10. 在统计调查中,调查单位和填报单位之间(　　)。
    A. 是一致的　　　　　　　　　B. 是毫无区别的
    C. 是毫无关联的两个概念　　　D. 一般是有区别的,但有时也一致

11. 某地区为了推广股权分置改革的成功经验,对股权改革效果较好的几家企业进行了详细调查,这种调查属于(　　)。
    A. 全面调查　　B. 重点调查　　C. 典型调查　　D. 经常性调查

12. 重点调查所选取的重点单位,必须是在调查对象中(　　)。
    A. 具有较大标志值的那一部分单位　　B. 具有代表性的调查单位
    C. 按随机原则选出的调查单位　　　　D. 填报调查数据的基本单位

13. 统计调查中的专项调查有(　　)。
    A. 统计报表、重点调查和抽样调查　　B. 经常性调查和一次性调查
    C. 全面调查和非全面调查　　　　　　D. 普查、重点调查、典型调查和抽样调查

14. 某些产品在检验和测量时,常常带有破坏性,一般宜采用(　　)。
    A. 全面调查　　B. 普查　　　　C. 专门调查　　　D. 抽样调查

15. 收集原始资料的主要方法是(　　)。
    A. 统计调查　　B. 原始记录　　C. 统计报表　　　D. 综合表

二、判断题(下列各题中,对的打"√",错的打"×")

1. 统计调查是获得统计数据的最直接的方法,是统计数据的直接来源。(　　)
2. 抽样调查是专项调查中最重要的非全面调查方式。(　　)

3. 抽样调查中的样本单位是按照各单位影响的大小来选取的。（　　）
4. 统计报表主要是进行全面调查，但也有一些是非全面调查。（　　）
5. 日报、旬报、月报、季报、半年报和年报都可以称为定期报表。（　　）
6. 普查是一次性调查、全面调查、专项调查。（　　）
7. 对我国主要粮食作物生产区进行调查，以掌握全国主要粮食作物生长的基本情况，这种调查是重点调查。（　　）
8. 典型调查既可以收集数字资料，又可以收集不能用数字反映的实际情况。（　　）
9. 与普查相比，抽样调查的范围小，组织方便，省时省力，所以调查项目可以多一些。（　　）
10. 全面调查和非全面调查是根据调查结果所得的资料是否全面来划分的。（　　）

三、填空题
1. 统计数据的类型有：定类数据、定序数据、_____、定比数据。
2. 统计调查根据_____可分为全面调查和非全面调查，根据登记事物的连续性可分为_____和_____。
3. 抽样调查中样本单位的选取必须遵循_____原则。
4. 根据专项调查的特点和应用范围，专项调查有普查、重点调查、_____和抽样调查四种。
5. 调查表一般可以分为一览表与_____两种形式。
6. 统计报表按填报单位的不同，可分为_____和综合报表。
7. 典型调查的具体方法主要是_____和采访法。
8. 与原始资料相对应，已经公开出版或者发布的各种数据资料被称为_____。
9. 调查时间是指调查资料所属的时点或时期，_____是指调查工作进行的起讫时间。
10. 统计数据的量化尺度中，只能进行数学中的加减运算，不能进行乘除运算的是_____。

四、综合题
1. 查阅资料，了解"行为数据"的含义和种类。
2. P2P作为一种金融创新，在中国取得了快速发展。但是，P2P也暴露出许多问题，2018年P2P爆雷，大量P2P公司倒闭。请你设计调查问卷，对参与P2P的投资者进行典型调查。

第三章
数据资料的整理

本章导言

物以类聚，人以群分

大千世界，宇宙万物，纷繁复杂的现象，皆可以划分为不同的类型，即所谓"物以类聚，人以群分"。分类可以使复杂现象变得有序，刻画出复杂现象的类别特征，便于认识现象的本质和加强管理。

根据国家标准，为了全面了解国民经济发展概况，国家统计局对国民经济进行行业分类，编制了国民经济行业分类(GB/T4754—2017)目录，以此为参照，又编制了国家旅游及相关产业统计分类目录(2018)、高技术产业(制造业)分类目录(2018)和文化及相关产业分类目录(2018)等。

图书馆和书店分别按书籍分类目录摆放书籍，博物馆按展品分类目录展示物品，百货商场按商品分类目录摆放商品。

工业园或工厂按区域功能，设置园区或厂区分布等。

对任何复杂现象总体的认识和管理首先要进行分类或分组。通过统计整理可以掌握对复杂现象进行分类或分组的方法，了解复杂现象内部的组成类别及其结构。

学习目标

1. 了解数据资料整理的重要意义。
2. 掌握数据资料整理的技术和方法。
3. 了解统计分组的原则和技巧。
4. 会编制数据频数分布表。
5. 能够用 Excel 制作各种统计表和统计图。

第一节　数据资料整理的基本问题

一、数据资料的整理

统计调查收集到的各种原始数据资料是大量的、零乱的,数据信息被掩盖在个别单位的、分散的、不系统的原始资料之中。调查来的数据资料只能反映问题的表面现象,不能全面深刻地解释事物的本质,更不能反映现象发展变化的数量规律和数量关系。统计研究的是社会经济现象总体的数量特征,统计调查收集的资料仅仅反映了个体的数量方面,必须对统计调查来的数据资料进行基本的加工处理,即数据资料的整理。数据资料的整理类似于日常生活中把从菜场买回来的蔬菜进行基本的分拣,剔除腐烂的、变质的蔬菜之后,再对其进行分拣,根据个人的喜好和口味,分别做成不同的菜。

统计数据资料整理,也称为统计整理,是统计研究工作的重要阶段。它是根据统计研究的目的和任务的要求,采用科学的方法,对调查所收集到的大量原始资料进行加工汇总,提炼出数据中的有用信息,使调查资料系统化、条理化、科学化和档案化,最终得出反映总体数量特征和数量关系的有用的综合数字资料。统计整理的基本任务是:对调查来的数据资料去伪存真、去粗取精、科学分类和浓缩简化。从认识论的角度看,统计整理是人们对客观现象从感性认识上升到理性认识的过渡阶段,是进一步开展统计分析的前提,是统计研究工作的中间阶段,在统计研究工作中起着承前启后的作用。统计资料整理工作的质量,将直接影响整个统计工作的效果和质量。

二、数据资料整理的基本步骤

数据资料的整理是一项复杂而又细致的工作,整理的内容主要包括以下几个方面。

(1) 对收集到的原始数据资料进行预处理。也就是对收集到的数据资料进行审核和检查。通过审核和检查,以保证作为数据资料整理基础的原始资料的准确性、完整性和及时性。审查的方法主要有两种:第一,逻辑审查。即从逻辑关系上审查调查项目之间或数据之间有无矛盾,是否合乎理论逻辑。如在人口普查中,如果某人在普查表的"年龄"一项中填写的是"6 岁",而在"婚姻状况"一项上填写的却是"已婚",很显然,这两个项目之间不符合理论上的逻辑关系,更不符合常理。可以肯定,它们之中至少有一项填错了。第二,计算审查。检查收集到的数据资料的计算方法和口径是否正确,有联系的数据之间能否互相验证,合计数与各项数据之间是否平衡等。例如,在人口普查中,如果某调查点上的家庭数大于该调查点上的人口总数;各调查点上的合计数大于或小于总数,这显然有错误。数据资料的预处理是从源头上对数据进行质量把控,把统计研究的差错消灭在萌芽状态,必须对收集到的所有原始资料进行严格的审核与检查。

（2）对原始资料进行分类或分组。统计调查收集到的原始资料是零星分散的、大量的，毫无规律可言。为了对资料进行分析，必须根据统计研究的目的和任务的需要，按一定的标准，将原始资料进行分类或分组。对原始数据资料的分组，要遵循"组内同质性，组间差异性"的原则，也就是使性质相同的总体单位分在同一组，把性质不同的总体单位区别开来；同时还要保持"穷尽和互斥""不重不漏"，即收集到的所有数据都能分在而且只能分在某一组中。对原始资料进行分类或分组，只能是定性的归类，主要是采用某些品质标志对资料总体进行分组。

（3）对分组资料进行综合汇总，计算各种指标，以反映总体的综合数量特征。通过分组可以计算出数据资料分布在各组中的个数（频数）和各组次数占全部数据总数的百分比（频率），反映数据的分布特征。还可以计算各组数据中的最大值、最小值、平均值、极差等。

（4）将汇总整理的结果以图形或表格的形式进行展示，以备后续统计分析之用。统计数据是枯燥的、呆滞的，大量的统计数据容易使人眼花缭乱，产生疲劳。现代计算机科学技术的发展，大量统计分析软件技术的发明，使得统计数据可以用直观形象的图形或表格进行展示，便于存储，以备统计分析之用。最常用的办公自动化软件 Excel 提供了大量的统计图型和表格模板，还可以对表格和图形进行形象直观的编辑制作。图和表实现了数据可视化，使得数据信息的展示更加直观。

（5）做好统计资料的系统积累工作，以备统计资料的开发之用，发挥统计的信息功能。现代社会，数据是绝大多数信息的表现形式，统计整理的结果能够反映研究现象的数量规律特征，可以作为统计信息发挥作用。

> **重要知识点**：统计整理可以使大量数据显示出规律性，使调查资料系统化、条理化、科学化和档案化，能够提炼出数据中的有用信息。

第二节　统计分组

一、统计分组的意义

假定统计调查来的数据资料已经过必要的审核和检查，符合准确性、完整性和及时性的基本要求，紧接着要进行的统计整理步骤就是统计分组。统计分组是一种定性的分类，它是根据统计研究的目的和需要，按照某种标准，从性质上将统计总体区分为若干个组成部分的一种统计方法。其中的每一个组成部分就称为一组或一类。统计分组具有"分与合"的双重意义，"分"的目的是使总体内性质不同的基本单位区分开，"合"的目的是使统计总体中性质相同的基本单位结合在一起。通过统计分组可以保持组内同质性和组间差异性。即每个组内的个体至少具有一个相同的性质，而组与组之间性质都不完全相同。统计分组后，便于进一步地运用各种统计方法，研究现象的数量表现和数量关系，正确认识事物的数量本质和规律性。统计分组是对复杂现象进行社会认识的第一步。

二、统计分组的作用

统计分组是统计研究的基本方法之一，统计分组具有以下作用。

1. 划分现象的类型

社会经济现象是复杂多样的，同一个复杂总体内部是由大量性质不完全相同的个体单位组成的，性质不同的个体单位有着不同的特点以及不同的发展规律，在进行数据资料整理时，只有将现象总体划分为不同的类型，分别进行研究，才能全面深刻地了解社会经济现象总体。例如，上海期货交易所上市交易的期货品种可以分为五类：有色金属期货，包括铜、铝、锌、铅、镍、锡；贵金属期货，包括黄金、白银；黑色金融期货，包括螺纹钢、线材、热轧卷板；能源化工期货，包括原油、燃料油、沥青、天然橡胶、纸浆；衍生品期货，即铜期货。截至 2018 年 12 月 14 日，沪市共有上市股票 1 493 只，其中 A 股 1 442 只，B 股 51 只。通过分组，我们能够了解复杂总体的组成类型，对总体有更加直观和详细的认识。当我们面临一个复杂的现象总体时，通过分类，我们可以了解该总体的组成类别，是我们对复杂总体进行认识的第一步。

2. 揭示总体的内部结构

将统计总体按某种标准分组后，用总体中某一组的数量指标值除以总体相应的数量指标值，可以计算出各组对总体所占的比重大小，以研究总体内部各部分之间存在的差别和相互联系。这种比重指标值反映了总体内部各部分的组成状况，其中比重指标相对大的组，对总体的性质和发展起决定性的作用。例如，截至 2018 年 12 月 7 日，中国股票投资者开户数达 14 587.38 万户，其中自然人投资者为 14 552.09 万户，占 99.76%，非自然人投资者 35.29 万户，占 0.24%。在自然人中开立 A 股账户的投资者 14 486.59 万户，占 99.55%；开立 B 股账户的投资者 238.84 万户，占 1.64%。将同一个总体不同时期的结构变化加以比较研究，可以反映现象发展变化的规律。

表 3.1　2017 年上海城市基础设施建设投资额及其比重

指　标	绝对值/亿元	比重/%
城市基础设施建设投资	1 705.22	100.00
电力建设	137.85	8.08
交通运输	903.62	52.99
邮电通信	92.48	5.42
公用事业	97.68	5.73
市政建设	473.60	27.78

资料来源：上海市统计局 2017 年统计公报。

表3.1是2017年上海市对城市基础设施建设的投资额及其比重,从表3.1可以看出,2017年上海市对交通运输的投资额最大,占比达到52.99%;对邮电通信的投资最小,只有5.42%。

3. 分析现象之间的依存关系

一切社会现象都不可能孤立存在,而是处于广泛的相互联系、相互依存和相互制约之中,通过统计分组,可以揭示这种依存关系及其在数量上的表现。例如,妇女受教育程度与生育率水平之间有一定的依存关系。美国联邦储备银行的研究分析师克里斯蒂·恩格曼和经济学家迈克尔·奥扬的研究结果表明,人的收入和外表长相有一定的依存关系,如果以普通长相者的收入作为基准,那么,长相不及普通长相的人收入要比基准数低9%;相反,容貌姣好的人的收入要比基准数高出5%。表3.2说明了恩格尔系数与生活状况的依存关系,恩格尔系数是居民家庭食品消费支出占家庭消费总支出的比重,系数越大说明越贫困。

表3.2 恩格尔系数与生活状况

恩格尔系数/%	生活状况
>59	绝对贫困
50～59	勉强度日
40～50	小康水平
30～40	富裕
<30	最富裕

三、统计分组的方法

统计分组在资料整理中具有重要的作用,要掌握统计分组的方法,必须了解下面的几个步骤。

(一) 分组标志

要进行统计分组,必须先选择分组标志。所谓分组标志就是统计分组的标准和依据,分组标志选择得是否恰当,关系到能否正确反映总体的数量特征及其变化规律。例如,国民经济按产业分为第一产业、第二产业、第三产业三组;按所有制性质分为国有经济、集体经济、私营经济、个体经济、联营经济、股份制经济、外商投资经济、港澳台投资经济八组。正确选择分组标志,必须遵循以下基本原则。

1. 根据研究的目的与任务选择分组标志

任何现象都有许多标志,分组标志是对现象总体进行分组时所依据的标准,统计分组的目的是为了更全面深刻地认识现象总体,这就要求我们必须根据统计研究的目的与任务,选择适当的分组标志。例如,要研究金融机构的不良贷款情况,就要按金融机构的经营业务范围进行分组。我国的金融机构分为银行、保险公司、证券公司、其他金融机构。银行是我国金融机构的主体,不良贷款主要是商业银行因经营管理不善而产生的。

2. 要选择能够反映事物本质特征的标志为分组标志

社会经济现象具有多种标志,一定要根据统计研究的目的和任务,选择最主要的、最能反映事物本质特征的标志作为分组标志。

3. 要根据现象所处的历史条件及经济条件选择分组标志

社会经济现象是不断发展变化的,在不同的历史条件和不同的经济条件下,选用的分组标志也应不同,要根据具体情况的变化而选择适当的分组标志。

(二) 分组方法

选定了分组标志后,就可以进行具体的分组工作。常用的分组方法主要有以下几种。

1. 根据分组标志选用的多少,统计分组可以是简单分组,也可以是复合分组

(1) 简单分组。只采用一个分组标志对所研究的现象总体进行的分组,称为简单分组,简单分组只能从某一方面反映事物的分配状况和内部结构。例如,在校学生按年级分组、按专业分组、按生源地分组;金融机构按经营业务范围分组、按所有制性质分组、按注册地分组等。简单分组不能反映现象在其他标志特征方面的差异,说明的问题比较简单,不够全面、详细、完整和深刻。

(2) 复合分组。采用两个或两个以上的标志对总体进行的分组,称为复合分组。比如,对现有的金融机构按所有制和业务范围进行层叠复合分组;对在校大学生按年级和专业以及性别进行层叠复合分组等。复合分组比简单分组能够更全面、更完整和更深入地分析问题,但是,复合分组的标志不宜选得过多,否则,分组标志越多,分的组数越多,每组中的单位数就会越少。

2. 按分组标志的不同,统计分组可以有品质标志分组和数量标志分组

(1) 品质标志分组。品质标志说明事物的品质属性,是事物质的规定性,按品质标志分组可以深入了解组成总体的不同品质特征。如人口总体按民族分组;上市公司按注册地分组;国民经济按产业分组等。品质标志分组比较简单,在对品质标志分组的结果进行数量分析时,只能统计出组数、各组的频数和频率,无法进行其他方面的数量分析。

(2) 数量标志分组。数量标志说明事物量的规定性,是事物量的特征,按数量标志分组可以深入了解总体量的规律,从数量方面认识事物的本质特征。例如,上市公司按公司产值规模分组;外贸企业按进出口额分组等。数量标志分组是统计分组的主要方式,按数量标志分组可以对事物进行客观深入的数量分析。

(三) 分组体系

无论是简单分组,还是复合分组,都只是对社会经济现象从一个方面或几个方面进行观察和分析研究,而社会经济现象是复杂多样的,必须从多个方面进行观察和分析研究,才能对现象的全貌有所认识和了解。这就要将多种有联系的、互相补充的分组标志

结合起来,对现象总体进行多种分组,再排列起来,组成分组体系。

将社会经济现象总体按多个标志分别进行简单分组,再排列起来,就组成平行分组体系。例如,某高校的全体在校大学生按不同标志分组形成的平行分组体系如下。

按年级分:一年级,二年级,三年级,四年级;

按学科分:理科,文科,工科……

按学院分:商学院,理学院,社会学院,法学院……

按专业分:数学,物理,物流工程,国际经济与贸易,金融学,会计学,工商管理……

多个复合分组组成的分组体系,称为复合分组体系。复合分组体系在实际应用中比较广泛。例如,某高校的全体在校大学生,按学院和性别的复合分组;按专业和生源地的复合分组等,就组成了层叠的复合分组体系。见表 3.3～表 3.4。

表 3.3 在校大学生按学院和性别分组(人)

年份	商学院		理学院		文化艺术学院		社会学院	
	男	女	男	女	男	女	男	女
2017	330	318	356	298	240	258	220	228
2018	335	326	354	289	242	256	221	226

表 3.4 在校大学生按专业和生源地分组(人)

年份	经济学		管理科学与工程		工商管理	
	本地	外地	本地	外地	本地	外地
2017	210	211	220	221	110	108
2018	212	213	221	223	122	109

> **重要知识点**:统计分组是数据整理的第一步,是对复杂总体进行认识的第一步,统计分组理论在现实中应用非常广泛。

第三节 统计频数分布

一、频数分布的概念和种类

(一) 频数分布的概念

将总体单位按某一标志分组,再将分组的结果按一定顺序排列,并且列出各组及组中的单位个数,从而形成总体单位在各组中的分布,称为统计频数分布、统计分布或次数分布。分布在各个组中的总体单位数称为次数或频数,各组的频数与总频数之比称为频率,频率反映了每组的单位数占全部单位数的比重,是相对次数。频数分布是统计分组的一种重要形式,它可以反映总体的结构分布状况和分布特征。编制频数分布是统计数据整理的基本步骤之一。

(二)频数分布的种类

根据分组标志的不同,频数分布有品质型频数分布和变量型频数分布之分。

1. 品质型频数分布

将统计总体按品质标志分组所形成的频数分布,称为品质型频数分布。品质型频数分布可以反映总体中不同属性单位在各组中的分布情况。例如,2018 年 11 月 12 日,上海市安全生产监督管理局通报了 2018 年前三个季度上海市生产安全死亡事故的有关情况。2018 年前三季度,上海市共发生生产安全(工矿商贸)死亡事故 162 起、死亡 172 人。其中,私营企业发生死亡事故 121 起、死亡 121 人;外省市在沪企业发生死亡事故 26 起、死亡 26 人;外商投资企业发生死亡事故 5 起、死亡 5 人;国有企业发生死亡事故 8 起、死亡 18 人;集体企业发生死亡事故 2 起、死亡 2 人,见表 3.5。

品质数列的各组排列顺序没有客观标准,仅能说明总体的组成状况。对品质数列仅能计算出各组中的频数或频率。

表 3.5 2018 年 1～9 月上海市生产安全事故统计分布

事故经济类型	事故次数/起	事故死亡人数/人
私营企业	121	121
国有企业	8	18
集体企业	2	2
外省市在沪企业	26	26
外商投资企业	5	5
合计	162	172

数据来源:上海市统计局网站。

2. 变量型频数分布

将总体按数量标志分组所形成的频数分布,称为变量型频数分布。变量型频数分布可以反映总体中各组间的数量差异和结构状况。例如,某班级 35 名同学按年龄分组所形成的变量型频数分布,如表 3.6 所示。变量型频数分布,必须按各组变量值的大小顺序排列,这是变量型频数分布与品质型频数分布的不同之处。

表 3.6　35 名同学的年龄分布情况

按年龄分组	学生数/人	比重/%
16	3	8.57
17	11	31.43
18	12	34.29
19	4	11.43
20	3	8.57
21	2	5.71
合计	35	100

表 3.7　35 名同学统计学考试成绩分组

按考试成绩分组/分	学生数/人	比重/%
50～60	2	5.71
60～70	6	17.14
70～80	12	34.29
80～90	10	28.57
90～100	5	14.29
合计	35	100

统计学主要研究社会经济现象的数量方面,变量型频数分布是我们学习的重要内容。根据变量型频数分布的概念,任何一个变量型频数分布都必须有两个基本构成要素:一个是作为分组标志的变量,通常用字母 x 表示;另一个是总体分布在各组中的次数或频数,用 f 表示。

统计研究的总体都是由许多性质相同的基本单位组成的,在编制频数分布时,主要是研究按数量标志分组的变量型频数。根据变量的类型和数据个数,变量型频数有单项式和组距式之分。

(1) 单项式频数分布。当变量是离散型或数据个数不多时,可以将每个变量值代表一组,顺序排列,这样的频数分布称为单项式频数分布。如表 3.6 所示。单项式频数分布只有在数据个数不多或者数据值比较集中时采用,如果数据个数很多并且数据值较分散,单项式频数分布的组数就会很多。

(2) 组距式频数分布。当变量是连续型或数据个数很多时,为了减少组数,可以将若干个数据放在一组,顺序排列,这样编制的变量频数分布称为组距式频数分布。如表 3.7 所示。组距式频数分布比单项式频数分布更符合实际。统计调查收集来的数据资料都是大量的,常常要编制成组距式频数分布。

在组距式频数分布中,有几个基本概念需要掌握。第一,组限。即每一组数据中的最大值和最小值。最大值,称为上限;最小值,则称为下限。组限是一组变量值中的两个极端值,反映了一组数据值的变动区间。第二,组距。即每一组变量值的上限与下限之差。组距反映了一组变量值的变动范围。若每一组的组距都相等,该组距式频数分布称为等距式频数分布,见表3.8。若每一组的组距不全相等,该组距式频数分布称为不等距式频数分布或异距式频数分布,见表3.9。因而,组距式频数分布有等距式频数分布和不等距式频数分布之分。

当变量值变动比较均匀时,可以采用等距式频数分布;当变量值的变动有一定的波动性时,只能采用不等距式频数分布。等距和不等距频数分布的采用,还要看现象本身的特点,频数分布中的变量分组同样要遵循"组内同质,组间有差异"及"穷尽和互斥"的原则。因而,频数分布的种类有:品质型频数分布和变量型频数分布;变量型频数分布有单项式频数分布和组距式频数分布;组距式频数分布有等距式频数分布和不等距式频数分布两种,如图3.1所示。

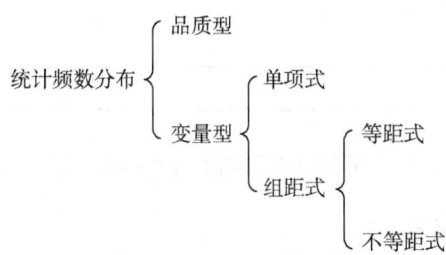

图3.1 频数分布的种类

表3.8 某班统计学考试成绩频数分布(等距分组)

按考试成绩分组/分	组距	学生数/人	比重/%
50~60	10	2	5.0
60~70	10	7	17.5
70~80	10	11	27.5
80~90	10	12	30.0
90~100	10	8	20.0
合计	—	40	100

表3.9 某班统计学考试成绩频数分布(不等距分组)

按考试成绩分组/分	组距	学生数/人	比重/%
50~60	10	2	5.0
60~66	6	5	12.5
66~82	16	14	35.0
82~92	10	11	27.5
92~100	8	8	20.0
合计	—	40	100

实际统计工作中,当总体单位数很多时,为了控制频数分布的组数,编制频数分布时,有时在最小组可用"某数值以下",在最大组用"某数值以上"表示,这种组都缺少了一个组限,因此称为"开口组"。例如,某地区1 000家企业的产值分组统计分布,如表3.10所示。

表3.10　1 000家企业的产值分布情况

按产值分组/万元	企业数/家
500以下	68
500～1 000	102
1 000～1 500	249
1 500～2 000	300
2 000～3 000	245
3 000以上	36
合计	1 000

表3.10中的第一组"500万元以下"和第六组"3 000万元以上",即是开口组。

二、变量型频数分布的编制

编制变量型频数分布是统计整理的主要内容,也是计算各种综合指标的基础。变量型频数分布编制的基本步骤如下。

(一)确定变量的类型,测定全距

变量有离散型和连续型变量之分,离散型变量只能取整数值,可以采用单项式频数分布的形式,而连续型变量能取任意值,通常要采用组距式频数分布的形式。确定变量的类型,可以使我们明确所要编制的频数分布的类型。所谓全距是指全部数据值的最大值与最小值之差,反映变量值的变动范围,又称为极差。例如,某班级20名同学的考试成绩(单位:分)分别如下:

　　　　63　68　80　75　70　73　76　72　75　75
　　　　80　81　82　86　89　87　90　85　96　91

这组数据的全距为 $96-63=33$(分),因为考试成绩是个连续变量,可以将这组数据编制成组距式的频数分布。

(二)确定组距和组数

实际统计分析中,由于收集到的数据是大量的,通常要编制成组距式的频数分布。在组距式频数分布中,组距和组数密切相关,在全距一定的情况下,组距和组数成反向变化关系。组距大,组数就少;组距小,组数就多,因此,要确定合理的组距和组数。设全距为 R,组距为 d,组数为 n,在等距分组的情况下,这三者之间的关系是 $n \times d = R$。上例中,20名同学的考试成绩波动性不大,可采用等距式频数分布的形式,见表3.11。

表 3.11 某班级 20 名同学考试成绩分组表

按考试成绩分组/分	学生数/人
60～70	2
70～80	7
80～90	8
90～100	3
合计	20

(三) 确定组限和组中值

组限是每组变量的最大值和最小值,变量的性质不同,组限的取值也有所不同,根据统计分组理论,分组的结果不能重复,也不能遗漏。对离散型变量,通常取相邻的两个整数,分别作为相邻两组的上限和下限。如,工人日加工零件数是离散型变量,在表 3.12 中,120 和 121 分别作为第一组的上限和第二组的下限。而对连续型变量,通常用同一个整数分别作为相邻两组的上限和下限。但是,需要规定,组的上限不包括在本组之内。如表 3.11 中的 80 分不在第二组,应在第三组;90 分不在第三组,而在第四组。

表 3.12 某车间 50 名职工日加工零件数分组

按零件数分组/个	职工人数/人	比重/%
105～120	5	10.0
121～130	6	12.0
131～140	19	38.0
141～150	16	32.0
151～160	4	8.0
合计	50	100.0

在组距式频数分布中,每一组都有若干个变量值,为了反映分布在各组中各单位变量值的一般水平,只能用每组变量值的平均水平,即组中值来代表。组中值是各组数据的中间值,对上限、下限都齐全的闭口组而言,其组中值的计算公式为

$$组中值 = \frac{上限 + 下限}{2}$$

例如,表 3.11 中,各组的组中值依次是

$$组中值 = \frac{60+70}{2} = 65(分)$$

$$组中值 = \frac{70+80}{2} = 75(分)$$

$$组中值 = \frac{80+90}{2} = 85(分)$$

$$组中值 = \frac{90+100}{2} = 95(分)$$

对缺少上限或下限的开口组而言,按下列公式计算组中值。

$$缺下限开口组的组中值 = 上限 - \frac{邻组组距}{2}$$

$$缺上限开口组的组中值 = 下限 + \frac{邻组组距}{2}$$

可见,开口组组中值的计算带有一定的假定性,例如表 3.10 中,

$$第一组的组中值 = 500 - \frac{1\,000 - 500}{2} = 250(万元)$$

$$最后一组的组中值 = 3\,000 + \frac{3\,000 - 2\,000}{2} = 3\,500(万元)$$

(四) 计算各组的频数和频率

当组限、组距和组数确定后,就要计算分布在各组中的频数和频率,频数表示总体分布在各组中的绝对次数,频率表示总体分布在各组中的相对次数,各组的频率之和应等于 1(100%)。

$$频率 = \frac{每组的频数}{总数}$$

(五) 做出次数分布的直方图和折线图

横轴表示变量,纵轴表示次数,将次数分布画在平面坐标图中,就是次数分布直方图。以表 3.11 中的资料为例,20 名同学考试成绩的次数分布直方图如图 3.2 所示。

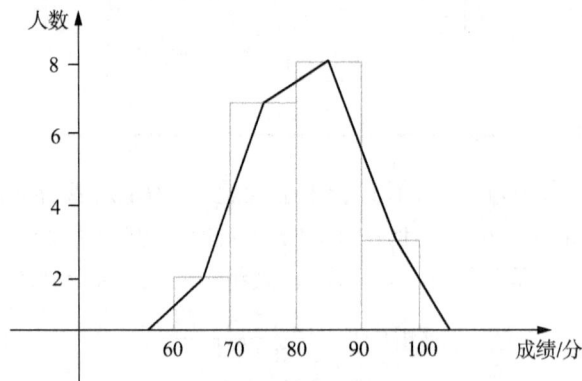

图 3.2 20 名同学考试成绩分布的直方图和折线图

直方图能直观地反映总体单位在各组中的分布情况,取直方图中各长方形顶边的中点,再取直方图的左右两端竖边的中点,将它们与直方图顶端的中点连接起来,再将连线左右延长,与横轴相交,形成一条折线,就是次数分布的折线图,如图 3.2 所示。

三、累计次数分布

频数分布或次数分布,只能反映总体分布在各组中的单位数,如果想知道大于某个变量值的单位个数或小于某个变量值的单位个数是多少,需要计算各组的累计次数。某一组的累计次数是指到该组为止的各组次数之和,各组的累计次数除以总次数就是各组的累计频率,它也是到某一组为止的各组频率之和。累计次数有两种计算方法。

(一)向上累计

向上累计是指将各组的次数或频率,由变量值最小的组开始,依次向变量值最大的组累加。某一组的向上累计次数或累计频率,表明该组上限以下的总体单位总数,即小于该组上限值的单位总数或数据总数。

(二)向下累计

向下累计是指将各组的次数或频率,由变量值最大的组开始,依次向变量值小的组累加。某一组的向下累计次数或累计频率表明该组下限以上的总体单位总数,即大于该组下限值的单位总数或数据总数。

例如,某班级 20 名同学考试成绩分组资料的向下累计和向上累计次数,见表 3.13。

表 3.13 20 名同学考试成绩的累积次数分布

按考试成绩分组/分	次数/人		向上累计		向下累计	
	人数	频率/%	人数	频率/%	人数	频率/%
60~70	2	10.00	2	10.00	20	100.00
70~80	7	35.00	9	45.00	18	90.00
80~90	8	40.00	17	85.00	11	55.00
90~100	3	15.00	20	100.00	3	15.00
合计	20	100.00	—	—	—	—

在向上累计次数中,第三组为 17,表明考试成绩 90 分以下的共有 17 人;在向下累计次数中,第二组为 18,表明考试成绩 70 分以上的共有 18 人。

依据表 3.13,累计次数的特点是同一数值的向上累计和向下累计次数之和等于总体总次数,而累计频率之和等于 1(100%)。

四、次数分布的主要类型

社会经济现象的次数分布具有一定的规律性,常见的次数分布类型主要如下。

(一)钟形分布

钟形分布是指较大和较小的变量值出现的次数都偏小,而中等大的变量值出现的次数却偏大,其分布特征是"两头小,中间大"。当我们将变量用横轴表示,次数或频数用纵轴表示,可以把频数分布用曲线图表示出来。对钟形分布而言,因次数分布曲线如钟形而得名。根据变量值的分布情况,钟形分布又分为对称的钟形分布和非对称的钟形分布。

1. 对称的钟形分布

其分布特征是中间变量值分布的次数最多,其余的变量值对称地分布在中间变量值的两边,如图 3.3。对称的钟形分布,也称为正态分布。社会经济现象中,绝大多数的次数分布是正态分布,如人的身高、体重、智力、收入等。我们发现,在一群自然人中,身高很高的和身高很矮的人个数相对较少,而中等身材的人较多。同样,在一群自然人中,智商极高和智商极低的人都是少数,中等智商的人较多。

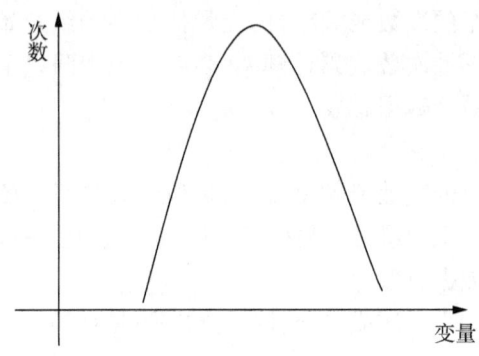

图 3.3 对称钟形分布曲线

2. 非对称的钟形分布

对称的钟形分布是钟形分布的特殊情况,一般情况下的钟形分布都是非对称的,即中等变量值分布的次数最多,其余的变量值非对称地分布在两边,根据变量值分布的具体情况,非对称的钟形分布有以下两种情况。

(1) 左偏分布。如果多数变量值落在左边区域,或者次数最多的变量值偏大,从图形上看,曲线的最高点在曲线的右边,这种钟形分布就是左偏分布。如图 3.4 中的左图所示。

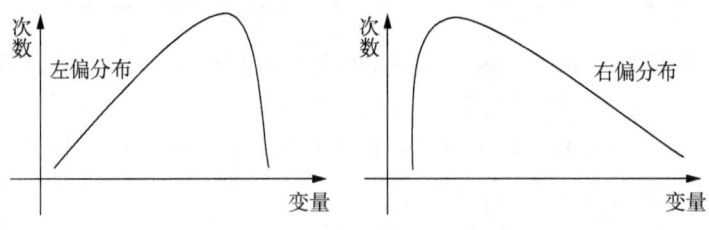

图 3.4 非对称的钟形分布

(2) 右偏分布。如果多数变量值落在右边区域,或者次数最多的变量值偏小,从图形上看,曲线的最高点在曲线的左边,这种钟形分布就是右偏分布。如图 3.4 中的右图所示。

(二) U 形分布

U 形分布是指较大和较小的变量值出现的次数都偏大,而中等大的变量值出现的次数最少,其次数分布曲线很像英文字母"U",故形象地称为 U 形分布,如图 3.5 所示。U

形分布的基本特征是"两头大,中间小"。比如,社会经济现象中,婴儿的自然死亡率较高,老年人的自然死亡率也较高,而中年人的自然死亡率偏低,所以人口自然死亡率的次数分布就是U形分布。

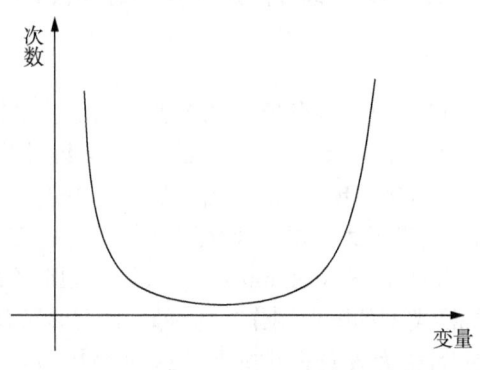

图 3.5　U 形分布

(三) J 形分布

J形分布有正J形分布和反J形分布两种。正J形分布是指随着变量值的增大,分布的次数也随之增多,变量值与次数同向变化,大部分变量值集中分布在右边,分布曲线形如英文字母"J",如图3.6的左图所示。例如,随着年龄增长,人的自然死亡率也增大。因此,老年人的自然死亡率次数分布就呈正J形分布。对一般商品而言,售价越高,生产者越愿意生产更多的商品,因此,一般商品的价格与供给量也服从J形分布。

反J形分布是指随着变量值的增大,分布的次数却随之减少,变量值与分布次数反向变化,其大部分变量值集中分布在左边,分布曲线形如反写的英文字母"J",所以称为反J形分布,如图3.6的右图所示。如婴儿的自然死亡次数分布就呈反J形分布。而一般商品售价越高,销售量就越少。因此,一般商品的价格与需求量呈反J形分布。

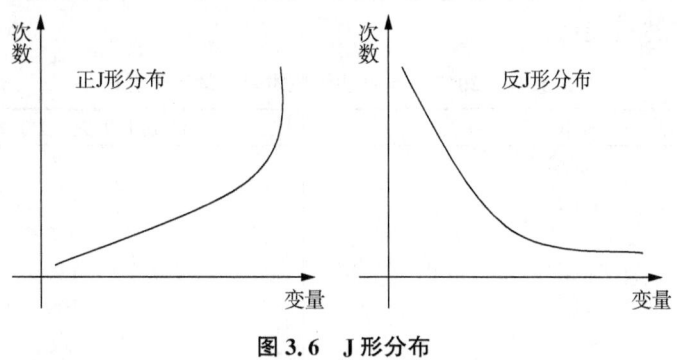

图 3.6　J 形分布

重要知识点:统计频数分布是数据整理结果的基本表现形式。常见的统计频数分布有正态分布、U形分布和J形分布。

第四节 统计资料的图形展示

统计资料整理好以后,可以用非常形象直观的各种图形将数据的特征、特点和规律展示出来,给读者以图文并茂的感官刺激,留下深刻的印象,为统计分析打好基础。现代计算机技术的发展和统计软件的不断创新,为统计图形的制作提供了便利条件。最常见、最基本的办公自动化软件 Excel 提供了大量的数据图形制作功能。Excel 的图表向导工具提供了包括条形图(Bar Chart)、柱形图(Column Chart)、饼图(Pie Chart)、环形图(Doughnut Chart)等在内的 10 多种标准类型的图形制作功能,每一种图形又有多种不同的子图形可以选择。图形使得数据可观看,称为数据的可视化。Excel 简单易学,是统计图表制作的好帮手。本节简单介绍利用 Excel 制作各种统计图形,使得数据整理的结果图像化和形象化。

一、定类数据的图形展示

定类数据属于品质数据,对定类数据而言,我们只能计算出每一个类别中的数据个数和每一类别中的数据个数占全部数据个数的比重,即频数和频率。鉴于定类数据的特点,我们可以用条形图和圆形图进行展示。

(一)条形图(Bar Chart)

条形图是用宽度相等的条形表示每一类别,条形的长度表示数据的变动,长度越长,数据频数和频率越大。可以从条形的长短直观地判断数据的变动规律。条形图可以横置,也可以纵置,纵置时称为柱形图。例如,2017 年 3 月英国《经济学家》(*The Economist*)杂志公布了全球 133 个城市生活成本的调查结果,世界上生活成本最高的三个城市分别是新加坡、香港和苏黎世。全球生活成本最高的 10 个城市,见表 3.14。把表 3.14 的数据用图 3.7 进行展示。

表 3.14 2017 年全球生活成本最高的十个城市

城市	生活成本指数(以纽约为 100)
新加坡	120
香港	114
苏黎世	113
东京	110
大阪	109
首尔	108
日内瓦	107
巴黎	107
纽约	100
哥本哈根	100

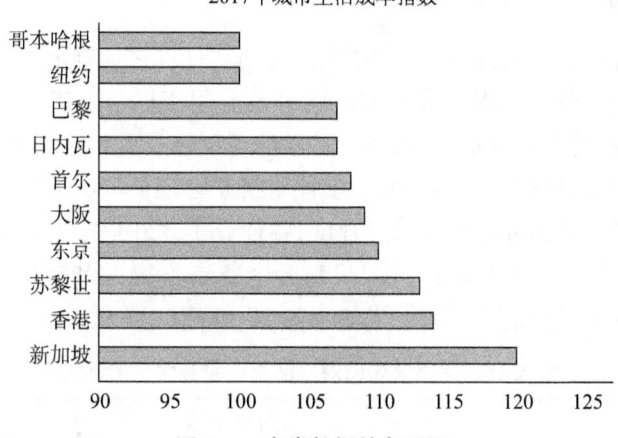

图 3.7 定类数据的条形图

条形图形象直观,应用广泛,制作简单,在定类数据展示中有重要意义。

(二) 圆形图(Pie Chart)

圆形图又叫饼图,它是将圆形分成若干个扇形,以扇形面积的百分比表示数据的变动。圆形图适合于展示结构型数据,对于研究结构性问题十分有用。例如,某班级的同学按照个人兴趣爱好分为旅游、体育、文学、游戏和舞蹈五组,见表 3.15。利用 Excel 的图表功能,可以将其用圆形图展示出来,如图 3.8 所示。

表 3.15　某班级同学的个人兴趣爱好情况

爱好	百分比/%
旅游	26.20
体育	20.22
文学	35.18
舞蹈	12.27
游戏	6.13
合计	100

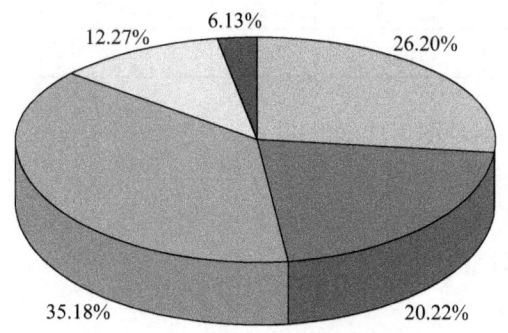

图 3.8 定类数据的圆形图

二、定序数据的图形展示

定序数据对客观事物的计量比定类数据又进了一步,它具有定类数据全部的特点和功能,因此,用于定类数据的图形展示方法同时也能用于展示定序数据。对定序数据而言,它还有自己独特的图形展示方法,那就是累计频数分布图和环形图。

例如,某街道对所属的两个小区的物业管理服务进行了广泛的社会调查,研究甲、乙两个小区对本小区物业服务水平的满意程度,各抽查了 320 户家庭,其中的一个问题是:"您对您小区的物业服务水平是否满意?"有五个备选答案:①非常不满意;②不满意;③一般;④满意;⑤非常满意。调查结果如表 3.16 和表 3.17 所示。

表 3.16 甲小区居民对本区物业服务水平的评价

评价情况	户数	比重/%	向上累计		向下累计	
			户数	比重/%	户数	比重/%
非常不满意	28	8.8	28	8.8	320	100.0
不满意	112	35.0	140	43.8	292	91.2
一般	97	30.3	237	74.1	180	56.2
满意	49	15.3	286	89.4	83	25.9
非常满意	34	10.6	320	100.0	34	10.6
合计	320	100.0	—	—	—	—

表 3.17 乙小区居民对本区物业服务水平的评价

评价情况	户数	比重/%	向上累计		向下累计	
			户数	比重/%	户数	比重/%
非常不满意	25	7.8	25	7.8	320	100.0
不满意	103	32.2	128	40.0	295	92.2
一般	82	25.6	210	65.6	192	60.0
满意	68	21.3	278	86.9	110	34.4
非常满意	42	13.1	320	100.0	42	13.1
合计	320	100.0	—	—	—	—

将上述资料用下面两种图形展示出来。

(一)累计频数分布图

根据表中的累计频数,利用 Excel 的折线图功能,可以做出甲、乙两个小区的累计频数分布图,见图 3.9~图 3.12。

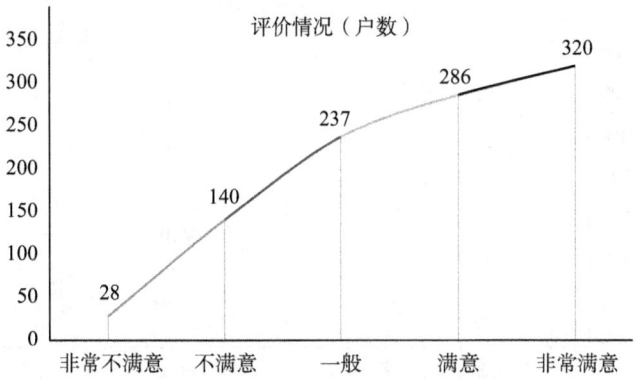

图 3.9 甲小区向上累计频数分布图

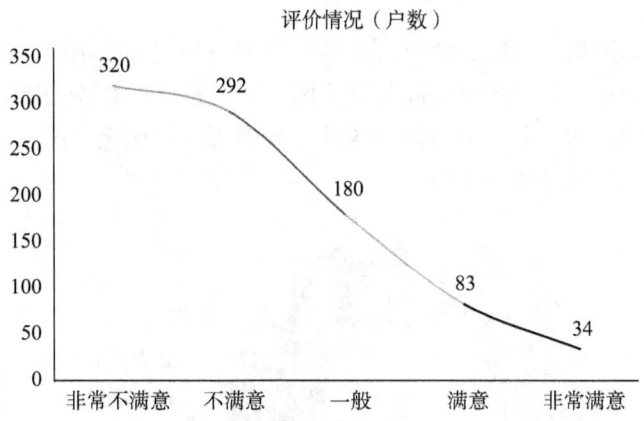

图 3.10 甲小区向下累计频数分布图

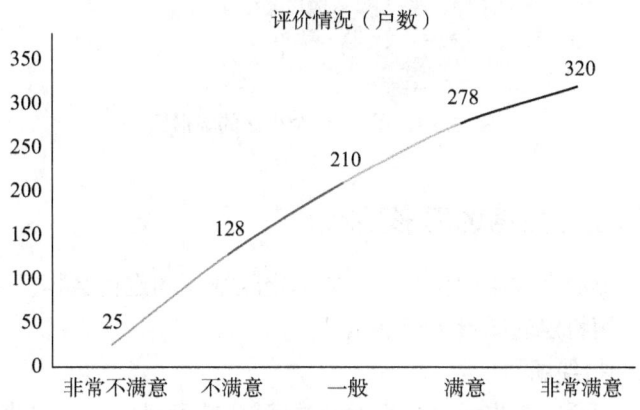

图 3.11 乙小区向上累计频数分布图

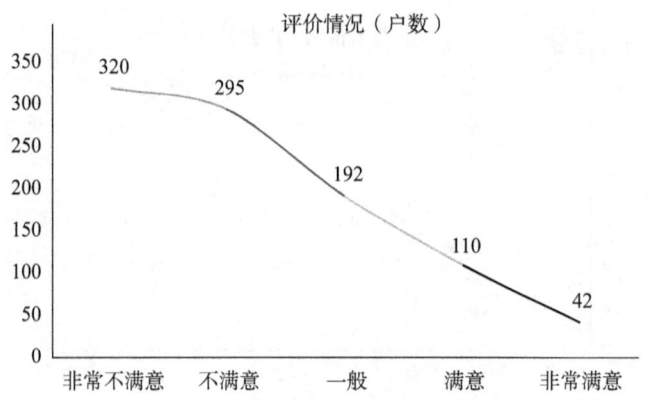

图 3.12 乙小区向下累计频数分布图

(二) 环形图

环形图与圆形图相比,最大的特点是,环形图是一个空心的圆环,总体中的每部分数据用环中的一段表示。环形图可以同时展示两个以上总体的数据分布情况,便于进行比较研究。而圆形图只能展示一个总体中各部分数据所占的比例。图 3.13 是两个小区对本小区物业服务满意程度的环形图。

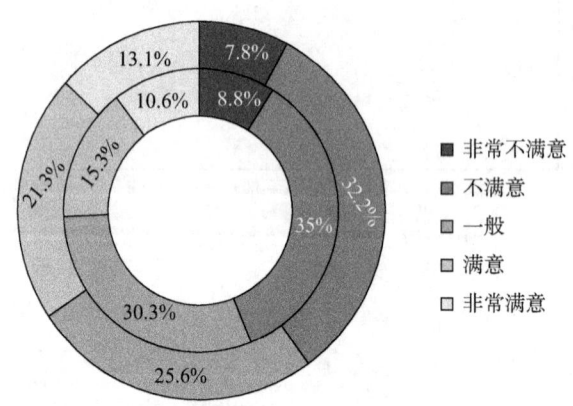

图 3.13 甲、乙两个小区的环形图

三、定距数据和定比数据的图形展示

前面介绍的图形展示方法同样适合于展示定距数据和定比数据。除此之外,这两类数值型数据还可以用特定的图形进行展示。

(一) 直方图和折线图

直方图和折线图适合于展示已分组的数据资料,前面已经介绍过直方图和折线图的制作。需要说明的是,直方图和条形图的区别:一是条形图的宽度是任意设定的,而直方图的宽度则是分组数据的组距,也就是说,条形图的宽度没有任何实际意义;二是条形图的相邻条形之间是可以间隔开的,而直方图的每个小长方形必须是紧密相连的。这是因为原始数据是连续变量,分组时常用同一个数值作为相邻组的上下限。

(二)散点图(Scatter Diagram)

社会经济现象之间一般都是有联系的,对于两个有联系的社会经济现象,可以用形象直观的散点图进行显示。实际上,当我们收集到任何两个现象同时发生变化的相关数据时,都可以利用散点图对这两个现象之间的变动关系进行直观的描述,散点图的形态有助于我们判断现象之间的变化关系。例如,2013—2017年间,中国电信业发展状况如表3.18所示,可以利用散点图将表中的数据关系显示出来,见图3.14。

表3.18 2013—2017 中国电信业发展状况

年份	2013	2014	2015	2016	2017
移动宽带用户数/万户	40 161	58 254	70 611	94 075	113 152

资料来源:国家统计公报2017。

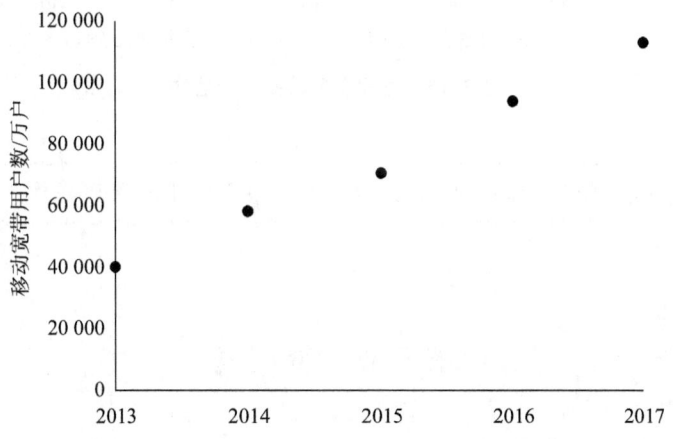

图3.14 2013—2017年中国移动宽带用户数散点图

(三)折线图

折线图是用来描述两个现象之间的相互变化关系的统计图形,只要我们将散点图中的相邻两个散点用直线段连接起来,就可以得到折线图。折线图非常形象直观地刻画了两个变量之间的依存关系。表3.19是2013—2017年中国快递业务量及其比上年增长的百分比,为了形象地描述中国快递业务量的变化,利用Excel的图表功能可以做出中国快递业务量随时间变化的折线图,见图3.15。

除了前面介绍的常用统计图形外,还有箱线图和雷达图可以用来显示数据的分布特征。箱线图和雷达图不如柱形图、散点图、折线图和圆形图常用。Excel2016还提供了面积图、气泡图等图形的制作功能。感兴趣的同学可以参照Excel的图表向导功能学习其他统计图形的制作。

表 3.19　2013—2017 年中国快递业务量及其比上年增长的百分比

年份	2013	2014	2015	2016	2017
快递业务量/亿件	91.9	139.6	206.7	312.8	400.6
比上年增长/%	61.6	51.9	48.0	51.4	28.0

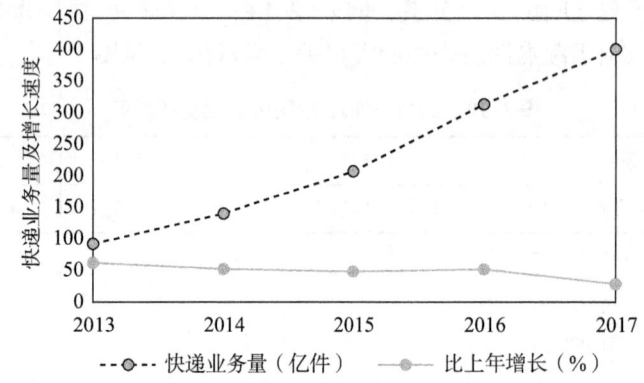

图 3.15　时间序列数据的折线图

> **重要知识点**：掌握统计数据的可视化，学习并练习 Excel 的图形制作。

第五节　统计表

一、统计表的作用

统计表是统计资料的一种表格展示方式，是用于统计资料登记、整理和分析的一种表格。在统计研究工作中，统计表的作用主要有以下几点。

第一，能使大量的统计数据资料系统化和条理化，能更清晰地表述统计资料的基本内容。

第二，简单明了、直观地反映总体的数量特征和数量关系。

第三，便于进行数据资料的比较、核查和分析。

统计表是统计工作中的重要工具，不同工作阶段有不同的统计表，如调查阶段有调查表，数据整理阶段有频数分布表及计算结果分析表等。

二、统计表的结构

从表的内容上来看,统计表由主词和宾词两个基本部分构成。主词是统计表所要说明的总体及其分组结果,宾词是统计表中用来说明主词的统计指标。通常情况下,统计表的主词排列在表的左边,宾词排列在表的上方。

从表的构成要素看,统计表由以下几部分构成。

(1) 表题(总标题)。即表的名称,简要说明统计表的基本内容,一般列于表的正上方。

(2) 横行标题。总体的名称或分类(组)名称,说明统计表统计的各种项目,列在表的左边第一列。

(3) 纵栏标题。说明统计表记录的各项统计指标,列在表的上方第一行。

(4) 数据资料。统计表中横行标题与纵栏标题相交汇的地方,用于填写相应的统计数据。

(5) 附加说明。对表中的分组,指标计算方法、计算口径和资料来源等项目所做的解释说明。

三、统计表的种类

按照统计表的主词是否分组以及分组的程度,可以把统计表分为简单表、简单分组表和复合分组表。

(一) 简单表

表的主词未经任何分组的统计表称为简单表。简单表的主词仅按总体各单位名称排列或按时间顺序排列,当总体较简单且单位数不多时采用。如表 3.20、表 3.21 所示。

表 3.20 某小组同学的统计学考试成绩

姓名	成绩/分
刘芳	69
张山	78
李明	56
卢晓雯	68
孙兵	72

表 3.21 年末全国农村贫困人口统计

年份	年末全国农村贫困人口/万人
2013	8 249
2014	7 017
2015	5 575
2016	4 335
2017	3 046

资料来源:全国统计公报 2018。

表的主词按照某一标志进行简单分组的统计表,称为简单分组表。简单分组表可以说明总体内不同类型组的数量特征。如表3.22所示。

表3.22 某班级40名同学统计学考试成绩汇总

按考试成绩分组/分	学生数/人	比重/%
50~60	3	7.50
60~70	9	22.50
70~80	16	40.00
80~90	8	20.00
90~100	4	10.00
合计	40	100.00

(二) 复合分组表

表的主词按照两个或两个以上的标志进行复合分组的统计表,称为复合分组表。复合分组表能够更深刻更详细地反映客观现象,如表3.23所示。

表3.23 某高校商学院学生构成情况

按专业和性别分组		学生数/人
金融学	男生	35
	女生	33
会计学	男生	12
	女生	18
工商管理	男生	45
	女生	35
国际贸易	男生	16
	女生	14
财务管理	男生	15
	女生	15

四、编制统计表的规则

编制统计表时应注意以下几个方面。

(1) 统计表的表题应简洁明了地概括所要反映的内容。
(2) 表中必须注明数据资料的计量单位。
(3) 表中上下各栏数字的位数应当对齐,同类数字要保持统一的有效数字。不要求填写或无数字的空格,用短横线"—"填入,缺少数字的或数字小而达不到规定大小的数字的空格,用省略号"……"填入。

统计表一般用开口式,即表的上下两条边通常用粗线封口,左右两边不画竖边线。

> **重要知识点**:统计表、学习 Excel 的统计表制作。

本 章 小 结

1. 统计分组是数据资料整理的基础,将数据资料按某种标志分组,把分组的结果按顺序排列,并计算出每组中的数据个数,这样的数据整理结果称为统计频数分布,也称为次数分布。

2. 频数分布有品质型、变量型两种,变量型频数分布又分为单项式和组距式两种。如果组距式频数分布中每组的组距都相等,就是等距式,否则就是不等距式。

3. 组限、组中值、组距是组距式频数分布中的重要概念。

4. 统计数据的图形展示使得数据的规律性能直观形象地表现出来,现代统计分析技术离不开数据的图形展示。要会熟练应用 Excel 制作各种统计图。

5. 统计表是统计资料的表格表现形式,学会设计统计表能够提高统计分析的技术。利用 Excel 可以设计制作精美的统计表。

重 要 词 汇

统计分组、分组标志、简单分组、复合分组、统计频数分布、单项式频数分布、组距式频数分布、组限、组中值、组距。

思 考 题

1. 列举两个现实中"物以类聚,人以群分"的实例,并说明其实际应用价值。
2. 如果要对某地区各行业的人均月工资收入进行分组展示,用等距式频数分布好,还是不等距式频数分布好?
3. 品质型频数分布与变量型频数分布的区别?
4. 怎样利用 Excel 的统计函数"FREQUENCY"制作定性数据和定量数据的频数分布表?
5. 你怎样理解数据可视化?

练 习 题

一、单项选择题（每题只有一个正确答案）

1. 某连续变量频数分布,其末组为500以上,又知其邻近组的组中值为480,则末组的组中值为（　　）。
   A. 520　　　　　B. 510　　　　　C. 530　　　　　D. 540

2. 频数分布中各组频率的总和应该（　　）。
   A. 小于1　　　B. 等于1　　　C. 大于1　　　D. 不等于1

3. 某连续变量分为四组,第一组为400～500,第二组为500～600,第三组为600～700,第四组为700～800,那么（　　）。
   A. 500在第一组,700在第四组　　B. 600在第二组,800在第四组
   C. 500在第二组,700在第四组　　D. 600在第二组,700在第三组

4. 频数分布的两个构成要素（　　）。
   A. 一个是单位数,另一个是指标数　　B. 一个是指标值,另一个是分配次数
   C. 一个是分组,另一个是次数　　　　D. 一个是总体总量,另一个是标志值

5. 指出下面哪种分组是按品质标志分组的？（　　）
   A. 企业按职工人数多少分组　　B. 企业按资金拥有量分组
   C. 企业按经济类型分组　　　　D. 企业按设备拥有量分组

6. 对职工的生活水平状况进行分组研究,正确地选择分组标志应当用（　　）。
   A. 职工月工资总额的多少　　　　　B. 职工人均月收入额的多少
   C. 职工家庭成员平均月收入额的多少　D. 职工的人均月岗位津贴即奖金的多少

7. 有10名工人看管的机器台数资料如下：2、5、4、4、3、3、4、3、4、5,按以上资料编制分配数列,应采用（　　）。
   A. 单项式分组　　　　　B. 等距式分组
   C. 不等距式分组　　　　D. 以上几种分组都可以

8. 划分连续型变量的组限时,相邻组的组限必须（　　）。
   A. 相等　　　　B. 不等　　　　C. 重叠　　　　D. 间断

9. 将某地区40个工厂按产值多少分组而编制的变量数列中,变量值是（　　）。
   A. 产值　　　　　　　B. 工厂数
   C. 各组的产值数　　　D. 各组的工厂数

10. 下列按数量标志分组的是（　　）。
    A. 学生按专业分组　　B. 学生按年龄分组
    C. 学生按籍贯分组　　D. 学生按民族分组

11. 在组距数列中,组中值代表每组变量值的(　　)。
   A. 最高水平　　B. 最低水平　　C. 平均水平　　D. 随机水平
12. 对离散型变量数据进行分组时,相邻组的组限是(　　)。
   A. 相邻的两个数字　　　　　　B. 相邻的两个整数
   C. 相等的两个数字　　　　　　D. 相等的两个整数
13. 下列属于按数量标志分组的是(　　)。
   A. 金融机构按注册地分组　　　B. 金融机构按国别分组
   C. 金融机构按主营业务分组　　D. 金融机构按年净利息收入额分组
14. 统计分组的结果表现为(　　)。
   A. 组内同质性,组间差异性　　B. 组内同质性,组间同质性
   C. 组内差异性,组间差异性　　D. 组内差异性,组间同质性
15. 正常情况下,按年龄分组的人口自然死亡率的分布是(　　)。
   A. U形分布　　B. J形分布　　C. 钟形分布　　D. V形分布

二、判断题(下列各题中,对的打"√",错的打"×")

1. 统计分组的关键问题是确定组距和组数。　　　　　　　　　　　(　　)
2. 频数分布的实质是把总体单位总量按照总体所分的组进行分配。　(　　)
3. 对数据资料进行等距式分组,是假定变量值在各组内部的分布是均匀的,所以这种分组会使资料的真实性受到损害。　　　　　　　　　　　　　　　(　　)
4. 统计分组以后,掩盖了各组内部各单位的差异,而突出了各组之间的差异。(　　)
5. 确定变量的类型,有助于我们明确所要编制的变量式频数分布的类型。(　　)
6. 对离散型变量分组时,通常用同一个整数分别作为相邻两组的上限和下限。
　　　　　　　　　　　　　　　　　　　　　　　　　　　　　　(　　)
7. 连续型变量分组中,必须规定,组的下限不包括在本组之内。　　(　　)
8. 频率表示总体单位分布在各组中的相对次数,各组的频率之和应该等于1。(　　)
9. 累计次数的特点是:同一数值的向上累计和向下累计次数之和等于总体总次数。
　　　　　　　　　　　　　　　　　　　　　　　　　　　　　　(　　)
10. 按数量标志分组的目的,就是要区分各组在数量上的差别。　　(　　)

三、填空题

1. 调查资料准确性审查方法有:逻辑检查和_____检查。
2. 统计整理的关键是统计分组,统计分组的关键在于_____的选择。
3. 根据分组标志选用的多少,统计分组可以是简单分组,也可以是_____。
4. 根据变量的类型和变量值的多少,变量数列有_____和_____变量数列之分。

5. 在组距数列中,表示各组界限的变量值称为_____,各组上限与下限之间的中点数值称为_____。

6. 组距式分组根据其分组的组距是否相等可分为_____分组和_____分组。

7. 对于缺少上限的开口组而言,组中值的计算公式为_____。

8. 各种不同性质的社会经济现象的次数分布主要有三种类型:钟形分布、_____、J形分布。

9. 统计表按照总体分组情况不同可分为简单表、简单分组表和_____。

10. 缺少上限或者下限的组,被称为_____。

四、计算题

1. 某班级50名学生的统计学考试成绩如下:

56 84 85 66 51 67 99 72 53 61 72 84 76 69 75 74 70 90
72 82 63 66 87 78 75 61 93 70 59 67 61 95 41 79 92 73
75 88 86 80 84 66 78 69 87 99 74 79 72 80

试编制该班同学的统计学考试成绩次数分布,并绘制次数分布的直方图和折线图。

2. 某车间同工种的40名工人完成生产定额的百分数(%)资料如下:

97 88 123 115 119 158 112 146 117 108 105 110 107 137 120
136 125 127 142 118 103 87 115 114 117 124 129 138 100
103 92 95 113 126 107 108 105 119 127 104

试编制等距式的频数分布,并绘制次数分布的直方图和折线图。

3. 某班级40名同学的年龄如下:

16 18 17 17 18 18 18 19 20 17 17 18 18 19 22 19 18 18
17 18 18 17 22 17 16 19 18 21 20 18 20 21 18 21 20
18 20 19 18

试分别编制单项式和组距式频数分布。

五、综合题

1. 请观察你所在学校校园的设计和规划,符合"物以类聚"的原则吗?

2. 学习Excel中"FREQUENCE"函数的功能。

附录:学习Excel的基本统计功能

1. 用Excel2016制作定类数据的频数分布表和条形图

我们通过下面的例子,来说明具体的操作步骤。

例:某高校商学院对2018级入学新生进行专业分布调查,随机访问了60名新同学,他们的专业如附表3.1所示。

附表3.1　60名新生的专业调查结果

市场营销	金融学	信息管理与信息系统	国际经济与贸易
工商管理	工商管理	工商管理	金融学
信息管理与信息系统	市场营销	金融学	会计学
会计学	国际经济与贸易	国际经济与贸易	工程管理
国际经济与贸易	物流管理	市场营销	金融学
物流管理	国际经济与贸易	市场营销	物流管理
物流管理	会计学	物流管理	会计学
金融学	国际经济与贸易	会计学	工商管理
工商管理	物流管理	金融学	金融学
会计学	金融学	会计学	会计学
工商管理	会计学	物流管理	物流管理
工商管理	物流管理	信息管理与信息系统	信息管理与信息系统
工程管理	工商管理	工程管理	工程管理
物流管理	工程管理	工程管理	信息管理与信息系统
会计学	金融学	物流管理	物流管理

利用上面的调查资料，借助 Excel 的统计分析功能，编制60名新生的专业频数分布表，并通过绘制条形图以显示专业分布的特征。

为了便于计算机处理，必须将每个专业用数字代码表示，各专业的数字代码分别是：1代表金融学、2代表国际经济与贸易、3代表市场营销、4代表工商管理、5代表会计学、6代表工程管理、7代表物流管理、8代表信息管理与信息系统。

第一步，将60名同学的专业输入 Excel 的 A1:D15 中，选中 A1:D15，单击"开始"，转到"查找和替换"，单击"查找和替换"下拉菜单后，单击"查找"，打开"查找和替换"对话框。

第二步，在"查找和替换"框的"查找内容"中输入"金融学"，再单击"替换"，在"替换为"对话框中输入"1"，再单击"全部替换"，Excel 随即把"金融学"全部替换为"1"。

第三步，重复第二步操作，依次把"国际经济与贸易""市场营销""工商管理""会计学""工程管理""物流管理""信息管理与信息系统"替换为"2、3、4、5、6、7、8"，并且在 E2:E9 中依次输入"1、2、3、…、8"。

第四步，点击"数据"下拉菜单，转到"数据分析"选项，打开"数据分析"工具，选择"直方图"，单击"确定"。

第五步，在"直方图"对话框的"输入区域"内输入 A1:D15，在"接收区域"对话框内输入 E2:E9。在输出选项的"输出区域"内输入"B17"，勾选"图表输出"，点击"确定"，Excel 随即给出60名同学专业分布的直方图和频数分布。见附表3.2和附图3.1。

附表 3.2　60 名同学的专业分布

分组	频数/人
1	9
2	6
3	4
4	8
5	10
6	6
7	12
8	5
合计	60

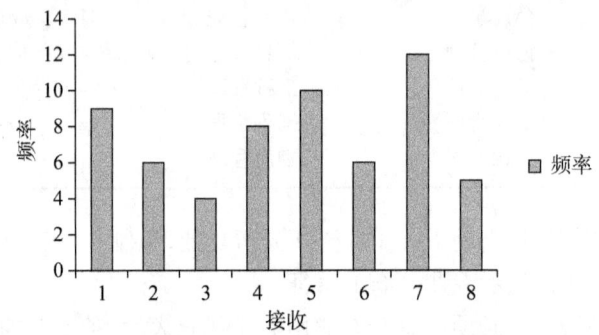

附图 3.1　60 名同学专业分布直方图

还可以根据输出的频数分布，利用图表功能制作条形图。

具体步骤是：

第一步，选定数据区域，B17:C25；

第二步，点击"插入"菜单，选择"图表"，在"插入图表"对话框中，点击"所有图表"中的"条形图"，选中一种条形图后，点击"确定"。Excel 立刻给出条形图。

第三步，选定图表区域，点鼠标右键，分别对"标题""坐标轴""网格线""图例""数据标志"依次进行编辑，并点击"完成"，Excel 就输出条形图。再利用鼠标对图形进行编辑，直到满意为止，见附图 3.2。

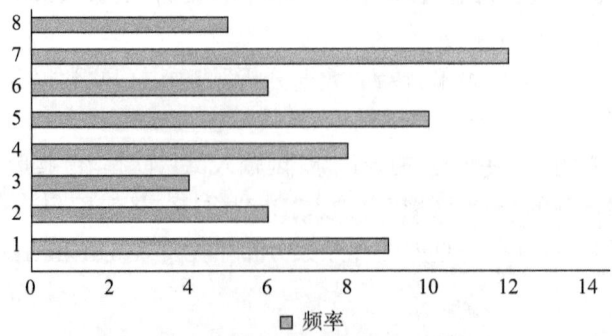

附图 3.2　Excel 制作的专业分布频数条形图

2. 用 Excel2016 制作定量数据的频数分布表和条形图

附表 3.3　50 名同学的统计学考试成绩

52	82	62	80	81
83	81	85	82	85
79	75	88	89	86
61	63	71	73	71
60	86	70	62	63
58	79	83	95	96
79	92	88	85	86
90	80	89	88	83
83	83	76	79	81
91	76	77	72	85

将附表 3.3 中的考试成绩数据输入 A1:E10,根据成绩数据的基本情况,将 50 个数据分成 5 组,每组的组距都是 10;分别是 50～60,60～70,70～80,80～90,90～100。这样一来,每组的上限分别是 60,70,80,90,100。将每组的上限输入 F2:F6。利用 Excel 制作次(频)数分布表和条形图。具体步骤是:

第一步,单击"数据"下拉菜单,转到"数据分析"工具;

第二步,在"数据分析"工具中选择"直方图";

第三步,在"直方图"对话框的"输入区域"框内输入 A1:E10,在"接受区域"对话框内输入 F2:F6,在"输出区域"对话框内输入 G2,勾选"图表输出",点击"确定",Excel 立刻给出数据的频数分布和直方图。稍加修饰,就可以得到满意的频数分布表和直方图,见附表 3.4、附图 3.3。

附表 3.4　50 名同学统计学成绩频数分布

分组	频数
50～60	2
60～70	6
70～80	13
80～90	24
90～100	5
合计	50

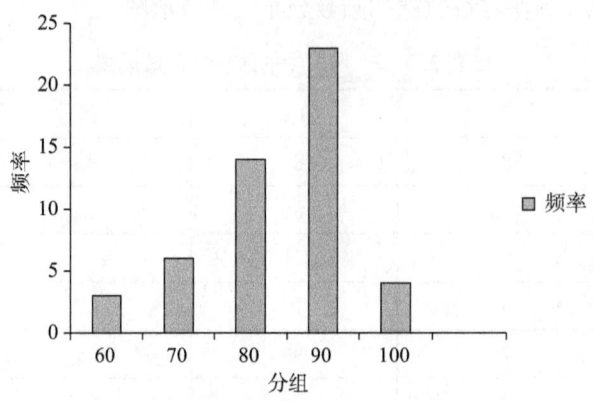

附图 3.3　50 名同学统计学成绩分布直方图

附图 3.3 中的直方图没有把每个长方形连接在一起,要使每个长方形连接在一起,需要进行如下操作:

第一步,鼠标选中任意一个长方形,单击右键,选中"设置数据系列格式",打开"设置数据系列格式"对话框;

第二步,在"设置数据系列格式"的"分类间距"框中输入"0"后,直方图即刻变为附图 3.4。

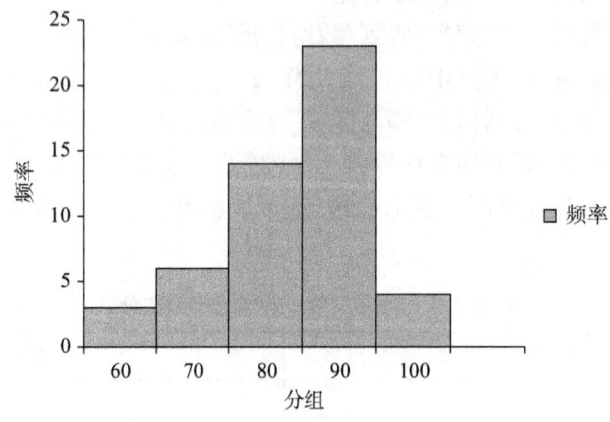

附图 3.4　50 名同学统计学考试成绩直方图

第四章
数据资料的分析

本章导言

用一个值描述整体数据的特征

国民经济是一个非常复杂的经济系统总体,要对一国的国民经济发展状况进行描述和说明,可以用 GDP 及 GDP 增长率这两个值。

工业制造业的生产活动,生产出千千万万种工业产品,可以用 PPI 这个特征值说明工业制造业产品的价格变化。

居民消费领域的消费商品包括衣、食、住、行及各种服务项目,居民消费品包罗万象,用 CPI 就可以反映居民消费物品的价格变化状况。

华为公司生产多种型号的手机产品,生产成本各不相同,可以用平均生产成本描述 2018 年华为手机的生产成本。

华为手机销往世界 100 多个国家,每个国家都有自己的主权货币,华为手机在各个国家的销售价格需要进行汇率的兑换与比较。

中国和美国是世界上两个超级大国,动态地看,2010 年开始,中国已经发展成为世界第二大经济体。

统计学研究的是社会经济现象总体的数量特征,可以用一个特征值对总体的数量方面进行描述。这个特征值就是数据分析的综合指标。

学习目标

1. 学习常用的描述性统计指标。
2. 掌握总量指标、相对指标、平均指标的计算方法和应用。
3. 掌握中位数和众数的计算方法。
4. 掌握极差、方差和离散系数的计算方法。
5. 掌握算术平均数、中位数和众数之间的区别。

社会经济统计是从现象的数量方面来认识经济活动的。对于统计调查所取得的大量原始数据,必须按统计研究的目的和任务的需要,对数据资料进行加工处理,提炼出数据中的有用信息。要达到这一目标,就要借助于各种各样的统计指标。统计指标都是根据调查单位的标志汇总计算的结果,是说明总体数量特征的综合性数字,简称为综合指标。综合指标按其反映社会经济现象数量和特点的不同,可以分为三类,即总量指标、相对指标和平均指标。总量指标表现为绝对数,相对指标表现为相对数,平均指标表现为平均数。在这三类综合指标中,总量指标是基础、是根本,相对指标和平均指标是由总量指标派生出来的。本章主要介绍有关描述性统计指标的计算和应用。

第一节 总量指标

一、总量指标的概念和作用

(一) 总量指标的概念

总量指标是用绝对数形式表现的反映社会经济现象在一定时间、地点、条件下的总规模或总体水平的统计指标,其表现形式是绝对数。统计研究的是社会现象总体的数量方面,我们首先需要了解总体的总量规模,这就需要用到总量指标。

例如,一个国家或地区某年末的人口总数,某企业的总产值,外贸进出口总额,旅游景点的游客总人数等。2017年末,全国参加城镇职工基本养老保险人数是 40 199 万人,参加城乡居民基本养老保险人数是 51 255 万人,参加失业保险人数是 18 784 万人。年末全国领取失业保险金人数是 220 万人。2017 年全国社会消费品零售总额达到 366 262 亿元。又如,截至 2018 年 11 月末,全球已经有 41 家国际知名金融机构在上海陆家嘴设立了 56 家各类资产管理机构。以上这些数字都是绝对数的总量指标。

(二) 总量指标在社会经济统计中的作用

1. 总量指标可以反映一个国家、一个地区、一个部门、一个行业、一个基层单位的基本情况

例如,掌握了一个国家在一定时间内的人口总数、劳动力数量、国内生产总值、进出口贸易额、粮食产量、国际收支、外汇储备等总量指标,就能对这个国家的基本国情和综合国力有个总括的认识。例如,2017 年,上海户籍常住人口中 65 岁及以上老年人口达到 315.06 万人,占比为 14.3%;80 岁及以上老年常住人口为 82.77 万人;65 岁及以上外来老年人口总量达到 30.72 万人。这些数据说明了上海市的老龄化状况,以老龄化人数占比来看,上海是我国老龄化程度最高的大型城市。截至 2018 年 11 月底,上海累计引进跨国公司地区总部 665 家,其中亚太区总部 85 家,外资研发中心 440 家。这些数据说明

了上海是全球领先的跨国公司总部集聚地。

2. 总量指标是制定宏观经济政策和编制发展规划的基本依据

要制定宏观经济政策,必须有反映宏观经济运行情况的总量指标。如国民经济的总供给和总需求、货币供应量和货币需求量、财政收入、财政支出、国际收支、外汇储备等。宏观经济中的各种总量指标是编制国民经济和社会发展规划的基本依据,也是进行国民经济宏观调控的基本依据。

3. 总量指标是计算相对指标、平均指标及各种分析指标的基础

在各种综合指标中,总量指标是基础指标,相对指标和平均指标及其他各种分析指标都是由总量指标计算后得到的派生指标。如果我们掌握了某地区的人口数和国内生产总值,就可以计算出人均国内生产总值。例如,2018年12月6日,上海向30家跨国公司地区总部颁发证书,其中12家是行业内排名全球第一或领导行业发展的总部机构。

二、总量指标的分类

社会经济现象是多种多样的、复杂的,用来说明总体规模特征的总量指标也要多种多样,依据不同的标准可以对其进行分类。

(一) 总体单位总量和总体标志总量

总量指标按反映总体的经济内容不同,分为总体单位总量和总体标志总量。总体单位总量是指总体中所包含的总体单位总数,例如,某企业的职工人数、产品产量、某地区的百货商店数等,都是总体单位总数。而总体标志总量,则是指总体中各单位的某种数量标志值之和,如某企业工资总额、总产值、销售收入等,都是总体标志总量。总体标志总量是根据总体各单位的数量标志值汇总计算的结果。

例如,据国家统计局上海调查总队对上海市2 064家服务业小微企业开展的抽样调查结果显示:2017年,上海市服务业小微样本企业总体实现营业收入105.39亿元。这里的2 064家是上海市服务业小微企业的总体单位总量,而105.39亿元是服务业小微企业样本的标志总量。

(二) 时期指标和时点指标

总量指标按其反映现象的时间状况不同,分为时期指标和时点指标。时期指标反映社会经济现象在一段时间内发展变化的总量。时点指标反映社会经济现象在某一时刻(时点)上的总量。

例如,2018年12月18日,上海证券交易所单日成交A、B股票共计1 179 517.66万股,成交金额999.93亿元,成交777.67万笔。这几个数据都是18日一天的成交概况。截至18日收盘,上海证券交易所A、B股票的总市值是278 487.11亿元,流通市值是240 029.87亿元。这里的总市值就是时点指标。

2017年末,全国共有医疗卫生机构99.5万个,其中医院3.0万个;基层医疗卫生机构94.0万个,其中乡镇卫生院3.7万个,社区卫生服务中心(站)3.5万个,门诊部(所)

23.0万个,村卫生室63.8万个。医疗卫生机构床位785万张,其中医院609万张,乡镇卫生院125万张。

时期指标和时点指标各有不同的特点。一是时期指标的指标值是通过连续性记录而取得的,时点指标的指标值是通过一次性记录而取得的。二是时期指标具有可加性,时点指标则不具有可加性。不同时期的时期指标值相加,表示现象在更长时间内发展变动的总量,不同时点的时点指标值相加,没有任何实际意义。三是时期指标值的大小与时期长短成同向的变动关系,一般而言,时期越长,指标值越大;反之则指标值越小。时点指标值的大小与时间的间隔长短无直接的关系,仅与某一具体时刻有关。

三、总量指标的计量单位

总量指标用来反映总体的规模和水平,是总和指标,只要把有关现象的数量方面进行汇总综合,即可得到反映现象在一定时间、条件和地点下的总规模和总水平的数量指标。总量指标的计算绝不是一个简单的加总,总量指标表现为绝对数,必须有量纲,即计量单位,没有计量单位的绝对数是毫无意义的。比如,仅有一个数字118,没有任何对118进行说明或修饰的计量单位,这个118就毫无意义。总量指标的计量单位主要有实物单位和货币单位。

(一) 实物单位

实物单位是根据事物本身的自然属性和特点而使用的计量单位。它包括以下四种类型:(1)自然单位。它是根据事物的自然属性来计算其数量的单位。例如,大楼以"幢"为单位,桥梁以"座"为单位,教室以"间"为单位,金融衍生品的期货合约以"张"为单位,股票交易量以"手"或"股"为单位等。(2)度量衡单位。它是根据国际度量衡制度的规定而采用的计量单位。例如,长度的计量单位是"千米",质量的计量单位是"千克"或"吨",体积的计量单位是"立方米",容积的计量单位是"升"等。度量衡单位是全世界统一的计量单位。(3)双重单位。有些社会现象比较复杂,需要采用两种或两种以上的计量单位来计算事物的数量。例如,炼钢高炉的生产能力以"吨/(立方米·座·年)"为计量单位。(4)复合单位。它是将两种以上的计量单位结合起来,以计量某事物的数量。例如,客运量为"人次"、发电量为"千瓦时"、货运量为"吨千米"、旅客运输量为"人千米"等。

(二) 货币单位

人们通常使用货币作为价值尺度来计量物质财富或劳动成果的总量。以货币单位计量的总量指标,称为价值指标。例如,国内生产总值、企业总成本、社会消费品零售总额、股票总市值等,都是货币单位的价值指标。比如,截至2017年底,我国的外汇储备为31 399亿美元;2017年全年全社会固定资产投资641 238亿元,全年社会消费品零售总额366 262亿元。

价值指标最大的特点是具有最广泛的综合性,应用范围十分广泛。以货币单位计量的价值指标有现行价格和不变价格之分。现行价格是当期的实际价格,不变价格是为了消除价格变动的影响而采用的某一固定时期的价格,以不变价格计算的价值指标可以反映生产发展变动的程度。

> **重要知识点**:总量指标是绝对数指标,用来反映现象的总规模和总水平,是计算其他指标的基础。总量指标必须具有计量单位。

第二节 相对指标

一、相对指标的概念和表现形式

(一)相对指标的概念

社会经济现象之间都是有联系的,任何一个现象都不可能独立存在,都要依赖于其他的社会现象。对于这种有联系的社会现象,我们要从数量上进行描述和说明,就要用到相对指标。相对指标是社会经济现象中两个有联系的现象的统计指标值之比。相对指标都表现为相对数,也称作相对数指标。相对指标能够反映社会经济现象之间相互联系的情况,如反映现象总体在时间、空间、结构、比例以及发展状况等方面的联系程度和对比关系等。

统计公报表明,2017 年末全国大陆总人口 139 008 万人,其中城镇常住人口 81 347 万人,占总人口比重(常住人口城镇化率)为 58.52%;户籍人口城镇化率为 42.35%。全年人口出生率为 12.43‰;人口死亡率为 7.11‰;人口自然增长率为 5.32‰。2017 年全年全员劳动生产率为 101 231 元/人,比上年提高了 6.7%;全年制造业产品质量合格率为 93.71%。2017 年末广播节目综合人口覆盖率为 98.7%,电视节目综合人口覆盖率为 99.1%。除人口总数外,这里的数据都是相对指标。

相对指标可以是两个绝对数指标对比的结果,也可以是两个相对数或平均数对比的结果,通过这种对比,可以把两个现象的水平及其差异抽象化,使本来不能直接对比的社会经济现象总体找到共同比较的基础,使人们对事物有一个清晰的认识和了解,增强人们判断和鉴别纷繁复杂事物的能力。

(二)相对指标的表现形式

1. 有名数

"名数"是指相对指标的计量单位。"有名数"是指相对指标都是有计量单位的。当相对比的两种现象是不同种类的现象时,要把两种现象指标的计量单位结合使用,以表明相对比的结果和程度。例如,人口密度指标,用"人/平方千米"为计量单位;某地区家庭轿车的拥有量指标,用"辆/百户"为计量单位等。相对指标中的强度相对指标多用有名数的形式。例如,2017年,我国移动电话普及率上升至102.5部/百人。全年人均国内生产总值59 660元。按常住人口计算,2017年上海市人均生产总值为12.46万元。

2. 无名数

这种相对指标都是没有计量单位的,当相对比的两个现象是同类现象,或不同类现象但计量单位相同时,相对比的结果是没有计量单位的。无名数是以抽象化的数字来明确反映相对指标的含义。主要有系数、倍数、成数、百分数、千分数和百分点。

系数和倍数是将对比的基数作为1,当对比的两个现象的指标值相差不大时,用系数形式表示,如积累系数、投资效果系数、恩格尔系数等;当对比的两个现象的指标值相差较大时,可用倍数形式表示。

成数是将对比的基数作为10。当对比的两个现象的指标值相差适中时,常用成数表示。例如,2019年第一季度的工业总产值比去年同期增加了一成半,即工业总产值比2018年第一季度增加了1.5/10,即15%。

百分数是将对比的基数作为100,它是相对指标中最常用的一种表现形式,当对比的两个指标较接近时,常用百分数形式表示。比如,2017年我国研究与试验发展(R&D)的经费支出达17 500亿元,占国内生产总值的2.12%。2016年,文化及相关产业增加值30 785亿元,占国内生产总值的比重为4.14%,比上年提高了0.19个百分点。

另外,经济分析中常用到"百分点"的概念,百分点相当于百分数的单位,一个百分点就是1%,百分点常用于两个百分数相减的场合,用于说明百分数的增减变化。股票证券交易市场上,常用百分点表示证券价格的波动。如果2019年3月28日,上证综指较前一日上涨了1.93%,我们可以说沪综指较前一交易日上涨了1.93个百分点。

百分点反映了不同时期以百分数形式表示的相对指标(如速度、指数、构成等)的变动幅度。

千分数是将对比的基数作为1 000,当相对比的分子指标值比分母指标值小得多时,常用千分数表示。例如,人口出生率、死亡率或某种疑难病的发病率等。

例如,2017年全年,我国人口出生率为12.43‰,死亡率为7.11‰,自然增长率为5.32‰。

此外,在金融市场上,为了表示利率和汇率的变化,还可以用"基点"这个相对指标。利率和汇率都是较小的百分数,分别表示资金的价格和货币的价格。为了表示这种较小的百分数的变化,使用"基点"。一个"基点"为万分之一。当美国联邦储备委员会将联邦基准利率降低25个基点时,意味着联邦基准利率将降低0.25%。当人民币兑美元汇率上升5个基点时,意味着人民币兑美元汇率上升了0.05%。

二、相对指标的种类和计算方法

社会经济统计分析中常用的相对指标有计划完成相对指标、结构相对指标、比例相对指标、比较相对指标、强度相对指标和动态相对指标等。

(一) 计划完成相对指标

计划完成相对指标是社会经济现象中监督和检查计划完成情况的统计指标,是一定

时期内某一指标的实际完成数与计划任务数相对比的结果,一般用百分数表示,其计算公式为

$$计划完成相对指标 = \frac{实际完成数}{计划任务数} \times 100\%$$

$$超额(未)完成计划数 = 实际完成数 - 计划任务数$$

实际应用中,由于现象的不同特点,制订计划依据的指标可以是总量指标,也可以是相对指标和平均指标,因此,计划完成相对指标的计算也有所不同。

1. 根据总量指标计算计划完成相对指标

这种计划是关于总量指标的生产发展计划,比如企业的产值计划、销售收入计划、利润总额计划、产品产量计划等。其计划完成程度为

$$计划完成相对指标 = \frac{实际完成数}{计划任务数} \times 100\%$$

$$超额(未)完成计划数 = 实际完成数 - 计划任务数$$

例如,某企业计划 2018 年实现产值 3 200 万元,实际完成 3 400 万元,则该企业产值计划的完成情况是

$$计划完成相对指标 = \frac{3\ 400}{3\ 200} = 106.25\%$$

$$超额完成计划数 = 3\ 400 - 3\ 200 = 200(万元)$$

计算结果表明该企业产值计划超额完成 6.25%,超产 200 万元。

2. 根据相对指标计算计划完成相对指标

在企业的生产经营管理中,通常要制订诸如劳动生产率、产品合格率、资金利税率等相对指标的计划。这种相对指标的计划有两种形式:一种是计划规定相对指标应达到的水平,如产品合格率达到 99%,这种计划完成情况的检查方法同上述介绍的基本方法一致。另一种是计划规定相对指标应提高或降低的百分比。如,某企业计划将劳动生产率提高 2.5%,计划流通费用率降低 1.3% 等。对于这种计划任务,计算计划完成情况的方法不同于第一种,其计算公式为

$$计划完成相对指标 = \frac{1 + 实际提高的百分比}{1 + 计划提高的百分比} \times 100\%$$

$$计划完成相对指标 = \frac{1 - 实际降低的百分比}{1 - 计划降低的百分比} \times 100\%$$

例如,企业计划规定,劳动生产率 2018 年比 2017 年提高 5.8%,实际提高 5.5%,该企业劳动生产率计划的完成情况是

$$计划完成相对指标 = \frac{1 + 5.5\%}{1 + 5.8\%} = 99.72\%$$

这说明,该企业没有完成劳动生产率的计划。

又如,某企业某种产品单位成本计划规定本年度比上年度降低 3.5%,实际降低

3.6%,则产品单位成本计划的完成情况是

$$\text{计划完成相对指标} = \frac{1-3.6\%}{1-3.5\%} = 99.90\%$$

计算结果表明,实际单位成本比计划规定的单位成本降低了 0.1%,该企业降低产品单位成本的计划超额完成了。

3. 根据平均指标计算计划完成相对指标

根据平均指标制订的计划,要检查其计划完成情况,可直接利用前面的基本公式计算。

例如,某上市公司计划 2018 年实现每股收益 0.258 元,由于宏观经济的影响,该公司 2018 年每股收益只有 0.19 元。因此,该公司每股收益计划的完成情况是

$$\text{计划完成相对指标} = \frac{0.19}{0.258} = 73.64\%$$

这说明该上市公司每股收益的计划没有完成。

又如,某上市公司计划 2018 年将产品单位成本降低 2.8%,实际降低了 2.6%。该公司产品单位成本计划的完成情况是

$$\text{计划完成相对指标} = \frac{1-2.6\%}{1-2.8\%} = 100.21\%$$

计算结果表明,该上市公司产品单位成本降低计划没有完成。

4. 计划执行进度的检查

为了掌握计划期内计划任务的执行进度,时间进度和计划任务的完成要相适应,相匹配,做到时间过半,任务过半,不至于计划期内前松后紧或前紧后松,这就要对计划执行的进度进行检查。

其计算公式为

$$\text{计划执行进度} = \frac{\text{计划期内至今完成的累计数}}{\text{计划期内计划完成的任务数}} \times 100\%$$

$$\text{时间进度} = \frac{\text{计划期初至今消耗的时间数}}{\text{全期计划时间数}} \times 100\%$$

这两个指标计算的结果应该相接近,以便于及时发现计划任务的执行是否均匀,这有利于加强计划执行进度的管理。

例 4.1 某企业计划 2018 年完成外贸出口额 2 800 万美元,到第三季度末,已完成出口额 1 800 万美元,问:该计划的执行进度合理吗?

解 根据前面的公式,该企业计划的时间进度,即完成任务所消耗的时间为

$$\text{时间进度} = \frac{9}{12} = 75\%$$

说明该企业已经用掉计划时间的 75%。

$$\text{计划完成的进度} = \frac{1\ 800}{2\ 800} \times 100\% = 64.3\%$$

这说明该企业在 75%的计划时间内,只完成了计划任务的 64.3%,时间进度和计划

任务完成进度不匹配,可能完不成计划,或后面时间很紧张。

(二) 结构相对指标

社会经济现象的总体可以按一定的标准化分成不同的组成部分,将其中某一部分的指标数值与总体相应的指标数值相对比求得的结果,称为结构相对指标。结构相对指标一般以百分数表示,其计算公式为

$$结构相对指标 = \frac{总体中某一组(一部分)的数值}{总体总数值} \times 100\%$$

结构相对指标说明了总体中各部分或各组占总体的比重或比率,能够解释现象总体的内部组成情况,各部分(组)的结构相对指标之和等于100%。不同时期的结构相对指标可以反映客观现象发展变化的规律。

例如,瑞典人口统计学家桑德巴(Sundbary)根据人口的年龄构成,将人口构成分为以下三个类型组,如表4.1所示。

表4.1 人口的年龄构成

年龄类型	0～14 岁	15～49 岁	50 岁以上
增长型	40.0%以上	50.0%左右	10.0%以下
稳定型	26.5%左右	50.5%左右	23.0%左右
减少型	20.0%以下	50.0%左右	30.0%以上

夏南新著:《新概念统计学》,中国财政经济出版社,第71页。

由表4.1可见,在三种人口的年龄构成类型中,15～49岁的中壮年人口比重都在50%左右,因而0～14岁的少儿人口组和50岁以上的老年人口组所占的比重大小直接影响人口的类型。若少儿人口组占总人口的比重越大,老年人口组占总人口的比重就越小,则人口总体的增长潜力就越大,为增长型;反之,则为减少型。

在社会经济统计研究中,结构相对指标的计算和运用具有重要意义。它经常被用来分析现象总体的内部构成状况,说明事物的性质和特征,如国民经济中的产业结构、行业结构、地区结构,上市公司的股权结构,在校学生的专业结构、生源地结构等。把不同时间的结构相对指标进行对比分析,可以说明现象的变化过程和规律。总体各组的结构相对指标,可以说明该组在总体中的地位和作用,对于平均指标的计算有特殊的意义。

例如,根据初步核算,2017年全年我国国内生产总值为827 122亿元。其中,第一产业增加值65 468亿元;第二产业增加值334 623亿元;第三产业增加值427 032亿元。我国国民经济的产业结构是

$$第一产业所占的比重 = \frac{65\ 468}{827\ 122} = 7.9\%$$

$$第二产业所占的比重 = \frac{334\ 623}{827\ 122} = 40.5\%$$

$$\text{第三产业所占的比重} = \frac{427\ 032}{827\ 122} = 51.6\%$$

由此可见,在全国国民经济产业结构中,第三产业的比重最高,第一产业的比重最低。与经济发展水平相比,我国经济的产业结构基本合理。

(三) 比例相对指标

社会经济现象总体的各组成部分之间存在着各种各样的比例关系,将同一总体内不同组成部分的指标数值相对比的结果,称为比例相对指标,其计算公式为

$$\text{比例相对指标} = \frac{\text{总体中某一组(一部分)的数值}}{\text{总体中另一组(另一部分)的数值}}$$

比例相对指标可以用百分数表示,也可以用一比几或几比一的形式表示,后一种表现形式更常用。例如,理论上男女性别比例的正常范围是 103∶100～107∶100。2010年第六次人口普查得出的结论是,中国的男女性别比是 104.9∶100,而在 1～4 岁年龄组,男女性别比则达到 119.39∶100,严重超出正常值的范围。男女性别比例不协调,可能会引发许多社会问题,这一现象已经引起中国政府的高度重视。

又如,2017 年全年全社会固定资产投资 641 238 亿元,分区域看,东部地区投资 265 837 亿元;中部地区投资 163 400 亿元;西部地区投资 166 571 亿元;东北地区投资 30 655 亿元。全社会固定资产投资地区投资的比例关系是

东部∶中部∶西部∶东北 = 265 837∶163 400∶166 571∶30 655
= 8.67∶5.33∶5.43∶1

根据这种比例关系,我们很自然地发现,全社会固定资产投资偏向东部地区。

2017 年我国房地产开发投资 109 799 亿元,其中,商品住宅投资 75 148 亿元;办公楼投资 6 761 亿元;商业营业用房投资 15 640 亿元。房地产开发投资中的比例关系是

商品住宅投资∶办公楼投资∶商业营业用房投资 = 75 148∶6 761∶15 640
= 4.80∶0.43∶1

比例相对指标广泛地应用于反映国民经济中各种比例关系,例如,国民收入中积累与消费的比例关系;储蓄与投资的比例关系;对外贸易总额中,进口与出口的比例关系等。利用比例相对指标可以分析国民经济中各种比例关系是否合理,调整不合理的比例关系,促使国民经济稳定协调发展。

(四) 比较相对指标

社会经济现象在同一时期内,由于所处的空间、场合不同,发展的结果有差异,为了比较这种差异,需要用比较相对指标。其计算公式为

$$\text{比较相对指标} = \frac{\text{甲国(地区、部门、单位)某一现象发展的指标值}}{\text{同期内乙国(地区、部门、单位)同一现象发展的指标值}}$$

比较相对指标一般用倍数表示,也可以用系数或百分数表示。计算比较相对指标的分子、分母指标必须是同时期的同类现象,其指标的含义、口径、计算方法和计量单位必须一致,且分子与分母可以互换位置。

例如,根据 2017 年统计公报,中国城镇居民人均可支配收入中位数 33 834 元,农村

居民人均可支配收入中位数 11 969 元。城镇居民人均可支配收入中位数是农村居民人均可支配收入中位数的 2.83 倍。城镇居民人均消费支出 24 445 元，农村居民人均消费支出 10 955 元，城镇居民人均消费支出是农村居民人均消费支出的 2.23 倍，见表 4.2。

表 4.2 比较相对指标的计算

指标(1)	指标(2)	比较相对指标 $\frac{(2)}{(1)}$
农村居民人均可支配收入中位数 11 969 元	城镇居民人均可支配收入中位数 33 834 元	2.83
农村居民人均消费支出 10 955 元	城镇居民人均消费支出 24 445 元	2.23

比较相对指标既可以用于不同国家、地区、单位的比较，又可以用于同先进或落后比较，还可以同国际及国家标准指标相比较。通过与先进比较可以找出自身的差距，从而为提高企业的生产水平和管理水平提供依据。比较相对指标可以用总量指标进行对比，也可以用相对指标或平均指标进行对比。由于总量指标的大小易受总体范围大小的影响，因而计算比较相对指标时，更多地采用相对指标或平均指标。

（五）强度相对指标

社会经济现象中在同一时期内有联系的两个不同类现象的发展指标值之比，称为强度相对指标，其计算公式为

$$强度相对指标 = \frac{某一现象的指标值}{同时期另一个与之有联系的现象的指标值}$$

强度相对指标表明现象相互联系的强度、密度或普遍程度。例如，某国家或某地区的人口密度、人均粮食产量、人均 GDP，每百户家庭中家用电脑的拥有量等都是强度相对指标。强度相对指标一般用复名数表示。特殊情况下，计算强度相对指标的分子、分母指标有相同的计量单位时，强度相对指标也可用百分数或千分数表示。例如，人口出生率、死亡率等，都用千分数表示。

计算强度相对指标的分子、分母指标可以互换位置，因而强度相对指标有正指标和逆指标之分。所谓正指标，是指指标值的大小与所研究现象的发展程度或密度成同向变化关系。例如，计算人口密度时，若计量单位为"人/平方千米"，则该指标为正指标。所谓逆指标，是指指标值的大小与所研究现象的发展程度或密度成反向的变化关系。例如，人口密度的计量单位为"平方千米/人"时，则该指标值越大，表明人口密度越小，该指标为逆指标。

例如，2010 年 11 月 1 日零点，我国进行了第六次人口普查。第六次人口普查的结果是全国总人口为 133 281.09 万人，那么，

$$人口密度 = \frac{133\ 281.09}{960} = 138.834\ 5 = 139（人/平方千米）$$

或

$$人口密度 = \frac{960}{133\,281.09} = 0.007\,203 (平方千米/人)$$

第一个是正指标,第二个是逆指标。

只要是有联系的两个不同类现象,我们想说明它们之间的数量对比关系,都可以用强度相对指标达到目的。例如,统计公报表明,截至2017年底,中国境内有效发明专利135.6万件,每万人口发明专利拥有量9.8件。

强度相对指标的应用十分广泛,它可以反映国民经济和社会发展的基本情况,考核社会经济效益,为编制计划和长远规划提供参考依据。

(六)动态相对指标

任何社会经济现象都会随着时间的变化而发生相应的变化,可以用动态相对指标来描述这种动态变化。同一个社会经济现象在不同时期上发展结果的数值之比,称为动态相对指标,其计算公式为

$$动态相对指标 = \frac{现象报告期发展值}{现象基期发展值}$$

动态相对指标通常以百分数表示,它反映同一现象在不同时期上的发展变化的程度,属于纵向比较,也称为发展速度。为了反映现象动态发展的情况,要选定作为比较基础的时期的指标值,即基期的数值,报告期是用来与基期相对比的时期,是人们观察研究的当期,也称为计算期。

计算动态相对指标,基期的选择非常重要,既不能选取历史中的最高水平作为基期数值,也不能选取最低水平作为基期数值,而应选择一个比较合适的基期指标值。例如,表4.3是2013—2017年末我国农村贫困人口数,以2013年为基期,2013年末的农村贫困人口数是8 249万人,为基期发展值。分别计算我国农村贫困人口数的动态发展相对指标,见表4.4。由表4.4可知,2014—2017年间,我国农村贫困人口呈下降趋势,2017年末的农村贫困人口数是2013年末的36.93%。

表4.3 2013—2017年末我国农村贫困人口数

年份	2013	2014	2015	2016	2017
农村贫困人口数/万人	8 249	7 017	5 575	4 335	3 046

资料来源:2017年中国统计公报。

表4.4 2013—2017年末我国农村贫困人口数的动态变化

年份	2013	2014	2015	2016	2017
我国农村贫困人口数动态相对指标/%	100.00	85.06	67.58	52.55	36.93

相对指标在实际统计分析中有重要的作用,表4.5和表4.6对六种相对指标进行了比较,以帮助大家更好地理解和应用相对指标。

表 4.5　六种相对指标的比较

不同时期的比较	同一时期的比较				
	不同现象的比较	同类现象的比较			
		不同总体的比较	同一总体的比较		
动态相对指标	强度相对指标	比较相对指标	部分与部分的比较	部分与总体的比较	计划与实际的比较
			比例相对指标	结构相对指标	计划完成相对指标

表 4.6　六种相对指标的比较

相对指标	分子、分母是否可以互换位置
计划完成相对指标	否
结构相对指标	否
比例相对指标	是
比较相对指标	是
强度相对指标	是
动态相对指标	否

三、计算和运用相对指标应注意的问题

相对指标是两个有联系的现象的指标数值相除,以反映两个现象之间的数量对比关系和差异程度。正确计算和运用相对指标应注意以下几个方面的问题。

（一）保持两个对比指标的可比性

两个对比指标的可比性是计算相对指标最基本的也是最重要的条件。所谓可比性,是指两个对比的指标要有可比的基础,对比的结果能够确切地说明所研究的问题,符合研究目的的要求。要保持两个对比指标的可比性,必须使相对比的两个指标在经济内容上有联系,在总体范围、计算方法和计量单位、计算口径等方面都要协调一致,在时间范围和空间范围上也要统一。

（二）正确选择对比的基准指标

相对指标是通过指标之间的对比来反映现象的联系,而现象的联系是由现象的性质特点所决定的,应当根据现象的性质和特点,结合分析研究的目的,选择那些能够反映事物内在联系和本质差异的指标作为对比的基准。不合理的对比基准,常常会得出歪曲事实真相的错误结论。

（三）相对指标与绝对指标结合应用

相对指标揭示了现象之间的联系程度和差异程度，却掩盖了现象的绝对水平之间的差异。在运用相对指标进行统计分析时，必须考虑到相对指标背后所代表的绝对水平。只有将相对指标与绝对指标结合起来使用，才能较全面准确地反映现象总体的数量特征。相对指标与绝对指标的结合应用，既可看到现象变化的相对程度，也可看到变化的绝对量，从而深刻认识现象变化的实质。

> **重要知识点**：相对指标是两个有联系的指标之比，可以说明现象发展变化的质量或各种对比的关系。会计算和应用六种相对指标。

第三节 平均指标

一、平均指标的概念、特点和作用

（一）平均指标的概念

所谓平均指标，是把同质总体中各单位的某一数量标志值的数量差异抽象化，用一个数值来表明这一标志在一定时间、地点、条件下的一般水平的综合指标。平均指标也称为平均数，是统计分析中十分重要的综合指标之一。例如，考试的平均成绩，职工的平均年龄、平均工资等都是平均指标。

中国支付体系发展报告 2016 显示：2016 年末，我国农村地区个人银行结算账户 35.61 亿户，人均 3.91 户；人均持卡量 2.8 张。2017 年我国人均图书拥有量 6.49 册；人均用水量 439 立方米；全年平均气温为 10.39℃；细颗粒物（PM2.5）未达标城市的年平均浓度 48 微克/立方米。

（二）平均指标的特点

1. 抽象性

平均指标是将总体单位的数量差异抽象化，用一个数值来反映现象的一般水平。例如，平均成绩就是把各同学之间不同的考试分数差异抽象化，用以说明同学们考试的一般水平。又如，某企业产品的平均成本，就是把各种产品在成本上的差异抽象化，以反映该企业各种产品成本的一般水平。值得注意的是，平均指标的抽象性只能对总体单位的数量标志值进行，对品质指标一般不能计算其平均数。

2. 同质性

计算平均指标的各单位必须具有相同的性质，这是计算平均指标的前提，只有本质相同的现象计算出的平均指标，才能正确反映客观实际情况。

3. 代表性

社会经济现象中的变量,大多数服从正态分布,其分布特征是"两头小,中间大",因而其各种平均数都靠近分布的中间区域,这说明多数标志值集中在平均数附近,所以,平均指标测度标志值的集中趋势,是反映总体变量集中趋势的代表值,代表总体变量值的一般水平。

(三) 平均指标的作用

1. 平均指标可用于同一现象在不同时间上的发展情况的对比分析

平均指标将总体各单位的数量标志差异抽象掉了,代表了总体的一般水平。因而,平均指标可以反映同一总体现象在不同时间上的发展变化的一般情况,解释现象的变动趋势和规律性。

2. 平均指标可用于同一现象在不同空间上的发展情况的对比分析

同一个现象在同一时间内,由于所处的空间场合的不同,其发展是有差异的,对这种差异的对比分析,只能以平均指标为依据。利用平均指标比较同类现象同一时间内在不同地区、不同单位的一般水平,可以评价各单位的工作质量和工作成绩。

3. 平均指标可用于分析现象之间的依存关系

现象与现象之间都具有一定的相互依赖关系,而依赖关系的形式和程度各不相同,可以利用平均指标来分析现象之间的依存关系。

4. 平均指标可用于数量上的估计推断

平均指标代表总体变量的一般水平,可以利用样本的平均指标来推断估计总体的平均指标,利用样本平均数乘以单位总数来推断总体的标志总量等。

平均指标是由总量指标派生出来的,也称为平均数指标。社会经济统计中常用的平均指标主要有三种,分别是算术平均数、众数和中位数。算术平均数是根据总体各单位的数量标志值计算得到的平均值,称作数值平均数。众数和中位数是根据标志值在分配数列中的位置确定的,称作位置平均数。

二、算术平均数

算术平均数,用 $\bar{x}$ 表示,是平均指标中最基本、最重要的一种,也是社会经济统计分析中最常用、最广泛的一种平均指标,它反映了次数分配数列中各单位标志值的一般水平和集中趋势。计算公式为

$$算术平均数(\bar{x}) = \frac{\sum x}{n}$$

式中,x 为变量值;n 为数据个数;$\sum$ 为求和符号。

上述公式中的分子和分母必须同属一个总体,即分子数值是分母各单位数量标志值的总和,只有这样计算出的平均指标,才能表明总体的一般水平,这也是平均指标和强度相对指标的区别之处。强度相对指标是两个有联系的不同总体的数量指标值之比。

根据掌握资料的不同,算术平均数的具体计算方法有两种。

(一) 简单算术平均数

简单算术平均数适用于数据资料没有分组的情况,若 $x_1, x_2, \cdots, x_n$ 为各单位的标志值,$\bar{x}$ 为算术平均数,其基本计算公式为

$$\bar{x} = \frac{\sum x}{n}$$

例如,某班级某小组 10 名同学的统计学考试成绩分别是 60 分,68 分,70 分,73 分,79 分,80 分,87 分,90 分,93 分,98 分,则该组同学的平均考试成绩是

$$\bar{x} = \frac{\sum x}{n} = \frac{60+68+70+73+79+80+87+90+93+98}{10} = 79.8(分)$$

简单算术平均数是将变量值之和除以数据个数,计算简单,适合于数据资料没有分组或数据个数较少的情况。

(二) 加权算术平均数

加权算术平均数适用于数据资料已经分组的情形。在分组资料中,每一组都有次数(频数)f,根据算术平均数的基本计算公式有

$$\bar{x} = \frac{x_1 f_1 + x_2 f_2 + x_3 f_3 + \cdots + x_n f_n}{f_1 + f_2 + f_3 + \cdots + f_n} = \frac{\sum x_i f_i}{\sum f_i} = \frac{\sum x f}{\sum f}$$

式中,x 为各组变量的代表值。在单项式频数分布中,x 为各组变量值,若是组距数列,x 为各组变量的组中值,f 为各组的次数(频数),也称为权数。$\sum x f$ 为总体标志总量,$\sum f$ 为总体单位总数,也称为总次数或总权数。

例 4.2 某商店 20 名职工的月工资收入资料如表 4.7,试计算该商店职工的月平均工资。

表 4.7 职工工资收入分组情况

按月工资收入分组/元	职工人数/人
5 000~6 000	4
6 000~7 500	10
7 500~8 500	6
合计	20

解 这是一个组距式频数分布,必须先计算出各组的组中值,用组中值作为每组数据的代表值。组中值分别是 5 500,6 750,8 000。由加权算术平均数公式计算职工的月平均工资:

$$\bar{x} = \frac{x_1 f_1 + x_2 f_2 + x_3 f_3 + \cdots + x_n f_n}{f_1 + f_2 + f_3 + \cdots + f_n}$$

$$= \frac{5\,500 \times 4 + 6\,750 \times 10 + 8\,000 \times 6}{4 + 10 + 6} = \frac{137\,500}{20} = 6\,875(元)$$

在组距式频数分布中,各组的权数既可以是绝对数(f),也可以是相对数$\left(\frac{f}{\sum f}\right)$,因而,加权算术平均数有绝对权数形式,也有相对权数形式,即

$$\bar{x} = \frac{\sum xf}{\sum f} = \sum \left(x \times \frac{f}{\sum f} \right)$$

例 4.3 某织布车间全部挡车工中有 30% 的人,日产棉布 1 000 米~1 100 米,50% 的人日产棉布 1 100 米~1 200 米,其余的人日产棉布 1 200 米~1 300 米,要求计算该车间平均每个挡车工的日产量。

解 这是根据组距式频数分布计算算术平均数,数据见表 4.8。

表 4.8 挡车工的平均日产量

工人按日产量分组 / 米	人数比重 /%
1 000 ~ 1 100	30
1 100 ~ 1 200	50
1 200 ~ 1 300	20
合计	100

先计算各组的组中值,分别是 1 050 米、1 150 米、1 250 米。又知各组的人数比重即频率 $\frac{f}{\sum f}$,分别是 30%、50%、20%。由加权算术平均数的相对权数公式计算,则平均每个挡车工的日产量

$$\bar{x} = \frac{\sum xf}{\sum f} = \sum \left(x \times \frac{f}{\sum f} \right) = 1\,050 \times 0.3 + 1\,150 \times 0.5 + 1\,250 \times 0.2$$

$$= 1\,140(米 / 人)$$

由此可见,简单算术平均数只受各变量值大小的影响,而加权算术平均数要受到变量值大小和次数的双重影响。变量值大,次数大,算术平均值也大;变量值小,次数小,算术平均值也小。因此,次数(频数)也称为权数。在特殊情况下,若各组的权数都相等,权数对平均数的影响作用就消失了,这时加权算术平均数就等于简单算术平均数。即简单算术平均数是加权算术平均数的特例。

(三) 算术平均数的性质

算术平均数有一些优良的数学性质,这些数学性质对我们理解算术平均数,更方便

地计算算术平均数,有重要的意义。下面将不加证明地介绍算术平均数的性质。

(1) 变量的各个标志值与其算术平均数的离差之和等于零,即

$$\sum(x-\bar{x})=0 \quad 资料未分组时$$

$$\sum(x-\bar{x})f=0 \quad 资料已分组时$$

(2) 变量的各个标志值与其算术平均数的离差之平方和为最小值,即

$$\sum(x-\bar{x})^2=最小值 \quad 资料未分组时$$

$$\sum(x-\bar{x})^2 f=最小值 \quad 资料已分组时$$

(3) 若 A 为常数,且 $A \neq 0$,将各标志值都加上、减去、乘、除以 A,则算术平均数也要加上、减去、乘、除以 A。即

① $\dfrac{\sum(x \pm A)}{n}=\dfrac{\sum x}{n} \pm A \quad$ 资料未分组时

② $\dfrac{\sum Ax}{n}=A\dfrac{\sum x}{n} \quad$ 资料未分组时

③ $\dfrac{\sum \frac{x}{A}}{n}=\dfrac{1}{A}\dfrac{\sum x}{n} \quad$ 资料未分组时

④ $\dfrac{\sum(x \pm A)f}{n}=\dfrac{\sum xf}{n} \pm A \quad$ 资料已分组时

⑤ $\dfrac{\sum Axf}{n}=A\dfrac{\sum xf}{n} \quad$ 资料已分组时

⑥ $\dfrac{\sum \frac{x}{A}f}{n}=\dfrac{1}{A}\dfrac{\sum xf}{n} \quad$ 资料已分组时

(四) 算术平均数的简捷计算法

根据算术平均数的性质,可得到算术平均数的简捷计算方法。

(1) 设 A 为接近于算术平均数的常数,则

$$\bar{x}=A+\dfrac{\sum(x-A)}{n} \quad 资料未分组时$$

$$\bar{x}=A+\dfrac{\sum(x-A)f}{n} \quad 资料已分组时$$

(2) 设 A 为接近于算术平均数的常数,i 为组距数列各组的组距,则

$$\bar{x}=A+\dfrac{\sum\left(\dfrac{x-A}{i}\right)}{n} \times i \quad 资料未分组时$$

$$\bar{x} = A + \frac{\sum \left(\frac{x-A}{i}\right)f}{\sum f} \times i \quad \text{资料已分组时}$$

例 4.4 某企业 2019 年上半年各月的产值分别是 1 200 万元、1 350 万元、1 180 万元、1 300 万元、1 250 万元、1 280 万元,试计算该企业上半年的平均产值。

解 取 $A=1\,250$,将上述各数据分别减去 1250 后,得 $-50,100,-70,50,0,30$,计算它们的平均数:

$$\bar{x} = \frac{-50+100-70+50+0+30}{6} = \frac{60}{6} = 10(万元)$$

所以,该企业上半年的平均产值为 $1\,250+10=1\,260$(万元)。

算术平均数计算简单,应用广泛。但是,它有一个明显的不足,即容易受到数据之中极大值或极小值的影响。实际应用时,常常先将数据中的极端值剔除后,再计算算术平均数。

三、众数

众数(Mode,简写为 Mo)是统计频数分布中出现次数最多的那个标志值。频数分布中最常出现的标志值是最突出的,最能反映标志值的群体特征,因而最具有代表性,能够反映频数分布的一般水平。众数能直观地说明客观现象分配中的集中趋势。在实际工作中,有时可利用众数代替算术平均数,来说明社会经济现象的一般水平。例如,集贸市场上某种商品的价格在不同的摊位上是不完全相同的,其中多数摊位上的那个价格就是众数价格,反映了该种商品价格的一般水平。在各种选举或决策中,"少数服从多数"或"过半数则通过"的游戏规则,也是众数的实际应用。根据我们所掌握的数据资料的不同,计算众数的方法也不一样。

(一)单项式频数分布数据众数的计算

在单项式频数分布中,出现次数最多的标志值就是众数。因此,只要找出最大的次数 f,它所对应的标志值就是 Mo。例如,表 4.9 是某种商品在集贸市场上的价格,试确定其价格众数。

表 4.9 某种商品的销售价格和销售量

价格/(元/千克)	销售量/千克
20.00	30
25.00	60
38.00	160
45.00	50
合计	300

显然,最大的销售量是 160 千克,它所对应的销售价格是 38.00 元/千克,所以,这种商品的价格众数 $Mo=38.00(元/千克)$。

(二) 组距式频数分布数据众数的计算

单项式频数分布中,每组只有一个变量值,只要找到最大的次数,那组的数据即是众数。组距式频数分布中,每组有许多个变量值,这些变量值组成一个区间,因此,组距式频数分布众数的计算要比单项式频数分布众数的计算复杂一些。

先要找出最大的次数,最大次数所对应的那一组为众数组,然后利用插值公式计算众数的近似值。其计算公式为

$$下限公式:Mo=L+\frac{\Delta_1}{\Delta_1+\Delta_2}\times d$$

$$上限公式:Mo=U-\frac{\Delta_2}{\Delta_1+\Delta_2}\times d$$

式中,L、U、d 分别是众数组的下限、上限和组距;Δ_1 为众数组次数与相邻前一组次数之差;Δ_2 为众数组次数与相邻后一组次数之差。

上限公式和下限公式计算出的众数是相等的,实际应用中,随便使用哪个公式。

例 4.5 某车间 55 名工人的月生产量情况如表 4.10 所示,试确定工人月生产量的众数,并说明其含义。

表 4.10　55 名工人的月生产量

月产量/件	工人数/人
600 以下	8
600~800	7
800~1 000	32
1 000~1 200	8
合计	55

解　表 4.10 表明,最大的次数是 32,所以众数组是 800~1 000 组,在这一组中,用上限公式计算众数

$$Mo=U-\frac{\Delta_2}{\Delta_1+\Delta_2}\times d=1\ 000-\frac{32-8}{(32-8)+(32-7)}\times(1\ 000-800)=902.04(件)$$

再用下限公式计算众数

$$Mo=L+\frac{\Delta_1}{\Delta_1+\Delta_2}\times d=800+\frac{32-7}{(32-8)+(32-7)}\times(1\ 000-800)=902.04(件)$$

可见,这 55 名工人的月生产量众数为 902.04 件,它说明了这 55 名工人月生产量的平均水平。

综上所述,众数是由标志值出现次数的多少决定的,反映了标志值的集中趋势,只有

当标志值有明显的集中趋势时,众数的确定才有意义。众数不受标志值中极端值的影响,这说明众数比较稳健,当总体的标志值近似于均匀分布时,该频数分布没有众数,当总体中有两个最大的次数时,则存在双众数。

众数的计算没有用到全部标志值,它是根据出现次数最大的标志值来确定的,严格地讲,它不是数值平均数,而是一种位置平均数。

四、中位数

处于频数分布中点位置上的标志值叫作中位数(Median,简写为 Me)。中位数是一种位置平均数,它将全部数据分成个数相等的两部分,一部分都比它大,另一部分都比它小。因而,中位数可以反映全部变量值的一般水平。例如,人口年龄的中位数,可表示人口总体年龄的一般水平;职工月工资收入的中位数,可反映职工总体月工资收入的一般水平。中位数的计算依据掌握资料特点的不同而不同。

1. 未分组资料中位数的计算

根据未分组资料计算中位数时,先要将数据资料按大小顺序排列,然后按 $\frac{n+1}{2}$ 确定中点的位置,第 $\frac{n+1}{2}$ 个标志值即是中位数,式中 n 为数据总数。

当 n 为奇数时,$\frac{n+1}{2}$ 为整数,即中点位置是唯一的,第 $\frac{n+1}{2}$ 个标志值即是中位数。

当 n 为偶数时,$\frac{n+1}{2}$ 为小数,即中点位置有两个,它们是 $\frac{n}{2}$ 和 $\frac{n}{2}+1$,这时中位数 Me 是这两个中点位置上标志值的简单算术平均数。

例 4.6 某班级某小组 9 名同学的统计学考试成绩分别是 60、68、69、73、79、80、85、89、92 分,试确定该组同学统计学考试成绩的中位数。

解 $n=9$,中点位置 $=\frac{n+1}{2}=\frac{9+1}{2}=5$,第 5 个标志值即是中位数,$Me=79$ 分。

例 4.7 某班级某小组 10 名同学的统计学考试成绩分别是 69、69、70、70、78、82、85、89、93、95 分,试确定该组同学统计学考试成绩的中位数。

解 $n=10$,中点位置 $=\frac{n}{2}=\frac{10}{2}=5$ 和 $\frac{n}{2}+1=6$,即第 5 个和第 6 个是中点,

$$Me=\frac{78+82}{2}=80(\text{分})。$$

2. 已分组资料中位数的计算

若数据资料分组成单项式频数分布,要确定其中位数,必须先计算各组的累计次数,然后根据公式 $\frac{n}{2}$(n 为数据总数)确定中点位置,进而确定中位数所在的那一组,中位数所在组的变量值就是中位数。

例 4.8 某厂工人的日产量如表 4.11 所示,试确定其中位数。

表 4.11 某厂工人的日产量情况

按日产量分组/件	工人数/人	向上累计次数
30	3	3
35	10	13
37	14	27
42	27	54
45	18	72
49	8	80
合计	80	—

解 先计算各组的向上累计次数(如表 4.11),再确定中点位置 $=\dfrac{80}{2}=40$,即第 40 名工人的日产量为中位数,从累计次数可知,第 40 名工人在第 4 组,所以,

中位数 $Me=42$ 件。

3. 组距式频数分布数据中位数的计算

根据组距式频数分布计算中位数时,先计算各组的累计次数,然后用公式 $\dfrac{n}{2}$ 确定中点位置,即确定了中位数所在的组,在中位数组中,用近似公式计算中位数,其计算公式为

$$\text{下限公式:} Me = L + \dfrac{\dfrac{n}{2}-S_{Qm-1}}{f_m} \times d$$

$$\text{上限公式:} Me = U - \dfrac{\dfrac{n}{2}-S_{Qm+1}}{f_m} \times d$$

式中,L、U、f_m、d 分别是中位数组的下限、上限、次数和组距;S_{Qm-1} 为中位数组以前各组的次数之和;S_{Qm+1} 为中位数组以后各组的次数之和。

例 4.9 某工厂 55 名工人的月产量资料如表 4.12 所示,试确定工人月产量的中位数。

表 4.12 55 名工人月产量资料

月产量/件	工人数/人	向上累计次数
600 以下	8	8
600~800	7	15
800~1 000	32	47
1 000~1 200	8	55
合计	55	—

解 先计算各组的向上累计次数(如表 4.12),再确定中位数所在的组,$\frac{n}{2}=\frac{55}{2}=27.5$,第 27 和第 28 个工人的月产量就是中位数,所以中位数在 800~1 000 组,根据上述近似公式计算中位数。

下限公式:$Me=L+\dfrac{\frac{n}{2}-S_{Qm-1}}{f_m}\times d=800+\dfrac{\frac{55}{2}-15}{32}\times(1\,000-800)=878.13$(件)

上限公式:$Me=U-\dfrac{\frac{n}{2}-S_{Qm+1}}{f_m}\times d=1\,000-\dfrac{\frac{55}{2}-8}{32}\times(1\,000-800)=878.13$(件)

可见,上限公式和下限公式计算的结果是一致的。

中位数有以下特点:一是中位数和众数一样,不受频数分布中极端值的影响,提高了对分配数列一般水平的代表性;二是各单位标志值与其中位数的绝对离差之和有最小值;三是对总体单位标志值的变动缺乏敏感性。

五、各种平均指标之间的关系

对于同一组数据资料,我们可以分别计算出这三种反映数据集中趋势的统计指标,这些指标之间有一定的关系。下面不加证明地介绍 $\bar{x}$、M_o、M_e 之间的关系。

这三种平均指标之间的关系与总体单位标志值的分布特征有关。

(1) 当总体单位标志值的分布对称时,$\bar{x}=Mo=Me$,如图 4.1 所示。
(2) 当总体单位标志值的分布右偏时,$Mo<Me<\bar{x}$,如图 4.2 所示。
(3) 当总体单位标志值的分布左偏时,$\bar{x}<Me<Mo$,如图 4.3 所示。

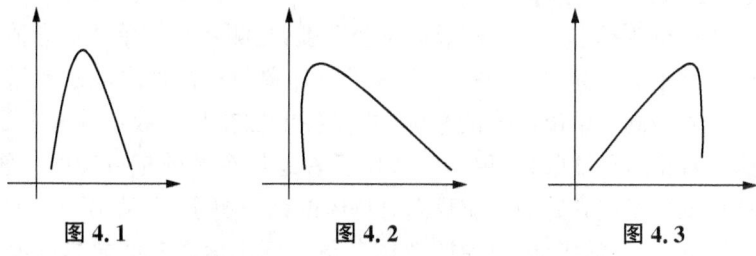

图 4.1　　　　　　图 4.2　　　　　　图 4.3

英国统计学家卡尔·皮尔逊认为,当总体分布呈轻度偏态时,

当 $\bar{x}=Mo$ 时,此时分布为对称分布;

当 $\bar{x}>Mo$ 时,此时分布为右偏分布;

当 $\bar{x}<Mo$ 时,此时分布为左偏分布。

$\bar{x}$ 越大,说明分布的偏态较严重;$\bar{x}$ 越小,说明分布的偏态越轻微。

卡尔·皮尔逊根据大量的统计资料,还得出了这三个指标之间的统计关系,即
$$\bar{x}-Mo=3(\bar{x}-Me)$$

利用这一关系,可以进行不太精确的推算。

例 4.10 某班有近一半的学生身高不足 1.75 米,身高 1.77 米的学生最多,试估计该班学生的平均身高。

解 根据题意有 $Me=1.75$ 米,$Mo=1.77$ 米,按照上述的经验公式有

$$\bar{x}-1.77=3(\bar{x}-1.75)$$

$$\bar{x}=1.74 \text{ 米}$$

所以,该班同学的平均身高近似为 1.74 米。

如果没有上述经验公式,我们就无法估计出该班学生的平均身高。

> **重要知识点**:算术平均数、众数和中位数都可以反映数据的集中趋势,说明总体的一般水平,算术平均数容易受到数据极端值的影响。会利用 Excel 计算各种平均指标。

第四节 标志变动指标

一、标志变动指标的概念

平均指标消除了个体单位在数量上的差异,用以反映总体的一般水平。事实上,个体差异总是存在的,为了说明这种差异的大小,衡量平均数的代表性,必须使用一种新的统计指标,这就是标志变动指标。

标志变动指标也叫标志变异指标或标志变动度,是测定总体单位标志值间差异程度或波动程度的统计指标。标志变动指标反映了总体单位标志值之间的离散程度。总体是由许多基本性质相同的单位组成的整体,总体各单位在某一数量标志上是有差异的,平均指标将这种数量差异抽象化,用一个数值反映总体单位数量方面的一般水平,却无法刻画总体单位的数量差异。为了使我们对总体的认识更全面,从另一个方面说明总体的特征,需要计算标志变动指标,以说明总体各单位标志值之间的差异程度或标志值分布的差异情况,从而补充说明平均指标的不足。

标志变异指标的作用主要如下。

第一,标志变异指标可以衡量平均指标的代表性。平均指标代表总体标志值的一般水平,若总体单位的差异程度大,则标志变动指标值也大,平均数的代表性小;若总体单位的差异程度小,则标志变动指标值也小,平均数的代表性好。标志变动指标值的大小与平均指标的代表性成反向变化关系。

第二,标志变异指标可以反映社会经济现象发展变化的稳定性和均衡性。社会经济现象的发展变化受到很多因素的影响,发展的结果带有一定的波动性或偶然性,通过计

算相应的标志变动指标,可以反映这种波动性的大小,进而反映社会经济现象发展变化的稳定性和均衡性。标志变动指标值大,说明发展的波动性大,发展变化不稳定;标志变动指标值小,说明发展的波动性小,发展变化比较稳定和均衡。标志变动指标的这种作用还可用于反映投资的风险性和产品质量的稳定性。

常用的标志变异指标有全距(R)、标准差(σ)和离散系数。

二、全距

全距(R)是总体各单位的最大标志值与最小标志值之差,表明标志值变动的范围,其计算公式为

$$全距(R) = x_{\max} - x_{\min}$$

例如,某班级两组同学的统计学考试成绩如下,显然,两组同学的平均成绩都是80分。但是,我们要知道哪组同学的成绩比较接近,比较均衡,哪组同学的考试成绩参差不齐,换句话说,我们要知道80分的平均成绩最能反映哪组同学的成绩水平。为此,我们可以计算每组成绩的全距。

Ⅰ 65 68 70 75 80 85 90 92 95 (分)
Ⅱ 73 75 77 80 83 85 87 (分)

比较两组的全距:

第Ⅰ组为30分:$R_1 = 95 - 65 = 30$(分);

第Ⅱ组为12分:$R_2 = 87 - 73 = 14$(分)。

因此,第Ⅰ组同学考试成绩的差别比第Ⅱ组同学考试成绩的差别大。这说明第Ⅱ组同学的考试成绩比较接近,第Ⅰ组同学的考试成绩参差不齐。如果用80分的平均成绩来反映每组同学成绩的一般水平,第Ⅱ组同学的平均成绩比第Ⅰ组同学的平均成绩要好。

全距说明总体中标志值变动的范围,全距越大,说明总体中标志值变动的范围越大,从而说明总体各单位标志值的差异大,反之则小。

若数据资料整理成组距式频数分布,要计算其全距,只要用最高组的上限值减去最低组的下限值即可求得全距的近似值,即

$$全距(R) = 最高组的上限 - 最低组的下限$$

全距作为反映总体单位标志值变动范围的指标有计算简单的优点,但是,全距的计算只考虑了总体中的两个极端值,没有用到所有的数据信息,比较粗略,不能全面反映总体各单位标志值的差异程度。在实际应用中,全距(R)常被用来检查产品质量的稳定性和进行质量控制。

三、标准差

标准差(σ)也称为均方差,是各单位标志值与其算术平均数离差的平方的算术平均

数的平方根。标准差反映各单位标志值的平均差异程度,根据所掌握的资料不同,标准差的计算公式也有所不同。

(1) 若资料未分组,则

$$\sigma=\sqrt{\frac{\sum(x-\bar{x})^2}{n}}$$

式中,σ 为标准差;x 为标志值;$\bar{x}$ 为标志值的算术平均数;n 为数据个数。

(2) 若资料已分组,则

$$\sigma=\sqrt{\frac{\sum(x-\bar{x})^2 f}{\sum f}}$$

式中,σ 为标准差;f 为各组次数;x 为各组变量值或各组组中值;$\bar{x}$ 为标志值的算术平均数。标准差越大,说明标志值的平均差异程度大;反之,则平均差异程度小。

例 4.11 某单位职工的工资水平资料如表 4.13 所示,试计算其标准差(σ)。

表 4.13 某单位职工的工资水平资料

工资水平/元	组中值 x	人数(f)	工资额(xf)	$x-\bar{x}$	$(x-\bar{x})^2 f$
1 500～2 000	1 750	10	17 500	−2 850	81 225 000
2 000～3 000	2 500	20	50 000	−2 100	88 200 000
3 000～5 000	4 000	50	200 000	−600	18 000 000
5 000～6 000	5 500	80	440 000	900	64 800 000
6 000～7 000	6 500	15	97 500	1 900	54 150 000
合计	—	175	805 000	—	306 375 000

解

$$\bar{x}=\frac{\sum xf}{\sum f}=\frac{805\,000}{175}=4\,600(元)$$

$$\sigma=\sqrt{\frac{\sum(x-\bar{x})^2 f}{\sum f}}=\sqrt{\frac{306\,375\,000}{175}}=1\,323.15(元)$$

标准差是最常用的,也是最重要的标志变动指标,在生产管理和经营管理中,常被用来反映风险的大小和经营的稳定性。

四、离散系数

上面介绍的全距和标准差都是绝对数指标,它们都与原标志值有相同的计量单位。当变动指标值相同,而计量单位不同时,我们无法判定和比较数据资料的离散程度和差异程度。对此,就要消除标志变动指标的计量单位,以相对指标来反映标志变异程度,这个相对指标就是离散系数。

所谓离散系数,也称为变异系数,是标志变动指标与其相应的平均指标值之比,反映分配数列中各标志值离散的相对水平。常用的离散系数是标准差系数,用 V_σ 表示。计

算公式为

$$标准差系数\ V_\sigma = \frac{\sigma}{\bar{x}} \times 100\%$$

例如,甲、乙两班学生高等数学考试成绩,甲班平均成绩为 85 分,标准差为 10 分,乙班平均成绩为 78 分,标准差为 9 分,则两班考试成绩的标准差系数分别为

$$V_{\sigma 甲} = \frac{\sigma}{\bar{x}} \times 100\% = \frac{10}{85} = 11.76\%$$

$$V_{\sigma 乙} = \frac{\sigma}{\bar{x}} \times 100\% = \frac{9}{78} = 11.54\%$$

这说明甲班考试成绩的离散程度大于乙班,乙班的平均成绩具有较好的代表性。

离散系数能较好地用来对比判断不同规模和不同计量单位的总体平均数的代表性,离散系数越小,各标志值之间的差异也会越小,总体平均数的代表性就好;反之,离散系数越大,各标志值之间的差异也会越大,总体平均数的代表性就差。

例 4.12 某企业进行一次抽样调查,调查表明职工的月平均工资为 3 868 元,标准差是 176 元。职工的平均年龄是 43 岁,标准差是 3.8 岁。试问职工的工资与年龄哪个数据的稳定性好?

解 本题目中,工资的标准差是 176 元,年龄的标准差是 3.8 岁,它们不具有相同的计量单位,无法进行直接的比较。这时需要用标准差系数进行比较。

$$V_{\sigma 工资} = \frac{\sigma}{\bar{x}} \times 100\% = \frac{176}{3\ 868} = 4.55\%$$

$$V_{\sigma 年龄} = \frac{\sigma}{\bar{x}} \times 100\% = \frac{3.8}{43} = 8.84\%$$

从标准差系数看,职工工资的标准差系数小于职工年龄的标准差系数,因此,职工工资的稳定性较好,说明该企业的工资收入分配比较均衡,工资收入分配的差异性不大。

> **重要知识点**:极差、标准差、离散系数是重要的标志变异指标,可以说明数据的离散程度和离散趋势。实际应用时,离散系数最实用。会应用 Excel 的描述统计功能。

本 章 小 结

1. 统计对社会经济现象的研究是通过各种数据指标进行描述和反映的。有三种常用的统计指标:总量指标、相对指标和平均指标。

2. 总量指标用以反映客观事物的数量规模和水平大小,通过总量指标,我们可以了解客观事物的总体范围、规模大小和实力高低。总量指标有单位总量和标志总量之分。根据总量指标的时间特性,总量指标有时期指标和时点指标之分。

3. 相对指标是将客观事物中有联系的现象之间相互联系的程度加以数字度量,在不

能直接用总量指标进行比较的现象间建立起比较的桥梁。有计划完成相对指标、结构相对指标、比较相对指标、比例相对指标、强度相对指标和动态相对指标六种。

4. 平均指标说明总体某种数量标志值的一般程度,消除了各单位在数量上的差异。平均指标反映了数据的集中趋势,是数据的"中心"。算术平均数的计算用到了全部的数据,受到数据中的极大值和极小值的影响,称为数值平均数。而众数和中位数都是根据数据中的某种特征进行计算的,不受数据极端值的影响,称为位置平均数。算术平均数、众数和中位数是最常用的平均指标。

5. 客观事物之间总是存在数量上的差异,为了对数据的差异进行定量描述,我们学习了标志变动指标。标志变动指标可以反映数据的离散程度,说明社会现象发展的稳定性和均衡性,衡量平均数的代表性。有全距、标准差和离散系数三种标志变动指标,其中标准差和离散系数是最常用、最重要的标志变动指标。

重要词汇

总量指标、相对指标、平均指标、计划完成相对指标、比例相对指标、比较相对指标、强度相对指标、结构相对指标、算术平均数、众数、中位数、极差、标准差、标准差系数。

思 考 题

1. 统计学研究现象总体的数量特征,这些数量特征可以用绝对数指标、相对数指标和平均数指标进行说明。试举例说明2018年中国(上海)国际进口博览会数量特征的绝对数指标、相对数指标和平均数指标。

2. 平均数、众数和中位数反映总体的一般水平,说明数据的集中趋势,这三个指标之间有何关系?各有什么特点?

3. 全距、标准差、离散系数是常用的说明总体数据偏离平均值的离散程度的统计指标,它们各有什么特点?

4. 会使用Excel的函数功能和数据分析中的描述统计功能计算各种描述统计指标。

练 习 题

一、单项选择题(每题只有一个正确答案)

1. 某种商品的年末库存量是(　　)。

A. 时期指标并实物指标　　　　　　　　B. 时点指标并实物指标

C. 时期指标并价值指标　　　　　D. 时点指标并价值指标

2. 某种产品单位成本计划规定比基期下降3%,实际比基期下降3.5%,单位成本计划完成相对指标为(　　)。
   A. 116.7%　　　B. 100.5%　　　C. 85.7%　　　D. 99.5%

3. 计算结构相对指标时,各组的结构相对指标值之和(　　)。
   A. 小于100%　　　　　　　　　B. 大于100%
   C. 等于100%　　　　　　　　　D. 小于或大于100%

4. 分配数列各组标志值不变,每组次数均增加20%,加权算术平均数的数值(　　)。
   A. 增加20%　　B. 不变化　　C. 减少20%　　D. 无法判断

5. 分配数列各组标志值都增加2倍,每组次数都减少1/2,中位数(　　)。
   A. 不变　　　　B. 增加2倍　　C. 减少1/2　　D. 无法判断

6. 标志变异指标中,由总体中两个极端数值大小决定的是(　　)。
   A. 全距　　　　B. 平均差　　　C. 标准差　　　D. 标准差系数

7. 已知五个水果店苹果的单价和销售量,要求计算五个商店苹果的平均单价,应该采用(　　)。
   A. 简单算术平均数　　　　　　B. 加权算术平均数
   C. 中位数　　　　　　　　　　D. 众数

8. 简单算术平均数可作为加权算术平均数的(　　)。
   A. 变形　　　　B. 倒数　　　　C. 平均数　　　D. 特例

9. 下列指标中是强度相对指标的是(　　)。
   A. 全国人均粮食产量为680千克　　B. 某年国内生产总值比上年增长8.6%
   C. 某企业的职工平均工资是890元　　D. 某年我国的钢产量为美国的55.9%

10. 假设有八个工厂生产某种产品,它们某日的日产量(件)按顺序排列是4,6,6,8,9,12,14,15,则日产量的中位数是(　　)。
    A. 4.5　　　　B. 8和9　　　　C. 8.5　　　　D. 没有中位数

11. 某班学生统计学考试的平均成绩是77分,最低分是62分,最高分是93分,根据这些信息,可以计算的离散程度指标是(　　)。
    A. 方差　　　　B. 极差　　　　C. 标准差　　　D. 标准差系数

12. 根据下列数据:3,5,12,10,8,22,计算的中位数是(　　)。
    A. 9　　　　　B. 10　　　　　C. 12　　　　　D. 11

13. 某班35名学生的平均成绩是78分,其中20名男生的平均成绩是73分,那么该班女生的平均成绩是(　　)。
    A. 80　　　　　B. 85　　　　　C. 90　　　　　D. 无法计算

14. 在离散程度的测度中,最容易受极端值影响的是( )。
   A. 全距　　　　　B. 方差　　　　　C. 标准差　　　　　D. 离散系数
15. 已知一组数据的均值为500,离散系数为0.3,那么方差是( )。
   A. 225　　　　　B. 500　　　　　C. 50 000　　　　　D. 22 500

二、判断题（在下列各题中,对的打"√",错的打"×"）

1. 总量指标表现为绝对数,是计算相对指标和平均指标的基础,平均指标和相对指标都是由总量指标派生出来的。（ ）
2. 不同时期的时期指标值具有可加性,而时点指标则不具有可加性。（ ）
3. 全国粮食总产量与全国人口数相比计算出的人均粮食产量是平均指标。（ ）
4. 计算比较相对指标时,最好用总体总量指标相对比。（ ）
5. 计算强度相对指标的分子、分母指标是同一时期内有联系的两个不同类现象的指标值,分子、分母指标可以互换位置。（ ）
6. 根据分组资料计算算术平均数,当各组单位数出现的次数均相等时,按加权算术平均数计算的结果与按简单算术平均数计算的结果相同。（ ）
7. 同一总体的一部分数值与另一部分数值对比得到的相对指标是比较相对指标。（ ）
8. 总体的标志值近似于均匀分布时,该分配数列没有中位数。（ ）
9. 离散系数越小,总体平均数的代表性就越好。（ ）
10. 极差是最常用,也是最重要的标志变动指标。（ ）

三、填空题

1. 相对指标有_____和有名数两种表现形式。
2. 总量指标按其反映的内容不同可以分为_____和总体标志总量指标;按其反映的时间状况不同可以分为_____和时点指标。
3. 极差、_____、标准差是常用的标志变异指标。
4. 将总体某一部分的指标数值与总体相应的指标数值相对比求得的结果,是_____指标
5. 某次数学考试,甲班的平均成绩是乙班平均成绩的1.1倍,这个结果属于_____指标。
6. 计算相对指标最基本、最重要的条件是_____。
7. 平均数可以反映现象总体中各变量值分布的_____趋势。
8. 某地区某年的财政总收入为248.50亿元,从反映总体的时间上看,该指标是_____指标;从反映总体的内容上看,该指标是_____指标。
9. 位置平均数包括众数和_____。

10. 加权算术平均数的大小受各组变量值大小和_____两个因素的影响。

四、计算题

1. 某地区 2017 年和 2018 年的国内生产总值资料如表 4.14 所示。

表 4.14　某地区 2017 年和 2018 年的国内生产总值

	2018 年		2017 年实际完成 /亿元	2018 年比 2017 年增长/%
	实际完成/亿元	比重/%		
国内生产总值	500			5
第一产业		30	145	
第二产业			192	5.8
第三产业			139.19	

要求：列出算式计算并填出表中所缺数字。

2. 某企业 2018 年的劳动生产率计划规定比上年提高 8%，实际执行结果比上年提高 10%，问劳动生产率计划完成程度是多少？

3. 某企业产值计划完成 103%，比去年增长 5%，问计划规定比去年增长多少？

4. 某地区 2018 年国内生产总值为 520 亿元，其中 410 亿元用于消费，110 亿元用于投资，该地区 2018 年年平均人口数为 3 250 万人，要求：

（1）分析该地区 2018 年国内生产总值中消费和投资的构成及比例关系；

（2）计算人均国内生产总值强度相对指标。

5. 现有甲、乙两国钢产量和人口资料如表 4.15 所示。

表 4.15　2017 年和 2018 年甲、乙两国钢产量和人口资料

	甲国		乙国	
	2017	2018	2017	2018
钢产量/万吨	3 000	3 300	5 000	5 250
年平均人口数/万人	6 000	6 000	7 143	7 192

要求：试计算有关的比较相对指标、强度相对指标和动态相对指标。

6. 根据下列企业工人技术等级分配数列，确定中位数和众数。

技术等级(级)　1　2　3　4　5　6　7　8
工人数(人)　22　38　75　87　64　20　12　7

7. 某地区家庭按人均收入水平分组资料如表 4.16 所示。

表 4.16 某地区家庭按人均收入水平分组资料

按月收入水平分组/元	家庭数/户
4 000～6 000	20
6 000～8 000	45
8 000～10 000	25
10 000 以上	10
合计	100

要求：(1) 计算月收入水平资料的众数和中位数；
(2) 计算标准差和标准差系数。

五、综合题

1. 请理解总量指标、相对指标和平均指标的含义，并分别举例说明。
2. 请理解方差、标准差和离散系数的含义，分别举例说明其应用。

附录：用 Excel 计算描述统计指标

本章介绍了描述性统计数据的概念和计算方法，Excel 提供了对基本描述统计数据的计算，这里给大家介绍如何用 Excel 计算描述统计指标。我们以附表 4.1 中 2017 年全国 31 个省市地区的国内生产总值为基本数据，介绍 Excel 计算描述统计指标的基本步骤。

附表 4.1 2017 年全国 31 个省市地区的 GDP (单位：亿元)

地区	国内生产总值	地区	国内生产总值
北 京	28 014.94	湖 北	35 478.09
天 津	18 549.19	湖 南	33 902.96
河 北	34 016.32	广 东	89 705.23
山 西	15 528.42	广 西	18 523.26
内蒙古	16 096.21	海 南	4 462.54
辽 宁	23 409.24	重 庆	19 424.73
吉 林	14 944.53	四 川	36 980.22
黑龙江	15 902.68	贵 州	13 540.83
上 海	30 632.99	云 南	16 376.34
江 苏	85 869.76	西 藏	1 310.92
浙 江	51 768.26	陕 西	21 898.81
安 徽	27 018	甘 肃	7 459.9
福 建	32 182.09	青 海	2 624.83

(续表)

地区	国内生产总值	地区	国内生产总值
江 西	20 006.31	宁 夏	3 443.56
山 东	72 634.15	新 疆	10 881.96
河 南	44 552.83		

资料来源：国家统计局，http://www.stats.gov.cn。

首先将上述 31 个数据输入 Excel 的 A1:A31 中。下面是用 Excel 计算描述统计指标的具体步骤。

第一步：点击"数据"下拉菜单；
第二步：点击"数据分析"选项；
第三步：在分析工具中选择"描述统计"；
第四步：当出现有关描述统计的对话框时，
在"输入区域"内输入 A1:A31，"分组方式"选择"逐列"；
在"输出区域"对话框中选择"新工作表"；
选择"汇总统计"，点击"确定"。Excel 立即给出计算结果，如附表 4.2。

附表 4.2 2017 年全国 31 个省市地区 GDP 的描述统计结果

GDP	
平均	27 327.1
标准误差	3 984.886 002
中位数	20 006.31
众数	♯N/A
标准差	22 186.906 27
方差	492 258 809.9
峰度	2.282 247 842
偏度	1.549 205 126
区域	88 394.31
最小值	1 310.92
最大值	89 705.23
求和	847 140.1
观测数	31

其中，众数不存在，"区域"表示"极差"。

第五章
动态数列

本章导言

昨日会再来

时间是宇宙中最无法控制的变量,自然界中的万事万物都随着时间的流动而发生相应的变化。物理学定律告诉人们,物体在随着时间变化的运动过程中,都会保持一定的惯性。这个惯性主要是物体在过去动态发展变化过程中所积累的运动模式和速度。任何社会经济现象的发展都遵循惯性定律。由于社会经济现象的发展受到很多内在因素和外在因素的影响,惯性也会受到相应的影响。

现象动态发展的惯性,可以称为"昨日再来",统计可以描述社会经济现象发展的"惯性",作为制订计划、规划、预测未来的依据。

统计部门每月中旬都会公布国民经济发展的 GDP、PPI、CPI、PMI 的同比和环比数据,个人、家庭、企业和其他国家都将其作为判断经济发展状况的依据。

金融市场每天都会发布股票、债券、基金、衍生品等资产交易的市场价格;气象部门每天都会发布天气预报。利率是资金的价格,汇率是两种货币的比价,利率和汇率相互影响,动态变化,并且影响着金融资产的价格变化。这些数据都能够预测经济发展的态势。

统计学能够对社会经济现象发展的动态惯性进行描述和说明。

学习目标

1. 掌握对社会经济现象进行动态水平分析的主要方法。
2. 掌握对社会经济现象进行动态速度分析的主要方法。
3. 学习如何对社会经济现象进行长期发展趋势的分析。
4. 了解季节波动对客观事物产生的影响,并且学会进行季节变化的分析。

第一节 动态数列的概念、种类和编制原则

一、动态数列的概念

社会经济现象总是随着时间的变化而不断发展变化,在不同的时期,影响其发展变化的因素各不相同。因此,客观现象在不同时期,发展变化的结果是不相同的。将社会经济现象在不同时间上发展变化所达到的水平值,按时间先后顺序排列所形成的一个数列,就叫作动态数列、时间数列或时间序列。例如,2013 年至 2017 年各年末的中国外汇储备余额按时间顺序排列成表 5.1 所示的动态数列。

表 5.1 2013—2017 年末中国外汇储备余额

年份	2013	2014	2015	2016	2017
年末外汇储备余额/亿美元	38 213	38 430	33 304	30 105	31 399

资料来源:2017 年国民经济和社会发展统计公报。

动态数列是反映社会经济现象在一段时间内发展变化规模的历史数据资料的排序。因而,动态数列都有两个构成要素:一个是时间要素,说明社会经济现象发展变化的时期或时点;另一个是统计指标值,说明社会经济现象在各个发展时间或时点上所达到的规模或水平。

动态数列在经济研究和统计分析中具有重要的作用,通过反映现象发展的动态数据资料可以实现:(1)描绘社会经济现象发展变化的动态过程。从表 5.1 可以看出,2013 年至 2017 年之间中国外汇储备余额的动态变化情况,外汇储备余额有升有降,2015 年和 2016 年,我国外汇储备余额连续两年下降。(2)研究社会经济现象发展变化的速度和趋势,揭示社会经济现象发展变化的规律,并依此进行统计预测,为经济管理和决策提供依据。(3)用于动态的比较分析。

二、动态数列的种类

动态数列是由一系列相同性质的统计指标值按时间先后顺序排列所形成的,根据组成动态数列的统计指标性质的不同,可以将动态数列分为如下三种。

(一)绝对数动态数列

将一系列同类的总量指标值按时间的先后顺序排列所形成的动态数列称为绝对数动态数列。它反映社会经济现象在各时期发展所达到的绝对水平及不同时期发展变化的状况。如某地区历年的人口数、历年的国内生产总值;某企业历年的职工人数、历年的

销售利润和历年的工资总额等。总量指标按所反映的社会经济现象的时间状态不同,可分为时期指标和时点指标两种。所以,绝对数动态数列又分为时期数列和时点数列。

1. 时期数列

在绝对数动态数列中,如果每项统计指标都是同类性质的时期指标,这种绝对数动态数列就称为时期数列。时期数列反映某个经济现象在各个相等的时期内发展变化的总量。例如,表5.2就是中国2013年至2017年国内生产总值的时期数列。时期数列主要有下列三个特点。

(1) 数列中各个指标值具有可加性。相加的结果反映现象在更长一段时期内发展过程的总量。例如,将表5.2中2013年、2014年、2015年、2016年、2017年的GDP相加,就是中国这五年内实现的GDP总值。

表5.2　2013—2017年中国GDP

年份	2013	2014	2015	2016	2017
国内生产总值/亿元	595 244	643 974	689 052	743 585	827 122

资料来源:http://www.stats.gov.cn/tjsj/zxfb/201802/t20180228_1585631.html。

(2) 数列中各个指标值的大小与所属的时期长短有必然的联系。一般来说,时期越长,指标值越大;时期越短,指标值就越小。一年实现的GDP总值大于半年的,半年完成的GDP总值大于一个季度的。

(3) 数列中的各项指标值是通过连续不断的登记而取得的。国内生产总值是通过各个基本单位每天实现的增加值连续记录汇总而成的。

2. 时点数列

在绝对数动态数列中,如果每一项统计指标都是同类性质的时点指标,这种绝对数动态数列就称为时点数列。时点数列反映同类现象在各个时点上所达到的规模和水平。例如,表5.3就是反映我国2013—2017年末固定互联网宽带接入用户数的时点数列。

表5.3　中国2013—2017年末固定互联网宽带接入用户数

年份	2013	2014	2015	2016	2017
固定互联网宽带接入用户数/万户	18 891	20 048	25 947	29 721	34 854

资料来源:国家统计局,http://www.stats.gov.cn。

时点数列有如下三个特点。

(1) 数列中各项指标值不具有可加性。不同时点上的指标值相加没有经济意义。不能把每年年末的固定互联网宽带接入用户数相加总,因为相加的结果会有重复,不能反映任何实际内容。

(2) 数列中各项指标值的大小与其时间间隔长短没有直接关系。时点指标反映了现象在某一时点上的发展总量,其数字大小不会随着时点间隔的扩大或缩小而发生必然数量的改变。

（3）数列中每个指标的数字是通过一次性登记而取得的。时点指标值是社会经济现象经过一段时期的发展变化后所达到的水平，只能通过间隔一段时间登记一次而取得。

（二）相对数动态数列

将一系列同类的相对指标值按时间先后顺序排列而形成的动态数列，称为相对数动态数列。它可以反映相互联系的现象之间发展变化的过程，说明社会经济现象的比例关系、结构、速度、效益等的发展变化的过程。例如，某企业各年度的劳动生产率、信息业产值占全部GDP的比重等，按时间顺序排列就形成相对数动态数列。表5.4反映了中国2013—2017年研究与试验发展（R&D）经费支出比上一年增长的情况，是相对数动态数列。相对数动态数列的各项指标一般不具有可加性。

表5.4　2013—2017年中国研究与试验发展（R&D）经费支出比上一年增长的百分比

年份	2013	2014	2015	2016	2017
R&D经费支出比上一年增长的百分比/%	15.0	9.9	8.9	10.6	11.6

资料来源：http://www.stats.gov.cn/tjsj/zxfb/201802/t20180228_1585631.htm。

（三）平均数动态数列

将一系列同类的平均指标值按时间先后顺序排列所形成的动态数列称为平均数动态数列。它反映社会经济现象一般水平的发展趋势。如某企业产品的平均成本组成的动态数列，某高校学生考试的平均成绩组成的动态数列等都是平均数动态数列。表5.5反映了2013—2017年全国居民人均可支配收入，是平均数的动态数列。平均数动态数列的各项指标一般也不具有可加性。

表5.5　2013—2017年全国居民人均可支配收入

年份	2013	2014	2015	2016	2017
全国居民人均可支配收入/元	18 311	20 167	21 966	23 821	25 974

资料来源：http://www.stats.gov.cn/tjsj/zxfb/201802/t20180228_1585631.htm。

绝对数动态数列是基础，相对数或平均数动态数列是由绝对数动态数列派生出来的。

三、动态数列的编制原则

动态数列反映社会经济现象发展变动的规律和趋势，要使编制成的动态数列能够揭示现象发展的客观实际，就要保证数列中各项指标值具有可比性，这是编制动态数列的基本要求。具体而言，有以下四个方面的编制原则。

第一，时期长短要一致。在时期数列中，各项指标值与时期长短有密切关系，如果各项指标值所属的时期长短不一致，很难根据时期数列直接做出正确的比较和判断，因而保持时期长短的一致性是编制时期数列的首要原则。

第二,总体范围要一致。在动态数列中,各项指标值在总体范围上要保持可比性,各个指标所反映的总体范围前后期应该一致。如研究某地区国内生产总值的变动情况时,如果该地区的行政区划有所变动,必须将资料进行相应的调整,总体范围保持一致,才能对现象的发展状况做出正确的分析。

第三,计算方法、口径要统一。动态数列中各项指标的计算口径、计量单位和计算方法应该一致。例如,要研究某企业劳动生产率的变化,用于计算劳动生产率的指标可以是实物量指标,也可以是价值量指标,劳动者人数可以是生产工人数,也可以是全部职工人数,为了保持各项指标之间的可比性,各个指标的计算方法必须统一。

第四,经济内容要一致。动态数列中的各项指标值反映的都是现象在不同时间上所达到的水平,有特定的经济内涵,因而数列中各项指标值所反映的经济内容前后各期要保持一致。例如,要研究上海证交所每日股票交易量变化情况时,不允许数列中出现债券交易量的数据,也不允许数列中出现基金交易量的数据,不能将内容和含义不同的指标混合编制成一个动态数列。

> **重要知识点**:时间序列记录了社会经济现象动态发展的水平,反映现象发展变化的规律和趋势。根据组成动态数列的各项指标,有绝对数、相对数和平均数动态数列三种。

第二节 动态分析的水平指标

动态数列的各项指标值反映了社会经济现象在一定时期内发展所达到的水平,根据现象发展的动态数列,可以对现象的发展水平进行动态分析。常用的动态分析的水平指标有发展水平、平均发展水平、增长量和平均增长量四种。

一、发展水平

动态数列中的每项指标值都称为发展水平,它反映现象在一定时期内或时点上所达到的规模和程度,是进行动态分析的基本指标。发展水平一般是总量指标,如某地区的GDP、财政总收入、进出口贸易额等;也可以是相对指标,如某地区的社会劳动生产率、某企业的销售利润率等;还可以是平均指标,如某企业的产品平均成本、职工的平均工资等。

设 $a_0, a_1, a_2, \cdots, a_n$ 为一动态数列,每一个指标值 $a_i(i=0,1,2,\cdots,n)$ 都称为发展水平,其中由于各个指标在数列中所处的位置不同,a_0, a_n 分别称为最初水平和最末水平,其余的各项指标值称为中间各项水平。在动态分析中,作为比较基础的发展水平,称为基期水平;所要研究的当期的发展水平,称为报告期水平或计算期水平。基期水平和报告期水平随着研究目的的不同而有所变化。最初水平、最末水平、基期水平和报告期水平是动态数列中的四个特殊水平指标。

表5.6是2018年12月17日～20日上海黄金交易所Pt9995品种的成交概况,12月17日为该数列的第一项,这一时期的成交数据为该数列的最初水平,20日的成交数据为最末水平。如果我们把12月17日作为基期,那么,12月17日的成交价格、成交额就是基期水平;报告期可以是基期后面的任何一个时期,相应的成交额、成交价格就是报告期水平。对一个动态数列而言,最初水平和最末水平是固定的,而基期水平和报告期水平可以有多个。

表5.6　2018年12月17日～20日上海黄金交易所Pt9995的交易行情

日期	开盘价/元	最高价/元	最低价/元	收盘价/元	成交额/元
12.17	188.05	188.05	187.6	187.61	30 054 400.00
12.18	188.75	188.75	188.65	188.72	16 231 100.00
12.19	189.15	189.30	189.10	189.10	23 075 800.00
12.20	188.25	188.77	188.25	188.77	101 041 960.00

资料来源:上海黄金交易所,https://www.sge.com.cn。

二、平均发展水平

社会经济现象在不同时期内或不同时点上的发展水平,由于受到一些偶然因素的影响,存在着数量上的差异,为了将各期发展水平的数量差异抽象化,反映现象在相当长的时期内平均每期发展所达到的规模和程度,可以计算每期的平均发展水平。将社会经济现象在不同时期上的发展水平加以平均而得到的平均数称为平均发展水平,平均发展水平也称为序时平均数。

平均发展水平和一般平均数既有区别,又有联系。平均发展水平是研究对象在不同时期上的平均数量表现,从动态上说明现象在某一时期发展的一般水平。因此,平均发展水平也称为动态平均数。而一般平均数是将总体各单位同一时间的数量差异抽象化,用以反映总体在具体历史条件下的一般水平,称为静态平均数。此外,平均发展水平是根据动态数列计算的,而一般平均数是根据变量数列计算的。

平均发展水平可以根据绝对数动态数列计算,也可以根据相对数或平均数动态数列来计算。

(一) 绝对数动态数列的序时平均数

绝对数动态数列有时期数列和时点数列之分,它们的性质不同,计算序时平均数的方法也不同。

1. 时期数列序时平均数的计算

由于时期数列的各项指标值具有可加性,可以将各时期的指标值相加除以全部时期数以求得序时平均数。

设 $a_1, a_2, \cdots, a_n$ 为时期数列，$\bar{a}$ 为序时平均数，其计算公式为

$$\bar{a} = \frac{\sum a}{n}$$

由此可见，计算时期数列的序时平均数，用的是简单算术平均法。

例 5.1 表 5.7 是上海黄金交易所 2018 年 12 月 17 日～20 日 Pt9995 品种的每日成交量，试计算 Pt9995 品种的平均每日成交量。

表 5.7　2018 年 12 月 17 日～20 日上海黄金交易所 Pt9995 的交易量

日期	10.17	10.18	10.19	10.20
成交量/千克	160	86	122	536

资料来源：上海黄金交易所，https：//www.sge.com.cn。

解 因为，每日 Pt9995 品种的成交量是一个时期数据，该数列是时期数列，我们可以依据上述公式计算 2018 年 12 月 17 日～20 日 Pt9995 品种的平均每日成交量

$$\bar{a} = \frac{\sum a}{n} = \frac{160 + 86 + 122 + 536}{4} = \frac{904}{4} = 226（千克 / 日）$$

计算结果表明，2018 年 12 月 17 日～20 日上海黄金交易所 Pt9995 品种的平均每日成交量是 226 千克。

2. 时点数列序时平均数的计算

根据时点指标值的不同特点，时点数列有连续时点数列和间断（非连续）时点数列两种，所谓连续时点数列是指已经掌握了现象逐日变动的时点指标值，而非连续时点数列是指我们没有掌握被研究现象逐日变动的数据资料，仅掌握了现象间隔一段时间变动一次的时点指标值。根据各个指标间的时点间隔长度是否完全相等，时点数列又分为间隔相等的时点数列和间隔不等的时点数列两种。因此，时点数列的序时平均数的计算有以下四种情况。

（1）间隔相等的连续时点数列序时平均数的计算

如果已经掌握现象逐日变动的时点数据资料，可用简单算术平均法计算其序时平均数，设 $a_1, a_2, \cdots, a_n$ 为间隔相等的连续时点数列，则

$$\bar{a} = \frac{\sum a}{n}$$

例如，已知某企业 2019 年 3 月份每一天的职工人数，可将每天的职工人数加总，除以该月份的日历天数，求得这个企业在 3 月份内每天平均的工人人数。

例 5.2 表 5.8 是上海黄金交易所 2018 年 12 月 17 日～20 日 Au9999 品种的每日收盘价，试计算 Au9999 品种平均每天的收盘价。

表 5.8　上海黄金交易所 2018 年 12 月 17 日～20 日 Au9999 品种的每日收盘价

日期	12.17	12.18	12.19	12.20
收盘价/元	276.80	278.59	278.89	278.99

资料来源：上海黄金交易所，https://www.sge.com.cn。

解　Au9999 的每日收盘价格是一个时点数据，表 5.8 是一个间隔相等的连续时点数列，依据计算公式，Au9999 品种平均每天的收盘价是

$$\bar{a} = \frac{\sum a}{n} = \frac{276.8 + 278.59 + 278.89 + 278.99}{4} = \frac{1\,113.27}{4} = 278.32(\text{元})$$

(2) 间隔不等的连续时点数列序时平均数的计算

如果我们没有掌握被研究现象逐日变动的时点指标，而是掌握了每隔一段时期变动一次的数据资料，那么，我们可以用加权算术平均法来计算该数列的序时平均数，设 a_1，a_2，…，a_n 为间隔不等的连续时点数列，f 为各项指标值持续的间隔长度，其平均发展水平为

$$\bar{a} = \frac{\sum af}{\sum f}$$

例如，已知某企业 2018 年 10 月 1 日至 10 日的职工人数为 258 人，10 月 11 日调入 10 人，10 月 20 日调出 8 人，则该企业 10 月份平均职工人数为

$$\bar{a} = \frac{\sum af}{\sum f} = \frac{258 \times 10 + 268 \times 9 + 260 \times 12}{10 + 9 + 12} = 262(\text{人})$$

(3) 间隔相等的间断时点数列序时平均数的计算

如果已经掌握现象发展变动的时点指标值，并且是非连续的，且时点之间的间隔完全相等，要计算动态数列的序时平均数，必须先计算两两相邻时点指标值的平均数，将间断时点数列转变成连续时点数列，再计算序时平均数。

设 a_1，a_2，…，a_n 为间隔相等的间断时点数列，先将其转变成连续时点数列，即计算两两相邻时点的平均数

$$\frac{a_1 + a_2}{2}, \frac{a_2 + a_3}{2}, \frac{a_3 + a_4}{2}, \cdots, \frac{a_{n-1} + a_n}{2}$$

那么，序时平均数 $\bar{a}$ 的计算公式为

$$\bar{a} = \frac{\dfrac{a_1 + a_2}{2} + \dfrac{a_2 + a_3}{2} + \cdots + \dfrac{a_{n-1} + a_n}{2}}{n - 1}$$

$$= \frac{\dfrac{a_1}{2} + a_2 + a_3 + \cdots + a_{n-1} + \dfrac{a_n}{2}}{n - 1}$$

这种计算方法称为"首项末项折半法"。

例如,某农村商业银行的某个营业网点 2018 年第三季度的贷款余额为 6 月 30 日 830 万元,7 月 31 日 850 万元,8 月 31 日 840 万元,9 月 30 日 865 万元,该农村商业银行第三季度的平均贷款余额为

$$\bar{a}=\frac{\frac{a_1+a_2}{2}+\frac{a_2+a_3}{2}+\cdots+\frac{a_{n-1}+a_n}{2}}{n-1}=\frac{\frac{a_1}{2}+a_2+a_3+\cdots+a_{n-1}+\frac{a_n}{2}}{n-1}$$

$$=\frac{\frac{830}{2}+850+840+\frac{865}{2}}{4-1}=845.83(万元)$$

(4) 间隔不等的间断时点数列序时平均数的计算

对于间隔不等的间断时点数列,要先计算两两相邻时点的平均数,$\frac{a_1+a_2}{2}$,$\frac{a_2+a_3}{2}$,$\frac{a_3+a_4}{2}$,…,$\frac{a_{n-1}+a_n}{2}$,将其转化成连续时点数列,再用加权算术平均法计算序时平均数。设 $a_1,a_2,\cdots,a_n$ 为各时点的指标值,f_i 为各时点之间的间隔长度,序时平均数 $\bar{a}$ 的计算公式为

$$\bar{a}=\frac{\frac{a_1+a_2}{2}f_1+\frac{a_2+a_3}{2}f_2+\cdots+\frac{a_{n-1}+a_n}{2}f_{n-1}}{f_1+f_2+\cdots+f_{n-1}}$$

$$=\frac{\sum_{i=1}^{n-1}\frac{a_i+a_{i+1}}{2}f_i}{\sum_{i=1}^{n-1}f_i}$$

例如,某工厂 2018 年钢材库存资料如下:1 月 1 日 13 吨,4 月 15 日 15 吨,8 月 15 日 18 吨,12 月 31 日 20 吨,则该工厂 2018 年的平均钢材库存量为

$$\bar{a}=\frac{\frac{a_1+a_2}{2}f_1+\frac{a_2+a_3}{2}f_2+\cdots+\frac{a_{n-1}+a_n}{2}f_{n-1}}{f_1+f_2+\cdots+f_{n-1}}$$

$$=\frac{\sum_{i=1}^{n-1}\frac{a_i+a_{i+1}}{2}f_i}{\sum_{i=1}^{n-1}f_i}=\frac{\frac{13+15}{2}\times 3.5+\frac{15+18}{2}\times 4+\frac{18+20}{2}\times 4.5}{3.5+4+4.5}=16.7(吨)$$

(二) 相对数或平均数动态数列序时平均数的计算

相对数或平均数动态数列是由绝对数动态数列派生出来的,数列中每项指标值都是由两个有联系的相关指标值相对比而计算出来的。由于相对数或平均数动态数列的各项指标值不具有可加性,所以,只能按照数列的性质,分别计算分子、分母两个指标动态数列的序时平均数,然后求得相对数或平均数动态数列的序时平均数。

设 $c_1=\frac{a_1}{b_1}$,$c_2=\frac{a_2}{b_2}$,$c_3=\frac{a_3}{b_3}$,…,$c_n=\frac{a_n}{b_n}$,$c=\frac{a}{b}$,即 c 为相对数或平均数动态数列,a、

b 分别是分子和分母数列，$\bar{a}$，$\bar{b}$ 分别是它们的序时平均数，则相对数或平均数动态数列的序时平均数 $\bar{c}$ 的计算公式为

$$\bar{c} = \frac{\bar{a}}{\bar{b}}$$

1. 分子、分母数列都是时期数列的相对数或平均数动态数列序时平均数的计算

（1）如果分子、分母都是时期数列，那么，$\bar{c} = \dfrac{\bar{a}}{\bar{b}} = \dfrac{\sum a}{\sum b}$

（2）如果已知 c 和 b 时，那么，$\bar{c} = \dfrac{\bar{a}}{\bar{b}} = \dfrac{\sum bc}{\sum b}$

（3）如果已知 c 和 a 时，那么，$\bar{c} = \dfrac{\bar{a}}{\bar{b}} = \dfrac{\sum a}{\sum \dfrac{a}{c}}$

根据掌握的资料不同，采用不同的计算公式。

例 5.3 某企业 2018 年各季度的销售额和销售利润率指标如表 5.9 所示，试计算该企业年平均销售利润率。

表 5.9 某企业销售资料

季度	销售额 b/万元	销售利润率 c/%
1	3 000	30
2	4 000	32
3	3 600	33
4	4 100	34

解 根据已知资料，可知年平均销售利润率为

$$\bar{c} = \frac{\bar{a}}{\bar{b}} = \frac{\sum bc}{\sum b} = \frac{3\,000 \times 0.3 + 4\,000 \times 0.32 + 3\,600 \times 0.33 + 4\,100 \times 0.34}{3\,000 + 4\,000 + 3\,600 + 4\,100}$$
$$= 32.39\%$$

2. 分子、分母数列都是时点数列的相对数或平均数动态数列序时平均数的计算

（1）分子、分母数列都是间隔相等的连续时点数列时，$\bar{c} = \dfrac{\bar{a}}{\bar{b}} = \dfrac{\sum a}{\sum b}$。

若已知 c 和 b，则 $\bar{c} = \dfrac{\bar{a}}{\bar{b}} = \dfrac{\sum bc}{\sum b}$

若已知 c 和 a，则 $\bar{c} = \dfrac{\bar{a}}{\bar{b}} = \dfrac{\sum a}{\sum \dfrac{a}{c}}$

(2) 分子、分母数列都是间隔不等的连续时点数列时，$\bar{c}=\dfrac{\bar{a}}{\bar{b}}=\dfrac{\sum af}{\sum bf}$。

根据掌握的资料不同，还可以有另外两个公式：

若已知 c 和 b，则 $\bar{c}=\dfrac{\bar{a}}{\bar{b}}=\dfrac{\sum bcf}{\sum bf}$

若已知 c 和 a，则 $\bar{c}=\dfrac{\bar{a}}{\bar{b}}=\dfrac{\sum af}{\sum \dfrac{a}{c}f}$

(3) 分子、分母数列都是间隔相等的间断时点数列时，

$$\bar{c}=\dfrac{\bar{a}}{\bar{b}}=\dfrac{\dfrac{a_1}{2}+a_2+\cdots+a_{n-1}+\dfrac{a_n}{2}}{\dfrac{b_1}{2}+b_2+\cdots+b_{n-1}+\dfrac{b_n}{2}}$$

(4) 分子、分母数列都是间隔不等的间断时点数列时，

$$\bar{c}=\dfrac{\bar{a}}{\bar{b}}=\dfrac{\sum_{i=1}^{n-1}\dfrac{a_i+a_{i+1}}{2}f_i}{\sum_{i=1}^{n-1}\dfrac{b_i+b_{i+1}}{2}f_i}$$

例 5.4 某企业生产工人和全体职工人数资料如表 5.10，试计算该工厂第四季度生产工人占全体职工的平均百分比。

表 5.10 某企业工人数

日期	10月1日	11月1日	12月1日	12月31日
全体职工人数/人	8 050	8 260	8 300	8 540
生产工人数/人	6 450	6 700	6 950	7 100

解 本例中的全体职工人数和生产工人数都是间隔相等的间断时点数列，因此，生产工人占全体职工的平均百分比（$\bar{c}$）可用下列公式计算。

$$\bar{c}=\dfrac{\bar{a}}{\bar{b}}=\dfrac{\dfrac{a_1}{2}+a_2+\cdots+a_{n-1}+\dfrac{a_n}{2}}{\dfrac{b_1}{2}+b_2+\cdots+b_{n-1}+\dfrac{b_n}{2}}=\dfrac{\dfrac{6\ 450}{2}+6\ 700+6\ 950+\dfrac{7\ 100}{2}}{\dfrac{8\ 050}{2}+8\ 260+8\ 300+\dfrac{8\ 540}{2}}=\dfrac{20\ 425}{24\ 855}$$

$=82.18\%$

三、增长量

增长量是指社会经济现象在一定时期内增长变动的绝对数量。其计算公式为

增长量＝报告期水平－基期水平

由此可见,增长量可能为正数,表示社会经济现象增加或增长的水平;也可能为负数,表示社会经济现象减少或降低的水平,即负增长;也可能为0,说明社会经济现象没有增减变化。

设$a_0, a_1, a_2, \cdots, a_n$为一动态数列,根据基期选择的不同,有三种增长量的指标。

1. 累计增长量

累计增长量是当基期固定在最初水平a_0时,报告期与固定的基期相比,现象增长的程度,它说明现象报告期与某一固定时期相比增长的绝对数量,反映客观事物在特定时期内增长的总量。计算公式为

累计增长量:$a_1-a_0, a_2-a_0, \cdots, a_n-a_0$

2. 逐期增长量

逐期增长量是报告期水平与相邻前一期水平之差,它说明社会经济现象本期比上期增加的绝对数量。计算公式为

逐期增长量:$a_1-a_0, a_2-a_1, \cdots, a_n-a_{n-1}$

对于同一个时间序列而言,累计增长量总是等于逐期增长量之和。

$$a_n-a_0=(a_1-a_0)+(a_2-a_1)+(a_3-a_2)+\cdots+(a_n-a_{n-1})$$

3. 年距增长量

年距增长量是为了消除季节变动因素的影响,常将本期发展水平与去年同期发展水平相比较,表明现象同比增长的绝对数量,计算公式为

年距增长量＝本期发展水平－去年同期发展水平

表5.11和表5.12反映了2018年12月17日至21日上海黄金交易所Au100g的加权平均价和成交量的增长变化情况。

表5.11　2018年12月17~21日上海黄金交易所Au100g的加权平均价及其增长量

日期	12.17	12.18	12.19	12.20	12.21
加权平均价/元	276.79	277.90	278.56	278.58	280.42
累计增长量/元	—	1.11	1.77	1.79	3.63
逐期增长量/元	—	1.11	0.66	0.02	1.84

表5.12　2018年12月17~21日上海黄金交易所Au100g的成交量及其增长量

日期	12.17	12.18	12.19	12.20	12.21
成交量/千克	16.80	30.80	45.40	30.80	47.80
累计增长量/千克	—	14	28.6	14	31
逐期增长量/千克	—	14	14.6	−14.6	17

资料来源:上海黄金交易所,https://www.sge.com.cn。

四、平均增长量

为了消除社会经济现象在不同时期增长水平的数量差异,可以将现象各期的增长量加以平均,以说明现象在一个更长的时期内平均每期增长的程度,即平均增长量,其计算公式为

$$\text{平均增长量} = \frac{\text{累计增长量}}{\text{增长的时期数}} = \frac{\text{逐期增长量之和}}{\text{动态数列的项数}-1} = \frac{a_n - a_0}{n}$$

例如,已知上海黄金交易所 2018 年 12 月 17~21 日 Au100g 的加权平均价和成交量,可以计算出 Au100g 交易品种在 2018 年 12 月 17~21 日成交量和加权平均价平均每日的增长量。

$$\text{加权平均价的日平均增长量} = \frac{\text{累计增长量}}{\text{增长的时期数}} = \frac{3.63}{4} = 0.9075(\text{元})$$

$$\text{成交量的日平均增长量} = \frac{\text{累计增长量}}{\text{增长的时期数}} = \frac{31}{4} = 7.75(\text{千克})$$

又如,2013—2017 年我国粮食产量如表 5.13 所示,粮食产量的年平均增长量为

$$\text{年平均增长量} = \frac{\text{累计增长量}}{\text{增长的时期数}} = \frac{61\ 791 - 60\ 194}{4} = 399.25(\text{万吨})$$

表 5.13　2013—2017 年我国粮食产量

年份	2013	2014	2015	2016	2017
中国粮食产量/万吨	60 194	60 703	62 144	61 625	61 791

资料来源:国家统计局,http://www.stats.gov.cn。

> **重要知识点**:发展水平、序时平均数、增长量、平均增长量是常用的动态分析水平指标。序时平均数、增长量和平均增长量都是由发展水平计算出来的。

第三节　动态分析的速度指标

有了社会经济现象发展的动态数据资料,可以对现象的发展进行速度分析。常用的速度分析指标有发展速度、平均发展速度、增长速度和平均增长速度四种。

一、发展速度

发展速度是表明社会经济现象在一定时期内发展的相对程度的统计指标。计算公式为

$$发展速度 = \frac{报告期发展水平}{基期发展水平} = \frac{a_1}{a_0}$$

式中，a_1 为报告期发展水平；a_0 为基期发展水平，发展速度一般用百分数或倍数表示。

设 $a_0, a_1, a_2, \cdots, a_n$ 为一动态数列，由于基期选择的不同，有三种发展速度的指标。

1. 定基发展速度

定基发展速度是把基期固定，用报告期的发展水平与固定时期的发展水平相比较，以说明报告期水平已经发展到了固定时期水平的百分之几或多少倍，表明社会经济现象在较长时期内总的发展速度，也称为"总速度"。定基发展速度为

$$\frac{a_1}{a_0}, \frac{a_2}{a_0}, \frac{a_3}{a_0}, \cdots, \frac{a_n}{a_0}$$

2. 环比发展速度

环比发展速度是以报告期水平与前一时期水平相比而计算的发展速度，用以说明报告期水平已经发展到了前一期水平的百分之几或多少倍，表明社会经济现象逐期发展的相对程度。环比发展速度为

$$\frac{a_1}{a_0}, \frac{a_2}{a_1}, \frac{a_3}{a_2}, \cdots, \frac{a_n}{a_{n-1}}$$

3. 年距发展速度

年距发展速度是本期发展水平与去年同期发展水平相比而计算的发展速度，是为了消除一年当中季节变动的影响，表明现象本期比去年同期发展的相对程度。

$$年距发展速度 = \frac{本期发展水平}{去年同期发展水平}$$

显然，定基发展速度与环比发展速度有密切的联系。

$$\frac{a_n}{a_0} = \frac{a_1}{a_0} \times \frac{a_2}{a_1} \times \frac{a_3}{a_2} \times \cdots \times \frac{a_n}{a_{n-1}}$$

即　　　　　　　　定基发展速度 = 环比发展速度的连乘积

有了定基发展速度与环比发展速度之间的关系，定基发展速度与环比发展速度可以互相推算。已知环比发展速度，相乘可得定基发展速度；已知定基发展速度，数列的后一项除以前一项，即可得到环比发展速度。表 5.14 是 2013—2017 年我国的货物进口总额，据此，可计算出 2013—2017 年我国货物进口总额的定基发展速度和环比发展速度。

表 5.14　2013—2017 年我国货物进口总额

年份	2013	2014	2015	2016	2017
货物进口额/亿元	121 037	120 358	104 336	104 967	124 602
环比发展速度/%	—	99.44	86.69	100.60	118.71
定基发展速度/%	—	99.44	86.20	86.72	102.95

资料来源：国家统计局，http://www.stats.gov.cn。

二、增长速度

增长速度是表明社会经济现象在一定时期内增长程度的相对指标。它说明现象在一定时期内增减的相对程度,用增长量除以基期的发展水平计算增长速度,以百分数或倍数表示,表明报告期发展水平比基期发展水平增加了百分之几或多少倍,计算公式为

$$增长速度 = \frac{增长量}{基期发展水平} = \frac{报告期发展水平 - 基期发展水平}{基期发展水平}$$
$$= 发展速度 - 1(100\%)$$

设 $a_0, a_1, a_2, \cdots, a_n$ 为一动态数列,由于基期选择的不同,可以有三种增长速度的计算公式。

1. 定基增长速度

定基增长速度是报告期累计增长量与某一固定基期水平之比,它表明现象在较长时间内增长的总程度,也等于定基发展速度 $-1(100\%)$。定基增长速度为

$$\frac{a_1 - a_0}{a_0}, \frac{a_2 - a_0}{a_0}, \cdots, \frac{a_n - a_0}{a_0}$$

定基增长速度 = 定基发展速度 $-1(100\%)$

2. 环比增长速度

环比增长速度是报告期的逐期增长量与前一期发展水平之比,表明现象逐期增长的相对程度,它等于环比发展速度 $-1(100\%)$。环比增长速度为

$$\frac{a_1 - a_0}{a_0}, \frac{a_2 - a_1}{a_1}, \frac{a_3 - a_2}{a_2}, \cdots, \frac{a_n - a_{n-1}}{a_{n-1}}$$

环比增长速度 = 环比发展速度 $-1(100\%)$

3. 年距增长速度

为了消除季节变动因素的影响,实际工作中常要计算年距增长速度,它是年距增长量与去年同期发展水平之比,表明现象本期与去年同期相比的增长程度,计算公式为

$$年距增长速度 = \frac{年距增长量}{去年同期发展水平} = 年距发展速度 - 1(100\%)$$

我们知道,定基发展速度=环比发展速度的连乘积,但是,增长速度不具有这样的数量关系,即定基增长速度不等于环比增长速度的连乘积。定基增长速度与环比增长速度之间不能直接互相推导计算。

例如,我们已知 2013—2017 年我国城镇新增就业人数,很容易计算出 2013—2017 年我国城镇新增就业人数的发展速度和增长速度,见表 5.15。表 5.15 描述了 2013—2017 年我国城镇新增就业人数的变化情况,2015 年城镇新增就业人口负增长。

表 5.15 2013—2017 年我国城镇新增就业人数

年份	2013	2014	2015	2016	2017
城镇新增就业人数/万人	1 310	1 322	1 312	1 314	1 351
环比发展速度/%	100.00	100.92	99.24	100.15	102.82
定基发展速度/%	100.00	100.92	100.15	100.31	103.13
环比增长速度/%	0.00	0.92	−0.76	0.15	2.82
定基增长速度/%	0.00	0.92	0.15	0.31	3.13

资料来源：国家统计局，http://www.stats.gov.cn。

三、平均发展速度

社会经济现象的发展受到很多因素的影响，特别是某些偶然因素的影响，这使得现象各期的发展速度和增长速度存在着数量上的差别。为了消除偶然因素的影响，可以计算各期速度指标的序时平均数，说明现象在更长时期内平均每期发展的一般水平和平均每期增长的一般水平，这就是平均发展速度和平均增长速度。

由于　　　　　　　　增长速度＝发展速度－1(100%)

所以　　　　　　平均增长速度＝平均发展速度－1(100%)

因此，我们只要计算出平均发展速度，就可以推算出平均增长速度。因为，平均发展速度是各期环比发展速度的序时平均数，而各期环比发展速度的连乘积等于定基发展速度，所以，平均发展速度的计算不能用算术平均法，只能用几何平均法。

几何平均法：

设 $a_0, a_1, \cdots, a_n$ 为一动态数列，各期环比发展速度为 $\dfrac{a_1}{a_0}, \dfrac{a_2}{a_1}, \cdots, \dfrac{a_n}{a_{n-1}}$，

定基发展速度为 $R = \dfrac{a_n}{a_0}$，平均发展速度为 $\overline{X}$，利用几何平均数的原理计算平均发展速度，计算公式为

$$\overline{X} = \sqrt[n]{\Pi X} = \sqrt[n]{\dfrac{a_1}{a_0} \times \dfrac{a_2}{a_1} \times \cdots \times \dfrac{a_n}{a_{n-1}}} = \sqrt[n]{\dfrac{a_n}{a_0}} = \sqrt[n]{R}$$

根据掌握的资料不同，可以采用上述三个公式中的任一个公式计算平均发展速度。由几何平均法计算的平均发展速度使得 $a_n = a_0(\overline{X})^n$，即现象的最初水平为 a_0，按平均发展速度 $\overline{X}$ 逐期发展，其最末时期的发展水平为 $a_n = a_0(\overline{X})^n$。故几何平均法也称为"水平法"。

例 5.5　某企业 2012 年的总产值为 40.25 万元，2018 年由于生产的发展，工业总产值达到 65.71 万元，试计算 2012—2018 年该企业总产值每年平均的发展速度。

解　已知，$a_0 = 40.25$，$n = 6$，$a_n = 65.71$，则 $\overline{X} = \sqrt[n]{\dfrac{a_n}{a_0}} = \sqrt[n]{R} = \sqrt[6]{\dfrac{65.71}{40.25}} = 108.5\%$，所

以,2012—2018年该企业工业总产值平均每年发展108.5%。

又如,2013—2017年,我国全国一般公共预算收入如表5.16所示。利用几何平均法计算全国一般公共预算收入的年平均发展速度。

这里,$a_0 = 129\ 210$,$n = 4$,$a_4 = 172\ 567$,则

$$\bar{x} = \sqrt[n]{\frac{a_n}{a_0}} = \sqrt[n]{R} = \sqrt[4]{\frac{172\ 567}{129\ 210}} = \sqrt[4]{1.335\ 6} = 107.50\%$$

表5.16　2013—2017年全国一般公共预算收入

年份	2013	2014	2015	2016	2017
全国一般公共预算收入/亿元	129 210	140 370	152 269	159 605	172 567

资料来源:国家统计局,http://www.stats.gov.cn。

这说明,全国一般公共预算收入在2013—2017年的5年里,平均每年的发展速度是107.50%。

实际统计工作中,当研究目的是关心现象最后一期的发展水平时,需用几何平均法计算平均发展速度。用几何平均法计算平均发展速度时,需要开高次方根,开方的次数是数列的项数减去1,这一点要特别注意。

四、平均增长速度

平均增长速度是各期环比增长速度的序时平均数,说明现象在更长的时期内平均每期增长的相对程度。平均增长速度不能根据环比增长速度直接计算,要根据增长速度与发展速度之间的关系来计算。

$$平均增长速度 = 平均发展速度 - 1(100\%)$$

只要计算出平均发展速度,即可利用上述关系求出平均增长速度。当平均发展速度大于1时,平均增长速度大于0;当平均发展速度小于1时,平均增长速度小于0,所以,平均增长速度也叫"平均增减速度"或"平均增减率"。

例5.6　2015年甲地区工业总产值为4.65亿元,乙地区为7.52亿元,"十三五"期间,乙地区五年的总发展速度是213.68%(即每年平均增长速度为16.4%),试问甲地区要在2020年赶上乙地区,其平均每年增长速度应为多少?

解　已知:$a_{01} = 4.65$亿元,$a_{02} = 7.52$亿元,$n = 5$,$\frac{a_{52}}{a_{02}} = 213.68\%$,则 $a_{52} = a_{02} \times 213.68\%$,所以2020年时,乙地区的工业总产值为$7.52 \times 213.68\% = 16.068$(亿元),甲地区的工业总产值为 $4.65 \times \bar{X}^5 = 16.068$,$\bar{X}^5 = 3.455$,$\bar{X} = 128.15\%$,$\bar{X} - 1 = 128.15 - 100\% = 28.15\%$。则甲地区在"十三五"期间每年的平均增长速度应该达到28.15%。

> **重要知识点**:速度指标是相对数指标,发展速度和增长速度是常用的动态分析的速度指标。可以利用几何平均法计算平均速度。

第四节 长期发展趋势分析

一、动态数列的影响因素

动态数列反映了现象随时间的发展变化,是许多复杂因素共同作用的结果。不同因素的作用不同,形成的结果也相应不同。影响现象发展变动的因素主要有 4 种类型。

1. 长期趋势(T)

长期趋势是影响现象发展变动的最基本因素,在现象发展变化的各个时期起普遍的、持续的、决定性的作用,是现象发展的内在因素,反映了现象在相当长的时期内所具有的发展变化的基本规律和特征。比如,长期来看,随着现代医学技术的发达,人们生活水平的提高,个人自我保健意识的增强,人的期望寿命将不断延长。

2. 季节变化(S)

地球上绝大多数地区,一年四季季节分明,任何现象都随着一年四季的季节变动而发生有规律的变化,呈现出"旺季"和"淡季"的季节特征,使现象的发展呈现出有规律的季节性波动。

3. 循环变动(C)

历史事实已经证明,宏观经济具有周期性,宏观经济有发展变动的繁荣时期,也有萧条时期。社会经济现象的发展受宏观经济环境的周期性变化而呈现出一定的周期性,现象发展变动的结果具有周期性的循环变化特征。

4. 不规则变动(I)

不规则变动是指社会经济现象发展过程中所经历的非确定的偶然因素的影响,这种变动通常是无法预知的,如政治选举、罢工、战争,政治动荡,自然灾害等。

动态数列的每一项指标值(Y)都是上述四种变动因素综合作用的结果,根据四种因素对发展水平(Y)的影响方式,有两种形式的假设模型。

(1) 乘法模型。当四种因素存在相互影响的关系时,动态数列的每一项观察值都是四种因素的乘积,即 $Y=T\times S\times C\times I$。

(2) 加法模型。当四种因素存在相互独立的关系时,动态数列的每一项指标值都是四种因素的和,即 $Y=T+S+C+I$。

由于各种因素的变化是不确定的,因而客观事物在不同时间上的发展水平具有很大的偶然性,但是任何一种客观事物都有其内在本身的发展规律,如何探求其发展规律,掌握现象发展的本质特征,预测其发展趋势将是动态分析的一项有意义的工作。

二、长期趋势的测定

长期趋势是现象发展变动的最基本因素,根据现象发展变动的历史资料,采用一定的方法可以剔除影响现象发展变动的季节变动、循环波动和不规则波动等因素的作用,从而使现象在长时期内呈现出基本的变动趋势。所谓长期趋势是指社会经济现象在长时期内所具有的持续向上或向下发展的变动规律,长期趋势是现象发展的内在规律和基本特征的反映。对现象长期趋势的测定可以实现以下目的:(1)反映现象发展变动的基本趋势和规律;(2)探求合适的发展趋势线,描述其发展规律;(3)将这种发展规律用于经济预测和决策控制。

反映现象发展的长期趋势既有直线型趋势,也有非直线型,即曲线型趋势。当研究的现象在一个相当长的时期内逐期增长量大致相等时,则为直线型发展趋势,用最小平方法可求出该直线的数学方程式,这条直线也称为趋势直线。直线趋势的变化率或趋势线的斜率是大致相等的,而非直线趋势的变化率或趋势线的斜率是变动的。随着时间的推移,现象的发展水平是逐步发展的,其逐期增长量大于零或发展速度大于1或增长速度大于零时,现象具有上升的发展趋势,反之,则具有下降的趋势。测定长期趋势的主要方法有移动平均法和最小平方法。

三、移动平均法

移动平均法是通过逐期移动计算序时平均数,得出的序时平均数构成一个新的动态数列。新数列比原始数列的波动减小,数据的波动趋势更加光滑。移动平均法是修匀动态数列的常用方法之一,通过计算移动平均数,在一定程度上可以削弱短期的偶然因素对现象发展的作用,经过修匀的动态数列所描绘的轨迹会变得更平滑,从而反映现象发展变化的总体趋势,通过移动平均得到的一系列移动序时平均数就是各对应时期的趋势值。

假设 $y_1, y_2, y_3, \cdots, y_{n-1}, y_n$ 是一个动态数列,取 k 项,依次连续计算其算术平均数, $y_1' = \frac{y_1 + y_2 + \cdots + y_k}{k}$, $y_2' = \frac{y_2 + y_3 + \cdots + y_{k+1}}{k}$, $y_3' = \frac{y_3 + y_4 + \cdots + y_{k+2}}{k}$, $\cdots$, $y_{n-k+1}' = \frac{y_{n-k+1} + y_{n-k+2} + \cdots + y_n}{k}$,称 $y_1', y_2', \cdots, y_{n-k+1}'$ 为原数列的 k 项移动平均数列。

例如,2018年11月19日至12月21日,上海证券交易中国银行(代码601988)股票的每日收盘价格如表5.17;采用5项和9项移动平均法分别进行修匀,计算其股价收盘价的移动平均数,见表5.17。

表 5.17 中国银行(代码601988)A 股收盘价及其移动平均数

名称	日期	收盘价/元	5日移动平均值	9日移动平均值
中国银行	2018/11/19	3.64	#N/A	#N/A
中国银行	2018/11/20	3.6	#N/A	#N/A
中国银行	2018/11/21	3.61	#N/A	#N/A
中国银行	2018/11/22	3.61	#N/A	#N/A
中国银行	2018/11/23	3.59	3.61	#N/A

(续表)

名称	日期	收盘价/元	5日移动平均值	9日移动平均值
中国银行	2018/11/26	3.6	3.60	♯N/A
中国银行	2018/11/27	3.58	3.60	♯N/A
中国银行	2018/11/28	3.6	3.60	♯N/A
中国银行	2018/11/29	3.59	3.59	3.60
中国银行	2018/11/30	3.61	3.60	3.60
中国银行	2018/12/3	3.65	3.61	3.60
中国银行	2018/12/4	3.66	3.62	3.61
中国银行	2018/12/5	3.64	3.63	3.61
中国银行	2018/12/6	3.61	3.63	3.62
中国银行	2018/12/7	3.6	3.63	3.62
中国银行	2018/12/10	3.57	3.62	3.61
中国银行	2018/12/11	3.57	3.60	3.61
中国银行	2018/12/12	3.59	3.59	3.61
中国银行	2018/12/13	3.6	3.59	3.61
中国银行	2018/12/14	3.58	3.58	3.60
中国银行	2018/12/17	3.61	3.59	3.60
中国银行	20182/12/18	3.59	3.59	3.59
中国银行	20128/12/19	3.58	3.59	3.59
中国银行	20128/12/20	3.56	3.58	3.58
中国银行	2018/212/21	3.57	3.58	3.58

注：♯N/A 表示没有数据。

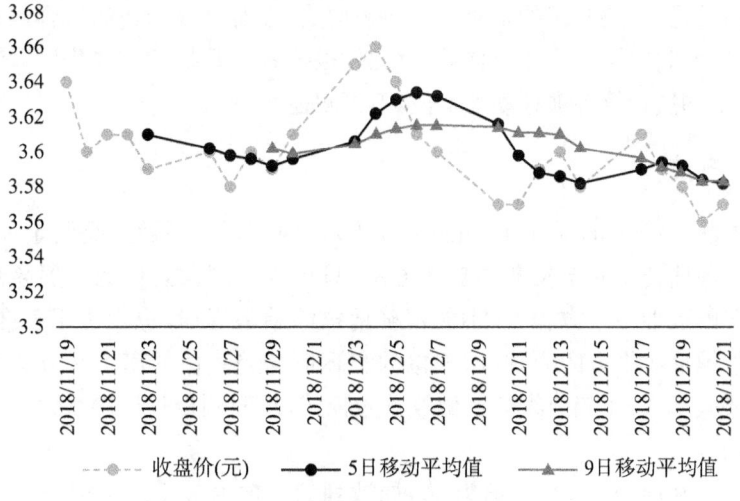

图 5.1　股票价格移动平均折线图

资料来源：Wind 数据库。

根据上面的计算,可见通过移动平均得到的趋势值动态序列比原始序列更加光滑平坦,基本上消除了不规则波动的影响,能够较明显地反映中国银行股票价格发展变动的趋势。见图 5.1。

用移动平均法对动态数列进行修匀时,应注意以下问题。

(1) 移动平均法对动态数列的修匀程度,与移动平均的项数有关。一般而言,移动平均的项数越多,得出的趋势线越平滑,移动平均的效果越好。但是,移动平均的项数越多,移动平均后的数列项数就越少,就会丢失较多的原始数据信息。

(2) 应根据原始资料的特点,确定移动平均的项数。若原始资料是周期性波动的,应以周期长度作为移动平均的基础,当移动平均的时期长度等于资料的周期长度,或其整数倍时,移动平均法能彻底消除资料周期性波动的影响,较为准确地解释现象发展的长期趋势。

(3) 一般采用奇数项进行移动平均。这是因为奇数项移动平均所得的趋势值正好对正其中间项的原始值。因此,奇数项的移动平均,一次即得趋势值。若采用偶数项进行移动平均,必须经过两次移动,所得的趋势值才能对正数列的原始值。偶数项移动平均比奇数项移动平均复杂,一般不采用。

(4) 移动平均后趋势值的项数等于原数列项数－移动平均项数＋1＝$n-k+1$。

(5) 由于移动平均的项数减少了,移动平均后,造成了原始数据信息的丢失。

移动平均法计算的趋势值的项数比原始数列的项数要少,当按奇数($2k+1$)项移动平均时,趋势值数列的首尾各减少 k 项,当按偶数 $2k$ 项进行平均时,趋势值数列的首尾各减少 k 项。由此可知,移动平均法对数列进行修匀时,会导致信息量的损失,难以达到全面测定长期趋势的目的。

需要指出的是,上述介绍的是简单移动平均法,它对直线趋势的拟合具有较高精度,而对曲线趋势的拟合,必须用加权移动平均法,根据各项数据的重要程度,赋予相应的权数,利用加权平均法计算各项移动平均值,不再叙述。

四、最小平方法

最小平方法(Ordinary Least Square,OLS),也叫最小二乘法,是测定长期趋势的重要方法之一。前面介绍测定长期趋势的方法,只反映出现象总体的发展趋势,没有得出反映趋势规律的近似数学方程式,不能精确地描绘趋势规律,也无法用于准确预测。最小平方法是根据最小平方的原理,即现象的实际值与趋势值的离差平方和为最小,以拟合优良的趋势模型,找出趋势线的近似数学方程式,从而测定长期趋势,并对未来的发展水平进行预测。

设现象的实际值为 y_t,趋势值为 $\hat{y}_t$,原数列的项数为 n,t 表示时间。最小平方的原理可表示为

$$\sum(y_t - \hat{y}_t)^2 = 最小值$$

最小平方法可以测定直线趋势，也可以测定非直线趋势。

(一) 直线趋势(Line Trend)

如果现象发展的逐期增长量大致相等，该现象具有直线型的长期趋势，趋势方程为 $\hat{y}_t = a + bt$，其中 a、b 为待定系数，a 表示直线方程的截距，b 表示直线方程的斜率。

根据已知的动态数据资料和最小平方原理，可以求出待定系数 a、b，进而得出直线趋势方程：$\hat{y}_t = a + bt$，用 $\hat{y}_t = a + bt$ 描绘现象的发展趋势并进行预测。

根据最小平方原理：$\sum(y_t - \hat{y}_t)^2 = $ 最小值，分别对 a 和 b 求偏导数，并令导数为零，化简后得出以下关于 a, b 的标准方程组：

$$\begin{cases} \sum y = na + b\sum t, \\ \sum ty = a\sum t + b\sum t^2. \end{cases}$$

在最小平方法的计算中，需要用到时间指标值，一般而言，动态数列的时间都是年份、季度、月份或是某个时点，为了计算方便，需要对时间的取值做特别处理：

当动态数列为奇数项时，时间 t 的取值为 $\cdots-3、-2、-1、0、1、2、3\cdots$，当动态数列为偶数项时，时间 t 的取值为 $\cdots-5、-3、-1、1、3、5\cdots$，使 $\sum t = 0$，这时，上面的标准方程组为

$$\begin{cases} \sum y = na, \\ \sum ty = b\sum t^2, \end{cases} \text{即} \begin{cases} a = \dfrac{\sum y}{n} = \bar{y}, \\ b = \dfrac{\sum ty}{\sum t^2}. \end{cases}$$

例 5.7 某地区 2015—2019 年某种产品的产量如表 5.18 所示。

表 5.18 2015—2019 年某种产品的产量

年份(t)	某种产品产量(y)/万吨	ty	t^2
2015(-2)	20	-40	4
2016(-1)	22	-22	1
2017(0)	24	0	0
2018(1)	27	27	1
2019(2)	30	60	4

试运用最小平方法配合直线方程，并预测该地区 2020 年、2022 年这种产品可能达到的产量。

解 上表中的 t 和 y 为已知资料，ty 和 t^2 为计算资料，逐期增长量大致相等，可运用最小平方法配直线，设直线方程为 $\hat{y}_t = a + bt$，根据上表计算：$\sum y = 123$，$\sum ty = 25$，

$\sum t^2 = 10$,所以,$a = \dfrac{123}{5} = 24.6$, $b = \dfrac{25}{10} = 2.5$。

直线趋势方程为 $\hat{y}_t = 24.6 + 2.5t$,

2020 年时,$t = 3$, $\hat{y}_{2020} = 24.6 + 2.5 \times 3 = 32.1$(万吨),2022 年时,$t = 5$, $\hat{y}_{2022} = 24.6 + 2.5 \times 5 = 37.1$(万吨),即 2020 年和 2022 年,这种产品的产量可能达到 32.1 万吨和 37.1 万吨。

(二) 二次曲线趋势

现实经济生活中,多数经济现象的发展趋势不是线型的,而是曲线型的,因此,研究长期趋势变动的曲线类型是十分重要的。

如果现象发展的逐期增长量的逐期增长量(即各期的二级增长量)大致相同,则可用二次曲线(抛物线)描绘其发展趋势,曲线方程为 $\hat{y}_t = a + bt + ct^2$,其中 a、b、c 为待定系数,t 为时间。根据最小平方原理和已知动态数列资料可以计算出待定系数 a、b、c,即可得到反映趋势规律的二次曲线方程:$\hat{y}_t = a + bt + ct^2$。将趋势外推,给出特定的时间 t,可用于现象发展水平的预测。

由最小平方原理:$\sum (y_t - \hat{y}_t)^2 = \sum (y - a - bt - ct^2)^2 =$ 最小值,分别对 a、b、c 求偏导数,并令导数为 0,可导出含有 a、b、c 的三个标准方程,即

$$\begin{cases} \sum y = na + b\sum t + c\sum t^2, \\ \sum ty = a\sum t + b\sum t^2 + c\sum t^3, \\ \sum t^2 y = a\sum t^2 + b\sum t^3 + c\sum t^4。 \end{cases}$$

为了计算的方便,同样可以使 t 的取值满足 $\sum t = 0$,此时,上述方程组变为

$$\begin{cases} \sum y = na + c\sum t^2, \\ \sum ty = b\sum t^2, \\ \sum t^2 y = a\sum t^2 + c\sum t^4。 \end{cases}$$

根据具体的动态数列资料,可由上述方程组求出 a、b、c,并用于现象发展水平的预测。

长期趋势的测定是动态分析法的主要内容,根据趋势线所做的预测,可以为制订计划和做出决策提供依据,有助于加强管理,提高工作效率。但是,根据长期趋势所做出的预测,具有一定的假定性,只有将建立的趋势线与调查研究相结合,具体问题具体分析,才能提高趋势线的实用性,得出较为精确的预测结果。

> **重要知识点**:长期趋势反映现象随时间变化而发展变化的长期规律,用移动平均法探究长期趋势的规律,最小二乘法可以探究长期趋势的表达式。会利用 Excel 计算移动平均值。

第五节　季节波动的测定

一、季节波动的概念

季节波动是指某些社会现象由于受到社会因素和自然因素的影响,在一年之内随着季节的更替而呈现的有规律性的周期性波动。在一年之内,由于季节的变动,会使某些社会经济现象(一定的时间序列)产生规律性的变化,这种规律性变化通常称之为季节波动。如食品、服装、某些季节性特点很强的产品或商品等,它们的生产和消费都随季节的变换而呈现周期性的波动,出现"旺季"和"淡季"。

如果我们已经掌握了社会经济现象在过去各年的按月份的资料,我们可以对其受季节波动的影响情况进行测定,找出一年中的"旺季"和"淡季",从而克服由于季节变动而引起的不良影响,以便预测未来,采取措施,合理地组织生产和销售,更好地满足社会生产和人民的生活需要。

测定季节波动的方法主要是计算季节比率,也称为季节指数,它是表明一年中各月份(季度)现象波动程度的一个相对指标。按是否考虑长期趋势的影响,测定季节波动的方法主要有:(1)按月平均法:这种方法不考虑长期趋势的影响;(2)移动平均趋势剔除法:这种计算方法考虑到现象发展过程中的长期趋势的影响,并剔除长期趋势造成的影响。季节比率越大,说明相应季度或月份的生产或销售越好,反之越不好。季节指数大于100%的季度或月份,称为"旺季",季节指数小于100%的季度或月份,称为"淡季"。季节比率越高,相应季度或月份的生产或消费越旺,季节比率越低的季度或月份,其生产或消费越淡。

二、按月平均法

按月平均法是测定季节变动的基本方法,它不考虑现象长期趋势本身的影响,用各月份的平均水平值除以各月的平均总水平值,表示季节比率。为了较准确地观察季节变动的情况,需要有连续3年以上的按月资料。下面介绍按月平均法测定季节波动的计算步骤。

(1) 将动态数据资料按年和月进行排列,如表 5.19 所示。

表 5.19 季节比率计算表

年份	1月	2月	3月	...	12月
第一年	a_{11}	a_{12}	a_{13}	...	a_{112}
第二年	a_{21}	a_{22}	a_{23}	...	a_{212}
......	...	...	...	...	...
第 n 年	a_{n1}	a_{n2}	a_{n3}	...	a_{n12}
合计	$\sum a_{i1}$	$\sum a_{i2}$	$\sum a_{i3}$	...	$\sum a_{i12}$
月平均	$\bar{a}_1$	$\bar{a}_2$	$\bar{a}_3$	...	$\bar{a}_{12}$
季节比率	$S.I._1$	$S.I._2$	$S.I._3$	...	$S.I._{12}$

(2) 计算各年同月份的平均数 $\bar{a}_j, j=1,2,\cdots 12$。

$$\bar{a}_1 = \frac{\sum a_{i1}}{n}, \bar{a}_2 = \frac{\sum a_{i2}}{n}, \cdots\cdots, \bar{a}_{12} = \frac{\sum a_{i12}}{n}。$$

(3) 计算各年总的月平均指数 $\bar{a}$, $\bar{a} = \dfrac{\sum_{i=1}^{n}\sum_{j=1}^{12}a_{ij}}{12n}$。

(4) 计算各月的季节比率 $S.I._j = \dfrac{\bar{a}_j}{\bar{a}}, j=1,2,\cdots,12$。

这里计算出的季节指数,就可以反映各月份的季节变化情况。理论上讲,各月份的季节指数之和应该等于 1 200%。但是,由于数据统计可能出现误差,当各月份的季节指数之和不等于 1 200%时,需要计算校正系数。

(5) 计算校正系数,对各月的季节比率进行调整。

$$校正系数 = \frac{1\,200\%}{\sum_{j=1}^{12} S.I._j} \quad 或校正系数 = \frac{400\%}{\sum_{j=1}^{4} S.I._j}$$

$$调整后的季节比率\ S.I._j = S.I._j \times 校正系数 = \frac{\bar{a}_j}{\bar{a}} \times \frac{1\,200\%}{\sum_{j=1}^{12} S.I._j}$$

例如,某商厦 2015—2018 年各月的服装销售额(单位:万元)资料如表 5.20 所示。试计算各月的季节比率,分析该商厦服装销售的季节变动情况。

表 5.20　2015—2018 年某商厦各月份的服装销售额

年份	1月	2月	3月	4月	5月	6月	7月	8月	9月	10月	11月	12月	合计
2015	11	15	21	40	64	164	280	120	39	13	19	10	796
2016	14	20	30	51	68	88	305	138	48	12	23	11	808
2017	14	20	30	50	65	195	310	145	49	14	25	12	929
2018	12	21	32	49	70	200	320	152	51	14	26	14	958
合计	51	76	113	190	267	647	1 215	555	187	53	93	47	3 491
同月平均	12.75	19	28.25	47.5	66.75	161.75	303.75	138.75	46.75	13.25	23.25	11.75	72.73
季节比率/%	17.53	26.12	38.84	65.31	91.78	222.39	417.64	190.77	64.28	18.22	31.97	16.16	1 169.04
调整后的/%	17.81	26.79	39.85	67.01	94.19	228.17	428.49	195.73	65.95	18.69	32.80	16.58	

第一步,计算各年同月份的合计数。

1 月份的合计数＝11＋14＋14＋12＝51

2 月份的合计数＝15＋20＋20＋21＝76

……

12 月份的合计数＝10＋11＋12＋14＝47

第二步,计算各年同月份的平均数。

1 月份的平均数＝$\frac{51}{4}$＝12.75

2 月份的平均数＝$\frac{76}{4}$＝19

……

12 月份的平均数＝$\frac{47}{4}$＝11.75

第三步,计算总的月平均数＝$\frac{3\ 491}{48}$＝72.73

第四步,计算各月份的季节比率。

1 月份的季节比率＝$\frac{12.75}{72.73}$＝17.53%

2 月份的季节比率＝$\frac{19}{72.73}$＝26.12%

……

12 月份的季节比率＝$\frac{11.75}{72.73}$＝16.16%

各月份的季节比率之和为 1 169.04%,不等于 1 200%,需要计算调整系数:

$$调整系数 = \frac{1\,200\%}{1\,169.04\%} = 1.026$$

将各月份的季节比率乘以调整系数即得各月份的季节比率,见表5.20。从各月份的季节比率可以看出,该商厦的服装销售额自1月份起逐月递增,7月份达到高峰,是销售最旺的月份,从8月份开始,销售额逐渐下滑,12月份达到销售低谷,是销售最淡的月份。

根据季节波动的历史资料和季节比率,可以进行预测,若已知各月份的季节比率和第 j 个月份的数据资料 a_j,其他各月份的预测值为 $\frac{a_j \times S.I._r}{S.I._j}, r=1,2,\cdots,12$。

又如,假设2019年4月份的服装销售额为53万元,则根据上例资料可知7月份的服装销售额的预测为 $\frac{53 \times 428.49\%}{67.01\%} = 338.90$(万元),11月份的服装销售额的预测为 $\frac{53 \times 32.80\%}{67.01\%} = 25.94$(万元)。

按月平均法计算简便,容易理解,但是未能消除长期趋势的影响。当现象的发展存在长期变动的趋势时,按月平均法测定的季节比率不够精确,比如,当现象的发展具有上升的趋势时,第四季度的季节指数大于第一季度;当现象的发展具有下降的趋势时,第四季度的季节指数小于第一季度。因而需用移动平均趋势剔除法,剔除长期趋势的影响,更精确地测定现象的季节变动情况。

三、移动平均趋势剔除法

移动平均趋势剔除法是利用移动平均法将原始数据资料进行修匀,以消除长期趋势的影响,然后再按月平均法计算各月份的季节比率。假定动态数列的发展水平是各因素的连乘积,即发展水平符合乘法模型。那么,移动平均趋势剔除法的基本步骤如下。

(1) 用移动平均法计算出长期趋势值($\hat{y}_t$)。

(2) 用原始数列的各项指标值除以同期的趋势值($\frac{y_t}{\hat{y}_t}$),以剔除长期趋势。

(3) 计算各月份的季节比率。若各月份的季节指数之和不等于1 200%,需要计算校正系数。

(4) 计算校正系数,校正系数 $= \dfrac{1\,200\%}{\sum\limits_{j=1}^{12} S.I._j}$

(5) 校正系数乘各月份的季节比率,即得调整后的季节比率。

例如,某公司2013—2018年的盈余资料如表5.21所示,用移动平均趋势剔除法计算季节比率,分析该公司盈余的季节变动规律。

表 5.21 某公司 2013—2018 年各季度的盈余额　　　　　　　　　　单位:万元

年份	一季度	二季度	三季度	四季度
2013	710	500	650	310
2014	713	512	666	332
2015	732	540	680	360
2016	770	600	707	400
2017	802	602	720	426
2018	810	620	728	444

用移动平均趋势剔除法列表计算各季度的季节比率。

列表计算移动平均趋势值及其季节比率(表 5.22)。

表 5.22 计算列表

年份	季度	盈余额(y_t)	四项移动平均值	二项移动平均值($\hat{y}_t$)	剔除趋势值$\left(\dfrac{y_t}{\hat{y}_t}\right)$/%
2013	1	710			
	2	500	542.5		
	3	650	543.25	543	119.71
	4	310	546.25	544.75	56.91
2014	1	713	550.25	548.25	130.05
	2	512	555.75	553	92.59
	3	666	560.5	558.125	119.33
	4	332	567.5	564	58.87
2015	1	732	571	569.25	128.59
	2	540	578	574.5	93.99
	3	680	587.5	582.75	116.69
	4	360	602.5	595	60.50
2016	1	770	609.25	605.875	127.09
	2	600	619.25	614.25	97.68
	3	707	627.25	623.25	113.44
	4	400	627.75	627.5	63.75

(续表)

年份	季度	盈余额(y_t)	四项移动平均值	二项移动平均值($\hat{y}_t$)	剔除趋势值$\left(\dfrac{y_t}{\hat{y}_t}\right)$/%
2017	1	802	631	629.375	127.43
	2	602	637.5	634.25	94.92
	3	720	639.5	638.5	112.76
	4	426	644	641.75	66.38
2018	1	810	646	645	125.58
	2	620	650.5	648.25	95.64
	3	728			
	4	444			

(1)用移动平均法计算趋势值$\hat{y}_t$。

(2)计算$\dfrac{y_t}{\hat{y}_t}$，剔除长期趋势。

(3)将上表中得到的$\dfrac{y_t}{\hat{y}_t}$数据重新排列，按季求出平均的季节比率，如表5.23所示。

表5.23 季节比率

年份	一季度	二季度	三季度	四季度
2013	—	—	119.71	56.91
2014	130.05	92.59	119.33	58.87
2015	128.59	93.99	116.69	60.50
2016	127.09	97.68	113.44	63.75
2017	127.43	94.92	112.76	66.38
2018	125.58	95.64	—	—
合计	638.74	474.82	581.93	306.41
平均数	106.46	79.14	96.99	51.07
季节比率/%	127.63	94.88	116.27	61.22

上述计算的季节比率表明该公司的盈余额在第一和第三季度是"旺季"，第二、四季度是"淡季"，其中，第一季度最旺，第四季度最淡。

对于按加法模式变化的时间序列，可以用减法剔除长期趋势的影响，过程与步骤和上述除法剔除长期趋势一样，只不过在剔除长期趋势时，用原始数据资料减去趋势值就可以了。

重要知识点：季节指数反映了社会经济现象随季节变化而变化的规律,季节指数越大说明相应的月份(或季度)好于一般水平,指数越小说明低于一般水平。常用按月平均法计算季节指数。

本章小结

1. 客观事物在不同时间上发展变化的结果,可以用时间序列或动态数列加以描述。动态数列分为绝对数动态数列、相对数动态数列和平均数动态数列。

2. 可以从发展水平、发展速度、长期趋势、季节变化等方面对客观事物的发展状况进行动态分析。

3. 要对客观事物进行发展水平的分析,可以用发展水平、增长量等指标描述,要消除不同时期偶然因素的影响,反映客观事物发展的一般水平,可以计算平均发展水平和平均增长量。

4. 利用速度指标可以描述客观事物发展变动的相对水平。发展速度、增长速度分别反映了客观事物在特定时间内发展的相对程度和增长的相对程度。如果要描述客观事物不受偶然因素影响的发展进度,可以用几何平均法计算平均发展速度和平均增长速度。

5. 长期趋势反映了客观事物发展的内在本质规律,是事物发展的内因,探求事物发展的长期趋势,有助于了解事物发展变化的方向和规律,预测发展的未来,作为制订计划和做出决策的依据。

6. 季节变化是大自然的规律,社会现象必须随着季节因素而发生有规律的变化。可以利用季节指数说明事物的季节变化规律,预测季节波动。

7. 可以用动态数列建立经济模型,用量化的方法描述事物的发展规律。最小平方法是测定动态数列趋势模型的最基本方法。

重要词汇

时间序列、绝对数动态数列、相对数动态数列、平均数动态数列、发展水平、增长量、序时平均数、发展速度、增长速度、平均发展速度、平均增长速度、移动平均法、最小平方法、季节指数。

思 考 题

1. 列出你大学四年每个学期所学习的课程数和获得学分数的时间序列。
2. 列出你最近 3 年每个月份的工资收入和消费支出的时间序列,分别计算平均月收入和平均月支出,再计算你月工资收入和支出的速度指标。
3. 收集某只股票最近 30 个交易日的收盘价数据,用移动平均法和最小二乘法判断该股票价格的动态趋势。
4. 家庭用电量和用水量受季节变化影响吗?收集你家最近 3 年每月份的用电量和用水量,用按月平均法计算每月的季节指数,分析你家用电量和用水量的季节变化情况。
5. 铁路部门的旅客运输量和货物运输量受季节变化的影响吗?从月度运输量来看,旅客运输和货物运输受季节因素影响最大和最小的分别是哪几个月份?

练 习 题

一、单项选择题(每题只有一个正确答案)

1. 动态数列的两个构成要素是(　　)。
   A. 变量和次数　　　　　　　　　B. 时间和指标数值
   C. 时间和次数　　　　　　　　　D. 变量和权数

2. 间隔相等的间断时点数列的序时平均数是(　　)。

   A. $\dfrac{\sum a}{n}$　　　　B. $\dfrac{\sum_{i=1}^{n}\dfrac{a_i + a_{i-1}}{2}}{n}$

   C. $\dfrac{\dfrac{a_1}{2}+a_2+\cdots+a_{n-1}+\dfrac{a_n}{2}}{n-1}$　　　　D. $\dfrac{\sum af}{\sum f}$

3. 下列说法中正确的是(　　)。
   A. 定基增长速度等于相应的各个环比增长速度的连乘积
   B. 定基增长速度等于相应的各个环比增长速度之和
   C. 定基发展速度等于相应的各个环比发展速度的连乘积
   D. 定基发展速度等于相应的各个环比发展速度之和

4. 按月平均法测定季节变动时,各月的季节比率之和应等于(　　)。
   A. 100%　　　　B. 400%　　　　C. 1 200%　　　　D. 大于 100%

5. 以 1996 年的 GDP 为最初水平 a_0,2018 年的 GDP 为最末水平 a_n,计算 GDP 的年平均发展速度时,须开(　　)。
   A. 20 次方　　　　B. 19 次方　　　　C. 21 次方　　　　D. 22 次方

6. 已知某地区 2015 年粮食产量的环比发展速度为 105%,2016 年为 103.5%,2018 年为 104%,又知 2018 年的定基发展速度为 116.4%,则 2017 年的环比发展速度为(   )。

  A. 105.28% B. 103.51% C. 102.99% D. 109.23%

7. 平均发展速度是(   )。

  A. 各期环比发展速度的平均数 B. 各期环比增长速度的平均数
  C. 各期定基发展速度的平均数 D. 各期定基增长速度的平均数

8. 某地区 2010—2018 年的人均粮食产量所形成的动态数列是(   )。

  A. 绝对数的时期数列 B. 绝对数的时点数列
  C. 相对数动态数列 D. 平均数动态数列

9. 对时间数列进行动态分析,基础指标是(   )。

  A. 发展水平 B. 平均发展水平
  C. 发展速度 D. 平均发展速度

10. 某厂某种产品的单位成本是连年下降的,已知 2013 年至 2018 年间总的降低了 60%,则平均每年的降低速度为(   )。

  A. $\frac{60\%}{5}=12\%$ B. $\frac{(100\%-60\%)}{5}=8\%$

  C. $\sqrt[5]{60\%}=90.3\%$ D. $100\%-\sqrt[5]{100\%-60\%}=16.7\%$

11. 用最小平方法拟合直线趋势方程 $\hat{y}=a+bt$,若 b 为负数,则该现象的发展趋势为(   )。

  A. 上升趋势 B. 下降趋势 C. 水平趋势 D. 无法确定

12. 某商品销售量去年比前年增长 10%,今年比去年增长 20%,则两年平均增长(   )。

  A. 14.14% B. 30% C. 15% D. 14.89%

13. 根据近几年的数据计算结果表明,某种商品第三季度销售额的季节指数为 167.35%,这表明该商品第三季度销售额(   )。

  A. 处于旺季 B. 处于淡季
  C. 第三季度比第二季度增长了 67.35% D. 第三季度销售额同比增长了 67.35%

14. 季节指数说明的是(   )。

  A. 各季节绝对水平的差异 B. 各季节相对差异
  C. 各季节趋势变化的影响 D. 各季节偶然因素的影响

15. 某百货商场近五年某种商品的销售额每年增加 285.86 万元,则该商品销售额的发展速度(   )。

  A. 逐年提高 B. 逐年下降
  C. 保持不变 D. 无法计算

二、判断题(下列各题中,对的打"√",错的打"×")

1. 发展水平就是动态数列中的每一项具体指标数值,它只能是绝对数的总量指标。（　）
2. 若将1998—2018年末国有企业固定资产净值按时间先后顺序排列,此种动态数列称为时点数列。（　）
3. 增长量是社会经济现象在一定时期内增长变动的绝对数量,因此一定为非负数。（　）
4. 定基发展速度等于相应各期环比发展速度的连乘积,所以定基增长速度也等于相应各期环比增长速度的积。（　）
5. 发展速度是以相对数形式表示的速度分析指标,增长量是以绝对数形式表示的速度分析指标。（　）
6. 定基发展速度和环比发展速度之间的关系是两个相邻时期的定基发展速度之积等于相应的环比发展速度。（　）
7. 若逐期增长量每年相等,则其各年的环比发展速度是年年下降的。（　）
8. 若环比增长速度每年相等,则其逐期增长量也是年年相等。（　）
9. 平均增长速度不是根据各个增长速度直接来求得,而是根据平均发展速度计算的。（　）
10. 反映现象发展的长期趋势既有直线型趋势,也有非直线型趋势。（　）

三、填空题

1. 动态数列按其指标性质的不同分为绝对数动态数列、相对数动态数列和_____三种。
2. 平均发展水平又称_____,它是从_____上说明现象总体在某一时期内发展的一般水平。
3. 增长量是报告期的发展水平与基期的发展水平之差,由于基期选择的不同,增长量可分为_____增长量、_____增长量和年距增长量。
4. 发展速度由于采用基期的不同,可分为_____和_____发展速度。
5. 增长速度的计算方法有两种:(1)_____;(2)_____。
6. 现象变动趋势的影响因素有:_____、季节变动、循环变动、不规则变动。
7. 已知某产品产量2017年与2016年相比增长了5%,2018年与2016年相比增长了12%,则2018年与2017年相比增长了_____。
8. 测定长期趋势的主要方法有_____和最小平方法。
9. 测定季节变动的基本方法是_____,此时各月份的季节比率之和为_____。
10. 平均发展速度是_____的几何平均数。

四、计算题

1. 某地区 2018 年各时点的人口数如表 5.24 所示。

表 5.24 某地区 2018 年各时点的人口数

日期	1月1日	6月30日	9月1日	12月31日
人口数/万人	21.65	21.76	21.35	21.50

试求该地区 2018 年的平均人口数。

2. 某商业银行 2018 年各月末的居民储蓄存款余额如表 5.25 所示。

表 5.25 某商业银行 2018 年各月末的居民储蓄存款余额

日期	1.1	2.1	3.1	4.1	5.1	6.1	7.1	8.1	9.1	10.1	11.1	12.1	12.31
储蓄余额/万元	8 123	8 135	8 124.5	8 231.2	8 234	8 119.5	8 115	8 240	8 240.4	8 290	8 291	8 291.2	8 295

试计算该商业银行 2018 年上半年及全年的储蓄存款平均余额。

3. 某企业 2018 年上半年的工人数和工业总产值资料如表 5.26 所示。

表 5.26 某企业 2018 年上半年的工人数和工业总产值

月份	1	2	3	4	5	6	7
月初工人数/人	1 980	2 180	2 230	2 295	2 319	2 397	2 385
总产值/万元	245	268	279	295	322	346	

要求：(1) 计算工业总产值的平均发展水平，逐期、累计增长量，平均增长量。

(2) 计算工业总产值的定基发展速度和增长速度、环比发展速度和增长速度、平均发展速度和平均增长速度。

(3) 计算第一季度和第二季度的月平均劳动生产率。

4. 某企业职工人数及非生产人数如表 5.27 所示。

表 5.27 某企业职工人数及非生产人数

日期(每月1号)	1.1	2.1	3.1	4.1	5.1	6.1	7.1
职工人数/人	4 000	4 040	4 045	4 075	4 072	4 080	4 095
非生产人员数/人	724	716	680	692	685	666	660

要求：(1) 计算第一季度和第二季度非生产人员比重并进行比较；

(2) 计算上半年非生产人员比重。

5. 已知某地区 2015 年社会商品零售额为 12.78 亿元，2020 年计划要达到 25 亿元，试计算该地区"十三五"规划期间(2016—2020)社会商品零售额每年平均增长多少？

6. 某企业 2018 年各季度的销售额和销售利润率指标如表 5.28 所示。

表 5.28　某企业 2018 年各季度的销售额和销售利润率

季度	1	2	3	4
销售额/万元	300	350	380	410
利润率/%	30	35	33	38

试计算年平均销售利润率。

7. 某制糖厂 2018 年生产糖 5 万吨，如果平均每年增长 16%，试问多少年后糖的产量可以达到 40 万吨。

8. 某地区 2013—2018 年彩色电视机的销售量资料如表 5.29 所示。

表 5.29　某地区 2013—2018 年彩色电视机的销售量

年份	2013	2014	2015	2016	2017	2018
销售量/万台	68	71	75	79	84	88

要求：(1) 判断该地区彩色电视机的销售量的发展趋势；
(2) 用最小平方法配合趋势线方程，并预测 2020 年该地区彩色电视机的销售量。

9. 某商厦汗衫、背心销售量资料如表 5.30 所示。

表 5.30　某商厦汗衫、背心销售量　　　　　　　　　　　　　　单位：件

	1	2	3	4	5	6	7	8	9	10	11	12
2015	12	17	44	68	111	225	210	85	42	22	17	13
2016	18	22	60	92	142	240	199	97	55	30	18	15
2017	16	24	66	90	150	255	240	130	78	50	25	19
2018	17	22	69	96	155	265	250	133	85	50	26	20

试用按月平均法计算汗衫、背心销售量的季节比率。

五、综合题

1. 2018 年是中国改革开放 40 周年，请查阅资料，分析改革开放 40 年来，中国 GDP 的年平均发展水平、年平均发展速度、年平均增长速度。

2. 查阅相关资料,计算 2011—2018 年,中国的高速公路和高铁建设的速度指标,并预测 2025 年的发展水平。

附录:用 Excel 的数据分析功能计算移动平均值

附表 5.1 是某旅游风景区 2016—2018 年各月份的旅游收入(单位:万元)资料,以此为例,介绍如何用 Excel 的数据分析功能计算移动平均值。

附表 5.1　2016—2018 年某旅游风景区各月份的旅游收入

月份	2016 年	2017 年	2018 年
1	116	145	180
2	154	210	245
3	220	312	325
4	392	520	535
5	642	684	710
6	1 642	1 872	1 923
7	2 810	3 120	3 350
8	1 204	1 382	1 576
9	384	482	6 25
10	183	248	437
11	125	130	258
12	95	112	166

第一步:将表中的数据资料输入 Excel 中的 A1:B37 数据区域中,其中,第一行是数据系列的标志。

第二步:点击"数据"菜单选项中的"数据分析";

第三步:在"数据分析"对话框中,选择"移动平均",并点击"确定",出现"移动平均"对话框;

第四步:在"移动平均"对话框中,在输入区域框中输入"B1:B37",在间隔框中输入"12",在输出区域框中输入"C1",点击"图表输出"项,并点击"确定"。Excel 立即给出 12 项移动平均的计算结果和图形。附表 5.2 就是 Excel 给出的移动平均计算结果。

附表 5.2　Excel 计算移动平均值

	A	B	C	D	E	F	G	H
1	月份	旅游收入	移动平均值					
2	2016 年 1	116						
3	2	154						

(续表)

	A	B	C	D E F G H
4	3	220		移动平均
5	4	392	663.916 7	
6	5	642	666.333 3	
7	6	1 642	671	
8	7	2 810	678.666 7	
9	8	1 204	689.333 3	
10	9	384	692.833 3	
11	10	183	712	
12	11	125	737.833 3	
13	12	95	752.666 7	
14	2017年1	145	760.833 3	
15	2	210	766.25	
16	3	312	766.666 7	
17	4	520	768.083 3	
18	5	684	771	
19	6	1 872	773.916 7	
20	7	3 120	775	
21	8	1 382	776.25	
22	9	482	778.416 7	
23	10	248	782.666 7	
24	11	130	801.833 3	
25	12	112	818	
26	2018年1	180	829.916 7	
27	2	245	845.666 7	
28	3	325	856.333 3	
29	4	535	860.833 3	
30	5	710		
31	6	1 923		
32	7	3 350		
33	8	1 576		
34	9	625		
35	10	437		
36	11	258		
37	12	166		

第六章
统计指数

本章导言

浓缩的是精华

统计指数是复杂数据、有不同量纲数据的浓缩。

人们每天呼吸的空气的质量,事关黎民百姓的身体健康。空气中含有大量的氮气和氧气,还有氦、氩、氖等稀有气体。此外,还有二氧化碳、二氧化硫以及对人体有毒有害的多种粉尘颗粒物。可以把空气中含有的多种不同物质的数量浓缩成空气质量指数,以说明和反映空气的质量。

人的需求是多种多样的,幸福是人们对各种需求满足程度的度量。工资收入高低、身体健康状况、工作稳定性、家庭和谐关系、人际关系协调程度、福利高低、升迁通道等都是衡量幸福的要素,幸福指数就是这些复杂要素的浓缩。

金融市场中交易着大量不同种类的股票,虽然股票价格具有相同的量纲,但是,股票的本质质量并不相同,初始发行价格和每日交易的价格也不相同,股价指数浓缩了各种交易股票价格变动的情况。

人们日常生活中消费了大量的物品,主要有穿的服装、吃的食品、居家住宿、出门交通,还有大量的服务项目,诸如教育、医疗、文化、金融、会计、审计、律师等。每一类物品又分为不同的品种,消费品的丰富和繁杂,不一而足。居民消费价格指数就浓缩了各种消费品的价格变化情况。

对于复杂的社会现象总体,统计指数消除了不同量纲的影响,浓缩了大量有用的信息,可以反映复杂总体数量方面或质量方面的动态变化。

学习目标

1. 掌握统计指数的含义、种类及其计算方法。

2. 能够用统计指数分析复杂的社会经济现象总体的动态变化。
3. 会计算综合指数,并分析其结果。
4. 会计算平均数指数和平均指标对比指数,并分析其结果。
5. 会用指数体系进行因素分析和相关指数的推算。

第一节　指数的概念

一、指数的概念

指数(Index Number)也称为统计指数,是社会经济统计中常用的一种经济分析方法,能够反映社会经济现象在不同时间或空间上发展变化的状况,为制定宏观经济政策提供重要的依据。比如,居民消费价格指数(CPI)、股价综合指数、采购经理指数、新订单指数、消费者信心指数、竞争力指数、幸福指数等。2009年2月上海在全国率先推出"臭氧健康指数"。上海科学家将通过风云三号气象卫星,实时观测大气成分,跟踪监控臭氧等大气污染物的动向,给市民提供即时预警和生活指导,指导市民有效防护臭氧污染。此外,我们每天还接触诸如晨练指数、紫外线指数、出游指数、着装指数、噪声指数、人文指数、诚信指数、环境指数、廉洁指数、新兴产业指数等。我们正生活在一个指数化的时代。

统计指数最早起源于物价指数,1650年,英国学者莱斯·沃汉(Rice·Voughan)为了计算货币交换价值的变动,采用谷物、家畜、鱼类、布帛、皮革等为样本品,以1352年为基期,将1650年的价格与之做比较,创立了价格指数。1707年,英国主教弗利特伍德(Bishop Fleetwood)为了同样的目的,将1440—1480年间五英镑货币所购的上述物品,从数量上加以比较,以研究这些物品价格的变动。1738年,法国学者杜托(Dutot)率先编制计算了路易十四时期和路易十二时期的简单综合物价指数。其后,意大利经济学家卡利(G·R·Garli)、英国著名经济学家杰文斯(W·S·Jevons)和费暄(Irving Fisher,1867—1947)为了同一目的,分别于1764年、1863年和1911年相继编制了物价指数。

第一次世界大战后的十年,是指数计算方法的辉煌发展时期,费暄(Irving Fisher)于1922年出版了《指数的编制》(*The Making of Index Number*),该书至今仍被奉为统计指数理论的"圣经"。此后,统计指数理论不断推陈出新,出现了繁荣的新局面。指数的应用范围不断扩大,其含义和内容也随之发生了变化。从内容上看,指数由单纯反映一种现象的相对变动,到反映多种现象的综合相对变动;从对比的场合来看,指数由单纯的不同时间上的对比,发展到不同空间上的对比分析等。

指数是一种特殊的相对数,有广义和狭义之分。广义的指数是指一切说明社会经济现象在不同的时间或空间上发展的数量变动或差异程度的相对数。如动态相对数、计划完成相对数、比较相对数、强度相对数等都可以称之为指数。狭义的指数是专指说明不能直接相加的复杂社会经济现象综合变动的相对数。如消费价格指数、股价综合指数、经济自由度指数、空气质量指数、消费者信心指数等。所谓复杂的社会经济现象是指由于计量单位不同，使用价值各异，不能将个体的数量变化和质量变化直接加总，以反映总体的总变动的现象。如不同种类的产品组成的总体，不同种类的商品组成的总体，上市交易的各种股票，自由买卖的各种债券、基金等。如果要反映这类复杂总体的总变动，只能用指数。

本章所介绍的指数主要是指狭义指数，即综合反映由多种因素组成的经济现象在不同时间或空间条件下平均变动的相对数。

为了更好地理解指数的概念，必须掌握指数的基本性质。指数具有以下三方面的性质。

1. 相对性

指数具有相对性，指数是复杂总体中的某个变量在不同时间或空间上变化相对比的结果，说明这种变量变化的程度，及其对总体总量的影响。

例如，居民消费价格指数(CPI)说明居民生活消费品和服务项目的价格变动水平，如果今年第三季度的居民消费价格指数(CPI)是102.21%，说明居民生活消费品和服务项目的价格相对于上一个时期上涨了2.21%；如果今年第四季度的居民消费价格指数(CPI)是98.18%，说明居民生活消费品和服务项目的价格相对于上一个时期下跌了1.82%。指数的相对性还可以从指数能够描述现象在不同空间上发展状况的对比加以理解。

2. 综合性

指数具有综合性，指数反映的是复杂总体的数量方面或质量方面在不同时间上综合变化的情况，如果今年第四季度的居民消费价格指数(CPI)是101.27%，说明居民生活消费品和服务项目的价格相对于上一个时期上涨了1.27%，这个上涨幅度，是全部生活消费品和服务项目价格综合变动的结果。单独某一种生活消费品或服务项目的价格可能上涨，也可能下跌，如果上涨的物品多，下跌的物品少，综合起来，表现为物价上涨。如果上涨的物品和下跌的物品一样多，但是，物品价格上涨的幅度高于下跌的幅度，综合表现为物品的价格上涨。统计表明，2018年11月份，上海市居民消费价格总水平同比上升1.9%。按具体类别看，食品中的蛋类上涨明显，涨幅最高，达6.4%，其次是教育上涨明显，涨幅为4.7%；紧随其后的是医疗保健，上升4.1%；服务价格上涨2.4%。

3. 平均性

指数具有平均性，说明指数反映的是复杂总体的数量方面或质量方面在不同时间上变化的一般水平，表示各个体变动的一般程度。例如，2018年12月21日上证综指报收2 516.25点，比前一交易日下跌了0.79%，这说明所有上市交易的A股股票比上一个交易日平均下跌了0.79%，这个下跌幅度，代表了全部股票价格变动的一般程度。但是，浦发银行(代码600000)下跌了1.756%；弘业股份(代码600128)下跌了4.421 8%；中国石化(代码600028)上涨了0.356 5%；西部资源(代码600139)上涨了2.181%。

二、指数的作用

指数已经有三百多年的历史,从最初的指数,英国经济学家编制的物价指数开始,指数的应用领域逐渐拓宽,指数的功能作用也在不断完善。指数有两种基本的功能作用:综合功能和分析功能。指数的综合功能作用是指指数可以综合不同种类的产品或商品的数量或质量方面,并反映它们在不同时间或空间上的总动态;指数的分析功能作用是指指数可以分析多因素现象的总量指标或平均指标在动态对比中各因素的变动情况,并测定其对总动态变动的影响方向和影响程度。

具体而言,指数的作用主要有以下几个方面。

1. 综合反映复杂社会经济现象总体动态变动的方向和程度

社会经济现象总体大多是复杂总体,组成总体的个体是复杂多样的,比如,上海证券交易所上市交易的各种证券;百货公司销售的各种商品;空气中的各种成分;城乡居民消费的各种商品和服务等。指数可以对社会经济现象总体在不同时间上发展变动的数量对比关系和差异程度进行描述和解释,这是指数最重要的作用,也就是指数的综合功能。指数从研究现象的经济内容出发,根据现象之间的内部关系,找出能够将所研究的全部事物综合在一起的因素,利用这个因素,把许多性质不同的不能直接相加的事物,变成能加在一起的一个综合值,然后,考察综合值的变动程度。将不同时期的综合值进行对比计算,就是指数。计算指数的分子和分母指标常常是两个总量指标,这两个总量指标相除所得的结果,可以说明社会经济现象总体在不同时间上的数量变动方向,两个总量指标相减的结果,说明变动的绝对程度。

2. 分析和测定各个因素对多因素现象总变动的影响方向和程度

任何社会经济现象都要受到多个因素的影响,即多因素现象的总变动是多个因素共同变化的结果。如果现象的总量指标是多个因素指标的连乘积,如国内生产总值=社会劳动者人数×劳动生产率;原材料费用总额=产品产量×单位产品原材料消耗量×单位原材料价格;商品的销售额=销售量×销售价格。只要现象的总量指标发生了变化,一定是影响它的多个因素发生了变化,或者说,任何一个因素的变化都会引起总体总量的变化。为了加强管理和控制变化因素,我们可以用指数因素分析法,从相对数和绝对数两方面加以分析,分别分析和测定各个因素对总体总量变化的影响方向和程度。

3. 研究社会经济现象的长期变动趋势

社会经济现象是不断发展变化的,可以通过连续编制的指数数列,来反映这种变化发展的趋势。

4. 对社会经济现象进行综合评价和测定

这是指数与生俱来的功能和作用,现代社会,各种指数最根本的作用就是对客观现象进行综合的评价和测定。如空气质量指数,可以综合评价和测定空气的质量;经济自由度指数,可以综合评价和测定经济自由化的程度,香港的经济自由度指数已连续10多年被国际著名机构排名第一;消费者信心指数,可以综合测定和评价消费者的满意程度。

三、指数的分类

反映客观现象综合变动程度的指数,是多种多样的,如诚信指数、关爱指数、幸福指数、出口新订单指数、企业社会责任指数,还有反映一个国家腐败程度的清廉指数等。因此,我们可以依据不同的标准对指数进行分类。

(一) 个体指数(Individual Index Number)和总体指数(Aggregative Index Number)

按指数所反映的对象范围的不同,指数可分为个体指数和总体指数。

个体指数是反映单个现象变动状况的动态相对数,如某种产品的产量指数、某种商品的销售价格指数、某种产品的成本指数等。又如,证券交易所某只股票的价格指数、成交量指数即是个体股票价格指数、个体股票成交量指数。依据个体指数的含义,个体指数就是发展速度指标,可以说明简单现象发展变动的方向和程度。

总指数也称为总体指数,是反映多个不同种类现象综合变动状况的相对数。如消费价格指数、商品销售量总指数、成本总指数、沪深300指数、幸福指数等。总指数是反映多种计量单位不同,不能够直接相加、相对比的复杂总体综合变动情况的特有统计方法。

(二) 数量指标指数(Quantity Index Number)和质量指标指数(Quality Index Number)

指数按反映的经济内容的不同,分为数量指标指数和质量指标指数。

数量指标指数是根据数量指标计算的,是反映现象数量方面综合变动的相对数,例如,产品产量指数、劳动者人数指数、股票成交量指数等。数量指标指数也称为数量指数。

质量指标指数是根据质量指标计算的,是反映现象质量方面综合变动的相对数,例如,劳动生产率指数、产品成本指数、空气质量指数、诚信指数、股价指数等。质量指标指数也称为质量指数。

(三) 定基指数和环比指数

指数按计算基期的不同分为定基指数和环比指数。

定基指数是把指数计算的基期固定在最初水平或某一特定时期的指数。环比指数是把指数计算的报告期的前一期作为基期的指数。

连续编制的指数,形成一个指数数列。在指数数列中,定基指数的基期是某一个固定时期,这样编制的指数数列可以反映现象长期发展变动的趋势。环比指数的基期是报告期相邻的前一期,这样编制的指数数列可以反映现象逐期发展变动的方向和程度。

(四) 简单指数(Simple Index Number)和加权指数(Weighted Index Number)

指数按计算形式的不同,可分为简单指数和加权指数。

简单指数认为计算指数的各个项目的重要性是一致的,而加权指数则认为要依据各项目的重要程度,在计算指数时有所区分,对重要性不同的项目赋予不同的权数。我们学习和应用的指数主要是加权指数。

（五）按计算形式的不同,分为综合指数和平均数指数

前者指两个总量指标对比计算出来的指数,后者是前者的变形。本章介绍的指数可用图 6.1 表示出来。

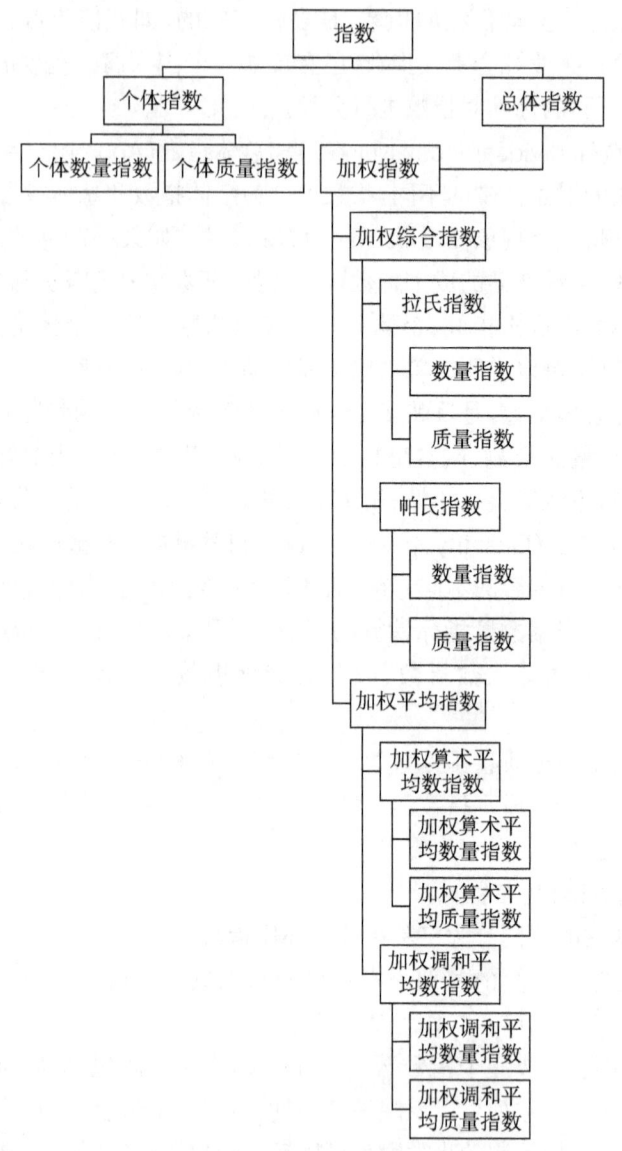

图 6.1 指数关系图

> **重要知识点**:统计指数是一种特殊的相对数,可以说明复杂现象总体的动态变动情况,具有相对性、平均性和综合性的特点。统计指标根据不同的标准,可以分为不同的类型。

第二节 个体指数

个体指数是指数中最简单的一种,它是简单现象在一定时期内发展结果的对比,用报告期的指标值与基期的指标值相除即是个体指数,个体指数是最早的指数计算形式。根据反映的内容,个体指数有个体数量指数和个体质量指数之分。

一、个体数量指数

设 q_1、q_0 分别是某种产品或商品报告期、基期的产量或销售量,I_q 为个体数量指数,其计算公式为

$$I_q = \frac{q_1}{q_0}$$

二、个体质量指数

设 p_1、p_0 分别是某种产品或商品报告期、基期的价格,I_p 为个体价格指数,即质量指数,其计算公式为

$$I_p = \frac{p_1}{p_0}$$

由此可见,个体指数就是发展速度指标,也是动态相对数,计算非常简单。

例如,由 Wind 统计的数据表明,2018 年 12 月 20 日~21 日,浦发银行(代码600000)、老凤祥(代码600612)、华仪电气(代码600290)三只股票的收盘价格如表6.1所示。可以分别计算出三只股票的收盘价格指数。

表 6.1 浦发银行、老凤祥和华仪电气股票收盘价

日期	12.20	12.21
浦发银行/元	10.25	10.07
老凤祥/元	40.95	40.50
华仪电气/元	4.89	5.15

资料来源:Wind 数据库。

以 2018 年 12 月 20 日为基期,分别计算三只股票的收盘价格指数:

$$I_{p浦发银行} = \frac{p_1}{p_0} = \frac{10.07}{10.25} = 98.24\%$$

$$I_{p老凤祥} = \frac{p_1}{p_0} = \frac{40.50}{40.95} = 98.90\%$$

$$I_{p华仪电气} = \frac{p_1}{p_0} = \frac{5.15}{4.89} = 105.32\%$$

由此看来,2018年12月21日与20日相比,浦发银行股票收盘价下跌了1.76%,绝对值上每股下跌0.18元;老凤祥股票收盘价下跌了1.1%,绝对值上每股下跌0.45元;华仪电气股票收盘价上涨了5.32%,绝对值上每股股价上涨0.26元。

又如,2013—2017年,我国普通本专科招生人数,如表6.2所示,可以计算出我国普通本专科招生人数的个体数量指数。

表6.2 2013—2017年我国普通本专科招生人数

年份	2013	2014	2015	2016	2017
普通本专科招生人数/万人	700	721	738	749	761

资料来源:国家统计局,http://www.stats.gov.cn。

2017年与2013年相比,我国普通本专科招生人数个体数量指数为

$$I_q = \frac{q_1}{q_0} = \frac{761}{700} = 108.71\%$$

2017年与2015年相比,我国普通本专科招生人数个体数量指数为

$$I_q = \frac{q_1}{q_0} = \frac{761}{738} = 103.12\%$$

计算结果说明,2017年与2013年相比,我国普通本专科招生人数增长8.71%,绝对数上,增长了61万人;2017年比2015年增长3.12%,绝对数上,增长了23万人。我国普通本专科招生人数的逐年增长,提高了我国国民的受教育水平,也随之产生了生源素质下降,教育水平有待提高等社会问题。

个体指数就是发展速度指标,关于发展速度的各种性质和特点,个体指数都具有。个体指数计算简单,但不实用,毕竟社会现象中复杂的现象占据主要地位,我们应该学习用指数解决复杂的社会经济问题。

> **重要知识点**:个体指数反映单个物品的数量或质量方面的动态变动情况,计算简单,是发展速度指标。

第三节 综合指数

一、综合指数的概念和特点

总指数的计算有两种方法:综合指数和平均指数,其中,综合指数是计算总指数的主要形式。综合指数应严格地称之为加权综合指数,它是通过引入同度量因素,把复杂总

体中不能相加的现象过渡到可以相加的现象,并将同度量因素固定在某一时期以突出指数化因素综合变动状况的相对数。这里的同度量因素不仅有同度量的作用,而且还具有权衡轻重的作用。

综合指数的编制要解决两个基本问题。

1. 同度量因素的引入

引入同度量因素的目的,是可以解决复杂总体在研究指标上不能直接综合的困难,使其可以计算出总体的综合总量。一般地,要研究总体的数量指标的综合变动,需要引入质量指标作同度量因素;要研究总体的质量指标的综合变动,需要引入数量指标作同度量因素。这是因为任何现象都有数量和质量两个方面,将这两个方面结合起来才能更好地说明复杂总体的综合变动情况。此外,选定的同度量因素要与研究指标有明确的经济联系,且有一一对应的全面实际资料。例如,要研究商品销售量的变化,由于不同商品的销售量不能直接比较和加总,必须找出一个与销售量相乘后能够直接相加的因素,这个因素就是商品的销售价格,销售量与销售价格相乘后是商品的销售额,不同商品的销售额是可以直接相加的。因此,称这里的销售价格为销售量的同度量因素。相同地,如果要研究商品销售价格的变化,就要把销售量作为它的同度量因素。此外,虽然上市交易的股票价格都具有相同的计量单位,但是,不同企业、不同行业的上市公司股票价格也不具有直接的可比性和综合性。要研究多种股票价格的综合变化,也要用到同度量因素。

2. 剔除同度量因素的变化

将同度量因素固定在某个时期,便于消除同度量因素变动的影响,以测定研究对象的变动情况。引入同度量因素后,同度量因素的变动直接影响综合指数的计算结果,为了突出研究对象的变动,必须将同度量因素的变动固定下来。

所谓固定同度量因素,是指计算综合指数时,要选定同一时期的同度量因素指标。例如,我们要研究商品销售量的变化,把商品价格作为同度量因素,通过销售额的变化来反映销售量的变化;研究商品销售价格的变化,把销售量作为同度量因素,还是通过销售额的变化,反映销售价格的变化。销售额是由销售价格和销售量共同作用的,因此,在通过销售额反映销售价格的变化时,必须把销售量的变化排除;通过销售额反映销售量的变化时,必须把销售价格的变化排除,这就需要把同度量因素的变化固定在某个时期。综合指数是一种动态相对数,因而,同度量因素既可以固定在基期,也可以固定在报告期,或者是某一个确定的时期。

综合指数的特点如下。

(1) 先综合后对比。综合指数是通过引进同度量因素,把不能直接相加的现象综合成总体的总量,然后,通过不同时期的两个总量指标的对比,来反映指数因素的变化。综合指数是两个总量指标对比的结果。

(2) 综合指数的计算需要有研究总体的全面资料,如果资料不全,综合指数无法计算。

(3) 综合性。综合指数的分子、分母指标都是总量指标,可以综合多种不同种类的个体,具有广泛的综合性。两个总量指标相除和相减分别表示复杂总体综合变动的相对数和绝对数,都具有明确的经济意义。

综合指数的计算,依据所用指标的不同分为数量指标综合指数和质量指标综合指数,下面分别介绍这两种综合指数的计算。

二、数量指标综合指数的编制

根据数量指标计算的综合指数,称为数量指标综合指数,也叫作数量指标指数或数量总指数,它说明复杂总体数量方面的综合变动。例如,产品产量总指数、商品销售量总指数、股票市场成交量指数、企业职工人数指数等。下面以商品销售量指数为例说明数量指标综合指数的编制。

某商店三种商品的销售资料如表6.3所示。

表6.3 三种商品的销售资料

商品	计量单位	销售量 q		价格 p/元	
		基期 q_0	报告期 q_1	基期 p_0	报告期 p_1
甲	$\times 10^2$ 件	400	500	200	180
乙	$\times 10^2$ 千克	600	500	100	120
丙	$\times 10^2$ 个	500	600	160	160

用 I_q 表示销售量个体指数,k_q 表示销售量总指数。根据表中资料可计算出三种商品的销售量个体指数。

$$I_{q,甲}=\frac{q_1}{q_0}=\frac{500}{400}=125\%, I_{q,乙}=\frac{q_1}{q_0}=\frac{500}{600}=83.33\%, I_{q,丙}=\frac{q_1}{q_0}=\frac{600}{500}=120\%$$

三种商品销售量的个体指数表明,甲商品报告期的销售量是基期的125%,销售量增长了25%;乙商品报告期的销售量是基期的83.33%,销售量下降了16.67%;丙商品报告期的销售量是基期的120%,销售量增长了20%。

如果把三种商品当作一个总体,销售量的综合变动情况,只有靠数量指标指数来反映。根据前面的叙述,要计算数量指标综合指数,一要引进同度量因素,二要将同度量因素的变动固定在某个时期。针对本例的具体情况,应将商品的价格作为同度量因素,同度量因素可以固定在基期,也可以固定在报告期。因此,数量指标综合指数的计算有两种主要的公式。

1. 将同度量因素固定在基期的数量指标综合指数

设 k_q 为数量指标指数,根据定义有

$$k_q=\frac{\sum q_1 p_0}{\sum q_0 p_0}$$

这个公式很好理解和记忆,我们为了说明销售量的变化,把三种商品的销售额相加,通过总的销售额的变化,来反映销售量的变化。所以,分子用报告期的销售量,分母用基期的销售量。为了突出销售量的变化,要把销售价格的变化排除,也就是计算指数的分子和分母都用同一个时期的销售价格指标。此处,都用基期的价格指标,因此,公式可表达成上式。

按照例题中的资料,三种商品的销售量总指数为

$$k_q = \frac{\sum q_1 p_0}{\sum q_0 p_0} = \frac{500 \times 200 + 500 \times 100 + 600 \times 160}{400 \times 200 + 600 \times 100 + 500 \times 160} = \frac{246\ 000}{220\ 000} = 111.82\%$$

$$\sum q_1 p_0 - \sum q_0 p_0 = 246\ 000 - 220\ 000 = 26\ 000(万元)$$

计算结果表明,三种商品的销售量总指数是 111.82%,报告期的销售量是基期销售量的 111.82%,销售量综合上涨了 11.82%,由于销售量的增长使销售额增加了 $\sum q_1 p_0 - \sum q_0 p_0 = 246\ 000 - 220\ 000 = 26\ 000$(万元)。

2. 将同度量因素固定在报告期的数量指标综合指数

设 k_q 为数量指标指数,根据定义有

$$k_q = \frac{\sum q_1 p_1}{\sum q_0 p_1}$$

此处,都用报告期的价格指标,因此,公式可表达成上式。

如果将同度量因素固定在报告期,这三种商品的销售量总指数为

$$k_q = \frac{\sum q_1 p_1}{\sum q_0 p_1} = \frac{500 \times 180 + 500 \times 120 + 600 \times 160}{400 \times 180 + 600 \times 120 + 500 \times 160} = \frac{246\ 000}{224\ 000} = 109.82\%$$

$$\sum q_1 p_1 - \sum q_0 p_1 = 246\ 000 - 224\ 000 = 22\ 000(万元)$$

计算结果表明,三种商品的销售量总指数是 109.82%,报告期的销售量是基期销售量的 109.82%。三种商品总的来说,销售量增长了 9.82%,由于销售量的增长,销售额增加了 $\sum q_1 p_1 - \sum q_0 p_1 = 246\ 000 - 224\ 000 = 22\ 000$(万元)。

上述计算结果表明,以不同时期的价格为同度量因素计算出的数量总指数是不相同的。以基期的价格为同度量因素的数量指标综合指数是由德国经济学家拉斯贝尔(Laspeyres)于1864年首创的,故称为拉斯贝尔数量指标指数公式(拉氏指数公式)。以报告期的价格为同度量因素的数量指标综合指数是由德国经济学家帕氏(Paasche)于1874年首创的,称为帕氏数量指标指数公式(帕氏指数公式)。

拉斯贝尔数量指标指数公式以基期的价格为同度量因素,这是拉氏指数公式的特点,也是它的优点,它使数量指标指数的计算不受质量因素变动的影响,使数量指标指数可以确切地反映数量方面的综合变化,便于编制连续性的指数数列。但是,拉斯贝尔数

量指标指数公式也有它的缺点,这是因为社会经济现象是不断发展变化的,用基期的价格作为同度量因素以反映商品销售的总变动,容易脱离实际,影响指数的准确性。特别地,当某种新的物品在报告期出现时,由于没有其基期的价格资料,就无法运用拉斯贝尔数量指标指数公式。

帕氏数量指标指数公式是以报告期的价格作为同度量因素,这是帕氏指数公式的特点,它克服了拉氏指数公式的不足,使指数的计算更具有现实的经济意义。帕氏指数公式的缺点是,把价格的变化带到数量指标指数中,因而,用帕氏数量指标指数公式计算出的数量指标指数不但反映了销售量的总变动,而且包含了价格变动的影响。另外,帕氏指数公式以报告期的价格作为同度量因素,资料难以及时取得,计算比较麻烦。由于帕氏指数随报告期的改变而改变,不同时期的帕氏指数缺乏可比性。

一般地,在编制数量指标综合指数时,以基期的质量指标作为同度量因素,即采用拉氏指数公式计算数量总指数。

三、质量指标综合指数的编制

根据质量指标计算的综合指数,称为质量指标综合指数,也称为质量总指数。质量总指数反映复杂总体质量方面的综合变化情况,如产品成本指数、劳动生产率指数、商品价格指数、空气质量指数、企业家信心指数等。2018年11月,中国制造业采购经理指数PMI为50%,综合PMI产出指数为52.8%,非制造业商务活动指数为106.4%。这几个指数都说明了中国经济发展的状况和质量,属于质量指数。

我们以商品销售价格总指数为例,介绍质量指标综合指数的编制。

仍以表6.3的资料为例,用k_p表示销售价格总指数,I_p表示销售价格个体指数,根据表6.3的资料,三种商品销售价格个体指数为$I_{p,甲}=\dfrac{p_1}{p_0}=\dfrac{180}{200}=90\%$,$I_{p,乙}=\dfrac{p_1}{p_0}=\dfrac{120}{100}=120\%$,$I_{p,丙}=\dfrac{p_1}{p_0}=\dfrac{160}{160}=100\%$。

计算结果表明,甲商品报告期的价格是基期的90%,价格下降了10%;乙商品报告期的价格是基期的120%,价格上涨了20%;丙商品报告期的价格是基期的100%,价格没有变化。

如果把三种商品当作一个总体,其销售价格的综合变动情况只有通过综合质量指数来反映。根据前面的叙述,要计算质量指标综合指数,先要引进数量指标的同度量因素,然后再将同度量因素的变动固定起来,以突出质量方面的综合变动。针对本例的具体情况,应将商品的销售量作为同度量因素,同度量因素可以固定在基期,也可以固定在报告期。因此,质量指标综合指数的计算也有两种主要的公式。

1. 将同度量因素固定在基期的质量指标综合指数

设k_p为质量总指数,根据质量指数的定义,计算公式为

$$k_p = \frac{\sum p_1 q_0}{\sum p_0 q_0}$$

这个公式很好理解和记忆,我们为了说明销售价格的变化,把三种商品的销售额相加,通过总的销售额的变化,来反映销售价格的变化。所以,分子用报告期的销售价格,分母用基期的销售价格。为了突出销售价格的变化,要把销售量的变化排除,也就是计算指数的分子和分母都用同一个时期的销售量指标。此处,都用基期的销售量指标,因此,公式可表达成上式。

按照表 6.3 中的资料,三种商品的销售价格总指数为

$$k_p = \frac{\sum p_1 q_0}{\sum p_0 q_0} = \frac{180 \times 400 + 120 \times 600 + 160 \times 500}{200 \times 400 + 100 \times 600 + 160 \times 500} = \frac{224\,000}{220\,000} = 101.82\%$$

$$\sum p_1 q_0 - \sum p_0 q_0 = 224\,000 - 220\,000 = 4\,000(万元)$$

计算结果表明,三种商品的销售价格总指数是 101.82%,也就是三种商品报告期的价格是基期价格的 101.82%,销售价格总的来看上涨了 1.82%,由于销售价格的上涨,销售额增加了 $\sum p_1 q_0 - \sum p_0 q_0 = 224\,000 - 220\,000 = 4\,000$(万元)。

2. 将同度量因素固定在报告期的质量指标综合指数

如果将同度量因素固定在报告期,则三种商品的销售价格综合指数计算公式为

$$k_p = \frac{\sum p_1 q_1}{\sum p_0 q_1}$$

此处,都用报告期的销售量指标,因此,公式可表达成上式。

按照表 6.3 中的资料,三种商品的销售价格总指数为

$$k_p = \frac{\sum p_1 q_1}{\sum p_0 q_1} = \frac{180 \times 500 + 120 \times 500 + 160 \times 600}{200 \times 500 + 100 \times 500 + 160 \times 600} = \frac{246\,000}{246\,000} = 100\%$$

$$\sum p_1 q_1 - \sum p_0 q_1 = 246\,000 - 246\,000 = 0(万元)$$

计算结果表明,三种商品的销售价格总指数是 100%,单个商品的价格有升有降,有的没有变化,综合起来看,三种商品的销售价格由基期到报告期,没有改变,因而,销售额也没有变化。

上述两种质量总指数的计算结果是不相等的,主要是因为采用不同时期的同度量因素所致。其中以基期的销售量为同度量因素的质量指标综合指数公式是德国经济学家拉斯贝尔(Laspyres)于 1864 年首创的,故称为拉斯贝尔质量指标指数公式。以报告期的销售量为同度量因素的质量指标综合指数公式是由德国的另一名经济学家帕氏(Paasche)于 1874 年首创的,故称为帕氏质量指标指数公式。

拉斯贝尔质量指标指数公式以基期的销售量为同度量因素,使销售价格指数不反映销售量的变动,只反映价格的变动。其分子项表示按报告期价格计算的基期的销售额,

分母项为基期实际销售额,销售价格总指数说明在维持基期生活水准的条件下,报告期比基期支付金额的相对变化程度。

帕氏质量指标指数公式以报告期的销售量为同度量因素,将销售量的变动带到价格指数中,销售价格总指数不仅反映三种商品销售价格的总变动,还包含了商品销售量的变动。其销售价格总指数的分子项表示报告期的实际销售额,其分母项表示按基期价格计算的报告期的销售额,销售价格总指数说明基期以报告期生活水平来衡量,报告期比基期支付金额的相对变化程度,分子项与分母项相减表示报告期比基期支付金额的绝对变化程度。

这两种质量总指数的计算公式,各有优缺点。一般而言,为了保持指数体系的完整性,计算质量总指数时多采用以报告期的数量指标为权数的帕氏质量指标指数公式。

> **重要知识点**:综合指数是计算总指数的,有数量指标综合指数和质量指标综合指数两种。拉斯贝尔指数和帕氏指数采用加权综合方式计算总指数。拉氏指数用基期的指标为权数,帕氏指数用报告期的指标为权数。

第四节 平均数指数

一、平均数指数的概念

平均数指数是计算总指数的另一种方法。用综合指数计算总指数时需要知道各个个体在基期和报告期的全面资料,这在实际统计工作中有时很难办到。为了克服综合指数的计算受所需资料的限制,要对综合指数公式进行变形,才能计算出总指数。而这种变形通常是以个体指数为变量,总量指标为权数,采用加权平均数公式计算出总指数的。这种通过对个体指数加权平均来计算总指数的方法,称为平均数指数。平均数指数按加权计算的方法不同,有加权算术平均数指数和加权调和平均数指数两种基本形式。

平均数指数和综合指数既有联系又有区别。它们都是用来计算总指数的,综合指数是通过引进同度量因素,先计算出复杂总体的总量,然后再对不同时期的总量进行对比,以突出总体的综合变动,即先综合,后对比。平均数指数是在个体指数的基础上计算总指数,它是先计算出多个个体指数,再采用平均数的形式以突出总体的综合变动,即先对比,后综合。另外,计算综合指数需要有研究总体的全面资料,而平均数指数既适用于全面的资料,也适用于非全面的资料,应用范围更加广泛。在一定的权数条件下,综合指数和平均数指数有变形关系,可以相互转化。综合指数和平均数指数计算、反映的内容相同,计算的结果也是相等的。但是,在实际应用中,平均数指数是作为一种独立的指数形式存在的,具有广泛的应用价值。

平均数指数的编制步骤如下。

(1) 计算个体指数。个体指数是一种动态相对数,用报告期的有关指标值除以基期指标值即可。

(2) 确定权数。在平均数指数中,权数一般用总量价值指标,有 p_0q_0、p_0q_1、p_1q_0、p_1q_1 四种。

(3) 以个体指数为变量,采用加权平均法计算总指数。常用的加权平均法有加权算术平均法和加权调和平均法两种形式。

二、加权算术平均数指数

加权算术平均数指数是在个体指数的基础上,采用加权算术平均法计算总指数,其权数为基期的价值总量指标。

(1) 数量指标加权算术平均数指数。其计算公式为

$$k_q = \frac{\sum I_q p_0 q_0}{\sum p_0 q_0} = \frac{\sum \left(\frac{q_1}{q_0}\right) p_0 q_0}{\sum p_0 q_0} = \frac{\sum q_1 p_0}{\sum q_0 p_0}$$

式中,$I_q = \frac{q_1}{q_0}$ 为个体数量指数;$p_0 q_0$ 为基期的价值总量指标。

(2) 质量指标加权算术平均数指数。其计算公式为

$$k_p = \frac{\sum I_p p_0 q_0}{\sum p_0 q_0} = \frac{\sum \left(\frac{p_1}{p_0}\right) p_0 q_0}{\sum p_0 q_0} = \frac{\sum p_1 q_0}{\sum p_0 q_0}$$

式中,$I_p = \frac{p_1}{p_0}$ 为个体质量指数;$p_0 q_0$ 为基期的价值总量指标。

加权算术平均数指数是以个体指数为变量,基期的价值总量指标 $p_0 q_0$ 为权数,采用加权算术平均法计算总指数,它实质上相当于拉斯贝尔综合指数。以基期的指标 $p_0 q_0$ 为权数,使不同时期计算出的指数数值可以直接进行比较。

例 6.1 某商场三种商品的销售量和销售价格资料如表 6.4 所示,分别计算三种商品的销售量和销售价格的总指数。

表 6.4 三种商品的销售资料

商品名称	计量单位	商品价格/元		商品销售量		基期销售额 p_0q_0/元
		基期 p_0	报告期 p_1	基期 q_0	报告期 q_1	
甲	千克	100	105	80 000	88 000	8 000 000
乙	双	80	90	20 000	25 000	1 600 000
丙	盒	60	65	100 000	105 000	6 000 000

解 先计算三种商品的价格个体指数：

$$I_{p,甲}=\frac{p_1}{p_0}=\frac{105}{100}=105\%, I_{p,乙}=\frac{p_1}{p_0}=\frac{90}{80}=112.5\%, I_{p,丙}=\frac{p_1}{p_0}=\frac{65}{60}=108.3\%$$

再以基期的销售额为权数，用加权算术平均数指数公式计算三种商品的销售价格总指数：

$$k_p=\frac{\sum I_p p_0 q_0}{\sum p_0 q_0}=\frac{\sum\left(\frac{p_1}{p_0}\right)p_0 q_0}{\sum p_0 q_0}=\frac{\sum p_1 q_0}{\sum p_0 q_0}$$

$$=\frac{1.05\times 8\,000\,000+1.125\times 1\,600\,000+1.083\times 6\,000\,000}{8\,000\,000+1\,600\,000+6\,000\,000}$$

$$=\frac{16\,698\,000}{15\,600\,000}=107.04\%$$

$$\sum I_p p_0 q_0-\sum p_0 q_0=16\,698\,000-15\,600\,000=1\,098\,000(元)$$

计算结果表明：三种商品的价格，总的来说，报告期比基期上涨了 7.04%，由于三种商品的价格上涨而使销售额增加了 1 098 000 元。

再计算三种商品的销售量个体指数：

$$I_q,甲=\frac{q_1}{q_0}=\frac{88\,000}{80\,000}=110.0\%, I_q,乙=\frac{q_1}{q_0}=\frac{25\,000}{20\,000}=125.0\%, I_{q,丙}=\frac{q_1}{q_0}=\frac{105\,000}{100\,000}$$
$$=105.0\%$$

以基期的销售额为权数，用加权算术平均数指标公式计算三种商品的销售量总指数：

$$k_q=\frac{\sum I_q p_0 q_0}{\sum p_0 q_0}=\frac{\sum\left(\frac{q_1}{q_0}\right)p_0 q_0}{\sum p_0 q_0}=\frac{\sum q_1 p_0}{\sum q_0 p_0}$$

$$=\frac{1.1\times 8\,000\,000+1.25\times 1\,600\,000+1.05\times 6\,000\,000}{8\,000\,000+1\,600\,000+6\,000\,000}$$

$$=\frac{17\,100\,000}{15\,600\,000}=109.6\%$$

$$\sum I_q p_0 q_0-\sum p_0 q_0=17\,100\,000-15\,600\,000=1\,500\,000(元)$$

计算结果表明：三种商品的销售量，总的来说报告期比基期增长了 9.6%，由于销售量的增长而使销售额增加了 1 500 000 元。

由此可看出，以基期的总量价值指标为权数的加权算术平均数指数，就是拉氏综合指数。

三、加权调和平均数指数

加权调和平均数指数是以个体指数为基础，以报告期的价值总量指标 $p_1 q_1$ 为权数，用加权调和平均数公式计算的总指数。

(1) 数量指标加权调和平均数指数,其计算公式为

$$k_q = \frac{\sum p_1 q_1}{\sum \dfrac{1}{\dfrac{q_1}{q_0}} \times p_1 q_1} = \frac{\sum p_1 q_1}{\sum p_1 q_0}$$

式中,$\dfrac{q_1}{q_0}$ 为数量个体指数;$p_1 q_1$ 为报告期的价值总量指标。

(2) 质量指标加权调和平均数指数,其计算公式为

$$k_p = \frac{\sum p_1 q_1}{\sum \dfrac{1}{\dfrac{p_1}{p_0}} \times p_1 q_1} = \frac{\sum p_1 q_1}{\sum p_0 q_1}$$

式中,$\dfrac{p_1}{p_0}$ 为质量个体指数;$p_1 q_1$ 为报告期的价值总量指标。

加权调和平均数指数是以个体指数为变量,报告期的总量指标 $p_1 q_1$ 为权数,用加权调和平均数公式计算总指数,它实际上相当于帕氏的综合指数。

例 6.2 已知三种商品的销售资料如表 6.5 所示,试计算价格总指数。

表 6.5 三种商品的销售资料

商品名称	计量单位	价格个体指数/%	报告期成交额/万元
羊毛衫	件	103	600
纤维布	米	98	200
棉花	吨	108	1 200

解 用加权调和平均数指数公式,计算三种商品的销售价格总指数。

$$k_p = \frac{\sum p_1 q_1}{\sum \dfrac{1}{\dfrac{p_1}{p_0}} \times p_1 q_1} = \frac{\sum p_1 q_1}{\sum p_0 q_1} = \frac{600 + 200 + 1\,200}{\dfrac{600}{1.03} + \dfrac{200}{0.98} + \dfrac{1\,200}{1.08}} = \frac{2\,000}{1\,897.7} = 105.39\%$$

$$\sum p_1 q_1 - \sum \dfrac{1}{\dfrac{p_1}{p_0}} \times p_1 q_1 = 2\,000 - 1\,897.7 = 102.3(万元)$$

计算结果表明:三种商品的销售价格总指数是 105.39%,报告期的价格比基期上涨了 5.39%,由于价格的上涨,使得三种商品的成交额增长了 102.3 万元。

例 6.3 已知甲、乙两种商品的销售量的增长率和报告期的销售额如表 6.6 所示,试计算两种商品的销售量总指数及由于销售量的变动而增加(或减少)的销售额。

表 6.6　两种商品的销售资料

商品名称	单位	销售量的增长率/%	报告期的销售额/万元
甲	千克	25	1 200
乙	米	10	690

解　先计算商品的销售量个体指数,它等于销售量的增长率加上 1(100%)。

$$I_甲=1+25\%=125\%,\qquad I_乙=1+10\%=110\%$$

再利用加权调和平均数指数公式计算两种商品的销售量总指数。

$$k_q=\frac{\sum p_1q_1}{\sum \dfrac{1}{\dfrac{q_1}{q_0}}\times p_1q_1}=\frac{\sum p_1q_1}{\sum p_1q_0}=\frac{1\,200+690}{\dfrac{1\,200}{1.25}+\dfrac{690}{1.10}}=\frac{1\,890}{1\,587.3}=119.07\%$$

$$\sum p_1q_1-\sum \frac{1}{\dfrac{q_1}{q_0}}\times p_1q_1=1\,890-1\,587.3=302.7(万元)$$

计算结果表明:两种商品的销售量总指数是 119.07%,比基期增长了 9.07%,由于销售量的增长,使销售额增加了 302.7 万元。

为了使总指数的计算原则保持一致,计算数量指标指数时,常用基期的价值总量指标为权数的加权算术平均数指数公式;计算质量指标指数时,常用报告期的价值总量指标为权数的加权调和平均数指数公式。在实际应用中,还可以用某一固定时期的指标为权数的平均数指数公式计算总指数,这里不再赘述。

> **重要知识点**:平均数指数是计算总指数的另一种方法,是综合指数的变形。现实中,平均数指数的应用更加广泛。

第五节　平均指标对比指数

前面介绍的指数计算方法,都是通过总量指标的对比计算出来的。无论是综合指数公式,还是平均数指数公式,它们的分子、分母都是相关的总量指标。事实上,我们经常要研究复杂总体平均指标在不同时间或空间上的变化,如企业产品平均成本的变动、企业职工平均工资收入的变化、企业职工平均年龄的变化、劳动生产率的变化等。对于这一类问题,我们有必要学习新的指数分析方法,即平均指标对比指数。

一、平均指标对比指数的概念

所谓平均指标对比指数是指由两个相关的平均指标相对比所形成的指数。平均指标对比指数同样遵循指数计算的基本原理和步骤。

一般地,社会经济现象中的平均指标多数是加权算术平均数,即

$$\overline{X} = \frac{\sum Xf}{\sum f} = \sum \left(X \times \frac{f}{\sum f} \right)$$

可见,影响总体平均数的两个因素分别是各组的水平值(X)和各组相应的单位数在总体中所占的比重$\left(\frac{f}{\sum f}\right)$。如果总体平均指标发生了变动,一定是这两个因素变动的结果,所以,我们可以按照两因素指数计算原理计算平均指标对比指数。

平均指标对比指数的计算步骤和总量指标对比指数一样,需要将影响因素分成数量因素和质量因素两类,再选取同度量因素,按照前面介绍的指数原理,进行计算。我们将各组单位数的比重$\left(\frac{f}{\sum f}\right)$视为数量因素,而将各组的变量水平值($X$)视为质量因素,根据综合指数的计算原理,可以得到三个平均指标对比指数。

(1) $\dfrac{\dfrac{\sum X_1 f_1}{\sum f_1}}{\dfrac{\sum X_0 f_0}{\sum f_0}}$ 称为可变构成指数,它全面地反映了总体平均水平的实际变动状况,表明总体平均水平的变化方向。

(2) $\dfrac{\dfrac{\sum X_0 f_1}{\sum f_1}}{\dfrac{\sum X_0 f_0}{\sum f_0}}$ 称为结构影响指数,它反映了总体结构变动对总体平均水平指标变动的影响方向。

(3) $\dfrac{\dfrac{\sum X_1 f_1}{\sum f_1}}{\dfrac{\sum X_0 f_1}{\sum f_1}}$ 称为固定构成指数,它反映了各组变量水平值的变动对总体平均指标变动的影响方向。

这三个指数很好理解和记忆,只要记住前面的指数原理:计算数量指数以基期的质量指标为同度量因素;计算质量指数以报告期的数量指标为同度量因素,就可以理解并记住了。

二、平均指标对比指数的应用

例 6.4 表 6.7 是某地区粮食作物的生产情况,试分析该地区两种农作物总的平均亩产量的变动及其原因。

表 6.7 某地区粮食的播种面积和产量

粮食作物	播种面积/万公顷		产量/(千克/公顷)	
	2017 年(f_0)	2018 年(f_1)	2017 年(x_0)	2018 年(x_1)
水稻	5 000	4 000	5 000	5 500
玉米	7 000	9 000	3 000	3 100

解 (1) 先分析粮食平均亩产量的变化

2017 年,两种粮食的平均亩产量为

$$\bar{x}_0 = \frac{\sum x_0 f_0}{\sum f_0} = \frac{5\,000 \times 5\,000 + 7\,000 \times 3\,000}{5\,000 + 7\,000} = \frac{46\,000\,000}{12\,000} = 3\,833.33(千克/公顷)$$

2018 年,两种粮食的平均亩产量为

$$\bar{x}_1 = \frac{\sum x_1 f_1}{\sum f_1} = \frac{4\,000 \times 5\,500 + 9\,000 \times 3\,100}{4\,000 + 9\,000} = \frac{49\,900\,000}{13\,000} = 3\,838.46(千克/公顷)$$

所以,平均亩产量变化的相对数,即可变构成指数为

$$\frac{\dfrac{\sum X_1 f_1}{\sum f_1}}{\dfrac{\sum X_0 f_0}{\sum f_0}} = \frac{3\,838.46}{3\,833.33} = 100.1\%, \text{这说明粮食平均亩产量上涨了 } 0.1\%。$$

增长的绝对数为 $3\,838.46 - 3\,833.33 = 5.13$(千克)

(2) 由于两种农作物播种面积的变化,引起的粮食平均亩产量的变化为

$$\frac{\dfrac{\sum X_0 f_1}{\sum f_1}}{\dfrac{\sum X_0 f_0}{\sum f_0}} = \frac{\dfrac{5\,000 \times 4\,000 + 3\,000 \times 9\,000}{4\,000 + 9\,000}}{\dfrac{5\,000 \times 5\,000 + 7\,000 \times 3\,000}{5\,000 + 7\,000}} = \frac{3\,615.38}{3\,833.33} = 0.943 = 94.3\%$$

这说明,由于两种农作物播种面积的变化,引起的粮食平均亩产量下降了 5.7%。减少的绝对数为 $3\,833.33 - 3\,615.38 = 217.95$(千克)

(3) 由于产量的变化,引起的粮食平均亩产量的变化为

$$\frac{\frac{\sum X_1 f_1}{\sum f_1}}{\frac{\sum X_0 f_1}{\sum f_1}} = \frac{3\,838.46}{3\,615.38} = 106.2\%$$，这说明，由于两种农作物产量的变化，引起的粮食平均亩产量上涨了 6.2%，增加的绝对值为 3 838.46－3 615.38＝223.08（千克）。

综合上述分析，2018 年与 2017 年相比，两种粮食平均亩产量上涨了 0.1%，绝对数上增加 5.13 千克；其中，由于两种农作物播种面积的变化，引起的粮食平均亩产量下降了 5.7%，减少的绝对数为 3 833.33－3 615.38＝217.95（千克）；由于两种农作物产量的变化，引起的粮食平均亩产量上涨了 6.2%，增加的绝对值为 223.08 千克。

> **重要知识点**：平均指标对比指数是由两个平均指标相对比计算的结果，平均指标对比指数和综合指数有相同的计算原理。

第六节 指数体系及因素分析法

一、指数体系的概念

社会经济现象之间都是有一定的联系的，这种联系可以从数量上加以分析和测定，指数体系为分析和测定这种数量变动关系提供了基本的方法。从广义上说，指数体系是由三个或三个以上，经济上具有一定联系的指数所构成的一个整体。从狭义上说，指数体系是指经济上具有一定的联系，并且数量上也具有一定的对等关系的三个或三个以上的指数所组成的一个整体。例如：

国内生产总值指数＝社会劳动者人数指数×社会劳动生产率指数

总成本指数＝产量指数×单位成本指数

商品销售额指数＝商品销售量指数×商品销售价格指数

产品生产费用指数＝产品产量指数×原材料单耗指数×原材料价格指数

……

指数体系是社会经济现象相互联系的客观反映，由于，

国内生产总值＝社会劳动者人数×社会劳动生产率

总成本＝产量×单位成本

商品销售额＝商品销售量×商品销售价格

产品生产费用＝产品产量×原材料单耗×原材料价格

所以,相应的指数之间也存在上述的数量对等关系。

在指数体系中,一般称等式左边的指数为对象指数,等式右边的指数为因素指数,对象指数等于因素指数的连乘积,这是指数体系因素分析法的基本前提。对象指数的变动是因素指数变动的影响结果,我们可以利用指数原理从相对数和绝对值上,分别分析每个因素的变动对对象指标的影响方向和影响程度。

指数体系的作用主要体现在以下两个方面。

(1) 对现象进行因素分析。因素分析是指数体系的重要作用,根据指数体系可以从数量方面研究现象的综合变动中,分析各个因素的变动对它的影响方向、影响程度和影响的绝对数额。

(2) 用于指数的推算。在三个或三个以上的指数组成的指数体系中,根据指数间的数量对等关系和已知的指数,可以推出一个未知的指数。

下面分别介绍总量指标和平均指标的指数因素分析法。

二、总量指标的两因素指数分析法

这种分析方法只适用于影响总量指标的只有两个因素的情形。

两因素指数分析法的步骤如下。

(1) 分析确定要研究的总量指标、影响总量指标的两个因素,并区分为数量因素(指标 q)和质量因素(指标 p)。

(2) 利用指数原理,建立指数体系。即

$$总量指标指数=数量因素指标指数 \times 质量因素指标指数$$

数量因素指标指数即是数量指数,质量因素指标指数即是质量指数,按照前面介绍的指数原理分别计算。

(3) 根据统计资料,从相对数和绝对数值上分别分析每一个因素的变动对总量指标变动的影响方向、影响程度和绝对量。

① 先分析相对数上的影响,建立指数关系式:

$$\frac{\sum p_1 q_1}{\sum p_0 q_0} = \frac{\sum q_1 p_0}{\sum q_0 p_0} \times \frac{\sum p_1 q_1}{\sum p_0 q_1}$$

② 再分析绝对数上的变化,确定每个因素对总量指标的影响程度:

$$\sum p_1 q_1 - \sum p_0 q_0 = \left(\sum q_1 p_0 - \sum q_0 p_0\right) + \left(\sum p_1 q_1 - \sum p_0 q_1\right)$$

分析结果表明:总量指标变动的相对数等于两因素综合变动的相对数的乘积,总量指标变动的绝对量等于各个因素变动而变动的绝对量之和,其中,$\dfrac{\sum q_1 p_0}{\sum q_0 p_0}$ 表示数量因素综合变动的相对数,它决定总量指标的变动方向,$\sum q_1 p_0 - \sum q_0 p_0$ 表示由于数量因素的综合变动,而引起的总量指标变动的绝对量,它决定总量指标的变动程度,也就是数量因素的变化对总量指标的影响程度。$\dfrac{\sum p_1 q_1}{\sum p_0 q_1}$ 表示质量因素综合变动的相对数,它决定总量指标的变动方向,$\sum p_1 q_1 - \sum p_0 q_1$ 表示由于质量因素的变动,而引起的总量指标变动的绝对量,它决定总量指标的变动程度,也就是质量因素的变化对总量指标的影响程度。

例 6.5 某企业生产两种产品的产量及对某种材料的单耗(每生产单位产品消耗的材料数量)资料如表 6.8 所示,试对原材料消耗量的变动进行因素分析。

表 6.8 某企业生产资料

产品名称	计量单位	产量		材料单耗/千克	
		基期 q_0	报告期 q_1	基期 p_0	报告期 p_1
甲	吨	20 000	24 000	100	97
乙	件	8 000	1 000	40	38

解 (1)分析原材料消耗量的变动

该种材料的总消耗量 $=\sum pq$

基期的总消耗量 $=\sum p_0 q_0 = 100 \times 20\,000 + 40 \times 8\,000 = 2\,320\,000$(千克)

报告期的总消耗量 $=\sum p_1 q_1 = 97 \times 24\,000 + 38 \times 1\,000 = 2\,366\,000$(千克)

原材料消耗量的变动情况如下。

相对数变动:原材料消耗量指数 $=\dfrac{\sum p_1 q_1}{\sum p_0 q_0} = \dfrac{2\,366\,000}{2\,320\,000} = 1.019\,8 = 101.98\%$

这说明,报告期原材料的消耗量比基期的消耗量增长了 1.98%。

绝对数变动:原材料消耗量的增量 $=\sum p_1 q_1 - \sum p_0 q_0 = 2\,366\,000 - 2\,320\,000 = 46\,000$(千克)

这说明,报告期原材料的消耗量比基期的消耗量增加了 46 000 千克。

(2)分析产品产量的变动对原材料消耗量的影响

相对数变动:两种产品的产量总指数 $=\dfrac{\sum q_1 p_0}{\sum q_0 p_0} = \dfrac{2\,440\,000}{2\,320\,000} = 1.051\,7 = 105.17\%$

这说明,报告期与基期相比,产品产量综合起来增长了 5.17%。

绝对数变动:因为产量增加而增加的材料消耗量 $=\sum q_1 p_0 - \sum q_0 p_0 = 120\,000$(千克)

这说明,由于产品产量增长,报告期原材料的消耗量比基期的消耗量增加了 120 000 千克。

(3)分析原材料单耗的变动对材料消耗量的影响

相对数变动:两种产品的原材料单耗指数 $=\dfrac{\sum p_1 q_1}{\sum p_0 q_1} = \dfrac{2\,366\,000}{2\,440\,000} = 0.969\,7 = 96.97\%$

这说明,报告期与基期相比,产品的原材料单耗降低了3.03%。

绝对数变动:因为材料单耗量的下降而减少的材料消耗量为 $\sum p_1q_1 - \sum p_0q_1 = -74\,000$(千克)

这说明,由于产品原材料单耗的降低,使得原材料消耗量减少了74 000千克。

(4)综合分析

相对数上看:101.98% = 105.17% × 96.97%

绝对数上看:46 000 = 120 000 + (−74 000)

上述分析结果表明:两种产品的原材料总消耗量增长了1.98%,从绝对数上看,增加了46 000千克。其中,由于两种产品的产量增长了5.17%,而使原材料的消耗量增加了120 000千克,由于两种产品的原材料单耗下降了3.03%,而使原材料的消耗量减少74 000千克。

上述两因素指数分析法中的数量指数是以基期的质量指标作为同度量因素,质量指数是以报告期的数量指标作为同度量因素的。也可以建立另外一套指数体系,即

$$\frac{\sum p_1q_1}{\sum p_0q_0} = \frac{\sum p_1q_0}{\sum p_0q_0} \times \frac{\sum q_1p_1}{\sum q_0p_1}$$

$$\sum p_1q_1 - \sum p_0q_0 = \left(\sum p_1q_0 - \sum p_0q_0\right) + \left(\sum q_1p_1 - \sum q_0p_1\right)$$

在我国的经济统计分析中,常用第一套指数体系进行因素分析。

三、平均指标的因素分析法

社会经济现象中的平均指标多数是加权算术平均数,$\bar{X} = \frac{\sum Xf}{\sum f} = \sum\left(X \times \frac{f}{\sum f}\right)$,可见影响加权算术平均数的两个因素是各组的变量水平值(X)和各组相应的单位数在总体中所占的比重$\left(\frac{f}{\sum f}\right)$,如果平均指标发生了变动,一定是这两个因素变动的结果,所以,我们可按照两因素指数分析法的原理对平均指标的变动进行因素分析。

在平均指标变动的因素分析中,将各组单位数的比重视为数量因素,而将各组的变量水平值视为质量因素,运用两因素指数分析法的原理,分别分析每个因素对平均指标变动的影响方向、影响程度和绝对额。

平均指标变动的两因素指数体系如下。

相对数上:$\dfrac{\dfrac{\sum X_1f_1}{\sum f_1}}{\dfrac{\sum X_0f_0}{\sum f_0}} = \dfrac{\dfrac{\sum X_0f_1}{\sum f_1}}{\dfrac{\sum X_0f_0}{\sum f_0}} \times \dfrac{\dfrac{\sum X_1f_1}{\sum f_1}}{\dfrac{\sum X_0f_1}{\sum f_1}}$

绝对数上：$\dfrac{\sum X_1 f_1}{\sum f_1} - \dfrac{\sum X_0 f_0}{\sum f_0} = \left(\dfrac{\sum X_0 f_1}{\sum f_1} - \dfrac{\sum X_0 f_0}{\sum f_0}\right) + \left(\dfrac{\sum X_1 f_1}{\sum f_1} - \dfrac{\sum X_0 f_1}{\sum f_1}\right)$

其中，$\dfrac{\dfrac{\sum X_1 f_1}{\sum f_1}}{\dfrac{\sum X_0 f_0}{\sum f_0}}$ 为可变构成指数，它全面地反映了总体平均水平的实际变动状况；

$\dfrac{\sum X_1 f_1}{\sum f_1} - \dfrac{\sum X_0 f_0}{\sum f_0}$，表明了总体平均指标变动的绝对程度。

$\dfrac{\dfrac{\sum X_0 f_1}{\sum f_1}}{\dfrac{\sum X_0 f_0}{\sum f_0}}$ 为结构影响指数，它反映了总体结构变动对总体平均水平指标变动的影响，$\dfrac{\sum X_0 f_1}{\sum f_1} - \dfrac{\sum X_0 f_0}{\sum f_0}$，表明了由于总体结构水平的变化，使得总体平均水平变动的绝对额。

$\dfrac{\dfrac{\sum X_1 f_1}{\sum f_1}}{\dfrac{\sum X_0 f_1}{\sum f_1}}$ 称为固定构成指数，它反映了各组变量水平值的变动对总体平均指标变动的影响，$\dfrac{\sum X_1 f_1}{\sum f_1} - \dfrac{\sum X_0 f_1}{\sum f_1}$，表明了由于总体各组变量水平值的变化，使得总体平均水平变动的绝对额。

所以，平均指标变动的两因素指数体系是

可变构成指数＝结构影响指数×固定构成指数

例 6.6 某种商品在两个市场上的销售资料如表 6.9 所示，试对商品的平均价格变动情况进行因素分析。

表 6.9 某商品在两个市场上的销售情况

市场	价格/元		销售量/件	
	基期 p_0	报告期 p_1	基期 f_0	报告期 f_1
甲	800	700	3 000	4 200
乙	600	550	7 500	7 300

解 根据表中的数据资料,对该商品在两个市场上的平均价格的变化做如下分析。

(1) 平均价格的变动情况分析

平均价格变动的相对数,即可变构成指数为

$$\frac{\frac{\sum p_1 f_1}{\sum f_1}}{\frac{\sum p_0 f_0}{\sum f_0}} = \frac{\frac{700 \times 4\,200 + 550 \times 7\,300}{4\,200 + 7\,300}}{\frac{800 \times 3\,000 + 600 \times 7\,500}{3\,000 + 7\,500}} = \frac{604.8}{657.1} = 92.04\%$$

平均价格变动的绝对额是 $604.8 - 657.1 = -52.3$(元)。

这说明,报告期比基期的平均价格下降了 7.96%,绝对数减少了 52.3 元。

(2) 各个市场价格水平的变动对商品平均

价格变动的影响分析 价格变动的相对数,即固定构成指数为

$$\frac{\frac{\sum p_1 f_1}{\sum f_1}}{\frac{\sum p_0 f_1}{\sum f_1}} = \frac{\frac{700 \times 4\,200 + 550 \times 7\,300}{4\,200 + 7\,300}}{\frac{800 \times 4\,200 + 600 \times 7\,300}{4\,200 + 7\,300}} = \frac{604.8}{673.0} = 89.87\%$$

价格水平的变动对平均价格变动影响的绝对额是 $604.8 - 673.0 = -68.2$(元)。

这说明,报告期与基期相比,各市场的价格水平平均下降了 10.13%,使平均价格绝对数减少了 68.2 元。

(3) 各个市场销售量的变动对商品平均价格变动的影响分析

销售量变动的相对数,即结构影响指数为

$$\frac{\frac{\sum p_0 f_1}{\sum f_1}}{\frac{\sum p_0 f_0}{\sum f_0}} = \frac{\frac{800 \times 4\,200 + 600 \times 7\,300}{4\,200 + 7\,300}}{\frac{800 \times 3\,000 + 600 \times 7\,500}{3\,000 + 7\,500}} = \frac{673}{657.1} = 102.42\%$$

各个市场上销售量的变动对平均价格变动影响的绝对额是 $673.0 - 657.1 = 15.9$(元)。

这说明,报告期与基期相比,由于各个市场上销售量的变化,使平均价格的绝对数增加了 15.9 元。

(4) 综合分析

相对数上:$92.04\% = 89.87\% \times 102.42\%$

绝对数上:$-52.3 = (-68.2) + 15.9$

分析结果表明:报告期与基期相比,这种商品在两个市场上的平均价格下降了 7.96%,绝对数下降了 53.2 元。其中,报告期与基期相比,由于各个市场上价格水平平

均下降了 10.13%，使平均价格减少了 68.2 元；报告期与基期相比，由于各个市场上商品的销售量平均增长了 2.42%，使平均价格增加了 15.9 元。

平均指标的两因素指数分析法也可以建立另一套指数体系，即

相对数上：$\dfrac{\dfrac{\sum X_1 f_1}{\sum f_1}}{\dfrac{\sum X_0 f_0}{\sum f_0}} = \dfrac{\dfrac{\sum X_1 f_0}{\sum f_0}}{\dfrac{\sum X_0 f_0}{\sum f_0}} \times \dfrac{\dfrac{\sum X_1 f_1}{\sum f_1}}{\dfrac{\sum X_1 f_0}{\sum f_0}}$

绝对数上：$\dfrac{\sum X_1 f_1}{\sum f_1} - \dfrac{\sum X_0 f_0}{\sum f_0} = \left(\dfrac{\sum X_1 f_0}{\sum f_0} - \dfrac{\sum X_0 f_0}{\sum f_0}\right) + \left(\dfrac{\sum X_1 f_1}{\sum f_1} - \dfrac{\sum X_1 f_0}{\sum f_0}\right)$

之所以存在两套指数体系，是由于同度量因素固定在不同时期所造成的，一般地，如果数量指数的同度量因素固定在基期，那么质量指数的同度量因素就要固定在报告期。我国的统计实践中，常采用第一套指数体系。

四、指数推算

指数体系除了用于对社会经济现象的变动进行因素分析外，还可以用于根据已知指数推算未知指数，进而计算未知因素的变动。例如，

国内生产总值＝社会劳动者人数×社会劳动生产率，所以，有指数体系：

国内生产总值指数＝社会劳动者人数指数×社会劳动生产率指数。

只要知道其中的任何两个指数都可以推算出第三个指数，并可反映该因素的变动情况。

例如，某商场商品销售额增长了 25%，销售价格下降了 10%，其销售量的变化情况可根据指数体系推算出来：

$$\text{销售量指数} \times \text{销售价格指数} = \text{销售额指数}$$

$$\text{销售量指数} = \dfrac{1+25\%}{1-10\%} = 138.89\%$$

所以该商场商品的销售量增长了 38.89%。

又如，某地区进口商品物量增长了 20%，进口商品价格上涨了 13.2%，那么，

$$\text{进口商品总值指数} = \text{进口商品物量指数} \times \text{进口商品价格指数}，$$

即 $(1+20\%) \times (1+13.2\%) = 135.84\%$。

由此可见，该地区进口商品总值增长了 35.84%。

> **重要知识点**：指数体系说明社会经济现象之间的联系，可以分别从相对数或绝对值上分析每个因素的变动对对象指标的影响方向和影响程度。指数体系中每个指数的计算遵循指数原理。

本章小结

1. 指数是分析社会经济现象复杂总体在数量和质量方面变化状况的常用统计方法之一，通过本章的学习，希望能够正确理解有关指数的含义和作用。

2. 综合指数是计算总指数的基本公式。实际应用时，计算数量综合指数，常采用拉氏指数公式；计算质量综合指数，常采用帕氏指数公式。

3. 平均数指数是计算总指数的另一种形式，适合数据资料不全时。它与综合指数在计算内容上相同，计算结果也相等。实际应用时，数量总指数常采用基期价值总量指标加权的算术平均数指数公式；质量总指数常采用报告期价值总量指标加权的调和平均数指数公式。

4. 社会经济现象中，我们还要定量描述不同时间或空间上的平均指标之比，这就要用到平均指标对比指数。可变构成指数、结构影响指数和固定构成指数是三个重要的平均指标对比指数。

5. 社会经济现象之间都是有联系的，这种联系可以通过指数体系进行描述。如果某种经济指标等于其他有关指标的连乘积，那么这些指标之间就组成指数体系。有了指数体系，就可以进行因素分析，还可以对未知指数进行推算。

重要词汇

指数、数量指标综合指数、质量指标综合指数、加权算术平均数指数、加权调和平均数指数、可变构成指数、固定构成指数、结构影响指数、指数体系、指数推算。

思考题

1. 空气质量指数、消费者信心指数、股价指数都是什么指数？
2. 查阅资料，了解中国 CPI 指数的计算原理和计算公式。
3. 举例说明平均指标对比指数的应用。
4. 举例说明指数体系因素分析法的应用。
5. 货币购买力指数和物价指数之间具有什么样的关系？

练习题

一、单项选择题（每题只有一个正确答案）

1. 数量指标指数和质量指标指数，是按其（　　）不同划分的。
   A. 反应对象范围的　　　　　　　　B. 对比的基期的
   C. 所表明的经济指标性质的　　　　D. 同度量因素的

2. 如果采用某一固定时期作为基期，这样计算的一系列指数称为（　　）。
   A. 环比指数　　B. 定基指数　　C. 总指数　　D. 个体指数

3. 编制数量指标综合指数的一般原则是采用（　　）同度量因素。
   A. 报告期数量指标　　　　　　　　B. 基期数量指标
   C. 报告期质量指标　　　　　　　　D. 基期质量指标

4. 在平均指标变动的因素分析中，结构影响指数是（　　）。

   A. $\dfrac{\frac{\sum X_1 f_1}{\sum f_1}}{\frac{\sum X_0 f_0}{\sum f_0}}$　　　　　B. $\dfrac{\frac{\sum X_1 f_1}{\sum f_1}}{\frac{\sum X_0 f_1}{\sum f_1}}$

   C. $\dfrac{\frac{\sum X_1 f_1}{\sum f_1}}{\frac{\sum X_1 f_0}{\sum f_0}}$　　　　　D. $\dfrac{\frac{\sum X_1 f_0}{\sum f_0}}{\frac{\sum X_0 f_0}{\sum f_0}}$

5. 如果某种产品的销售量上升 10%，销售价格下降 10%，则销售额（　　）。
   A. 没有变化　　B. 有所增加　　C. 有所减少　　D. 无法判断

6. 指数体系中各指数的联系表述为对象指数等于各因素指数的（　　）。
   A. 加总　　B. 连乘积　　C. 相除的商　　D. 相减的差

7. 某地区生活品零售价格上涨了 6%，生活品销售量增长了 8%，那么生活品销售额（　　）。
   A. 下降 114.48%　　B. 下降 14.48%　　C. 增长 114.48%　　D. 增长 14.48%

8. 如果生活费用指数上涨了 20%，则现在的 1 元钱（　　）。
   A. 只值原来的 0.8 元　　　　　　　B. 只值原来的 0.83 元
   C. 与原来的 1 元钱等值　　　　　　D. 无法与原来比较

9. 某地区 2014 年社会商品零售额为 12 000 万元，2018 年增至 15 600 万元，这四年当中物价上涨了 4%，则商品零售量指数为（　　）。
   A. 130%　　B. 104%　　C. 80%　　D. 125%

10. 某厂 2018 年产品单位成本比 2017 年提高了 5.8%，产品产量结构影响指数为

96%,则该厂总平均单位成本( )。

A. 提高 1.57%　　　　　　　　　B. 提高 1.8%

C. 下降 4%　　　　　　　　　　D. 下降 9.26%

11. 总指数与个体指数的主要差异是( )。

A. 计算范围不同　　　　　　　　B. 计算方法不同

C. 指标形式不同　　　　　　　　D. 计算方法和计算范围都不同

12. 下列指标中不属于统计指数的是( )。

A. 同一商品不同时期的价格之比

B. 同一商品不同地区的价格之比

C. 某年实际使用外资额与协议使用外资额之比

D. 某年股票成交量与全部证券成交量之比

13. 某企业集团下属三个企业的员工工资同比增长了 5%、10%、15%,则该企业集团所有三个企业的员工平均工资的变动情况为( )。

A. 至少增加 10%　　　　　　　　B. 最多增加 20%

C. 增加 5%~15%　　　　　　　　D. 有所增加

14. 某地区的商品零售总额比上年增长 20%,扣除销售量因素后仍然增长 8.1%,可以推断该地区的商品销售量指数为( )。

A. 11.9%　　　B. 11%　　　C. 109%　　　D. 111%

15. 某地区粮食亩产量报告期比基期增长 5%,其总产量却减少 5.5%,则粮食播种面积比基期( )。

A. 扩大 5%　　　　　　　　　　B. 扩大 10%

C. 缩小 5%　　　　　　　　　　D. 缩小 10%

二、判断题(下列各题中,对的打"√",错的打"×")

1. 消费物价指数、沪深 300 指数、某种产品的产量指数都是个体指数。　( )

2. 数量指标指数和质量指标指数是按计算指数的指标性质的不同而进行的分类。

( )

3. 产品成本指数、诚信指数、空气质量指数都属于质量指标指数。　　( )

4. 数量指标指数反映总体的总规模水平,质量指标指数反映总体的相对水平或平均水平。

( )

5. 个体指数就是动态相对数,也是发展速度指标。　　　　　　　　　( )

6. 平均数指数是编制总指数的另一种重要形式,有它的独立应用意义。( )

7. 综合指数和平均指数的分子、分母都是相关的总量指标。　　　　　( )

8. 指数体系是由两个或两个以上、经济上具有一定联系的指数所构成的一个整体。

( )

9. 平均指标变动的两因素指数体系是固定构成指数＝可变构成指数×结构影响指数。 （　）
10. 因素分析内容包括相对数分析和平均数分析。 （　）

三、填空题

1. 指数有三方面的基本性质：相对性、综合性和_____。
2. 指数按其所反映的对象范围的不同，分为_____和_____。
3. _____又分为可变构成指数、固定构成指数和结构影响指数。
4. 总指数的计算形式有两种：一种是_____指数，一种是_____指数。
5. 拉斯贝尔数量指标指数提倡以_____的价格作为同度量因素，_____数量指标指数提倡以报告期的价格作为同度量因素。
6. 按照一般原则，编制数量指标指数时，同度量因素固定在_____，编制质量指标指数时，同度量因素固定在_____。
7. 综合指数依据所用指标的不同分为_____和质量指标综合指数。
8. 劳动生产率指数是指数按反映经济指标性质不同进行分类后的_____。
9. 定基指数形成的数列可以反映现象长期发展变动的趋势，_____指数形成的数列可以反映现象逐期发展变动的程度。
10. 某企业的职工工资水平比上年提高5%，职工人数增加2%，则企业工资总额增长_____。

四、计算题

1. 某企业两种产品的产量及出厂价格资料如表6.10所示。

表6.10　某企业两种产品的统计资料

产品名称	计量单位	产量		出厂价格/元	
		基期 q_0	报告期 q_1	基期 p_0	报告期 p_1
甲	吨	5 000	5 500	20	25
乙	件	3 000	3 600	25	28

试计算：(1) 产量个体指数和出厂价格个体指数；
(2) 产量总指数；
(3) 出厂价格总指数。

2. 根据表6.11中的资料计算价格总指数及因价格变动而使购买者多支付（少支付）的金额。

表 6.11 三种商品的统计资料

商品名称	计量单位	个体价格指数/%	成交额/万元	
			基期	报告期
甲	件	104	50	60
乙	米	97	20	20
丙	千克	106	100	120

3. 某商店商品销售情况如表 6.12 所示。

表 6.12 某商店商品的销售资料

商品名称	计量单位	销售量		销售单价/元	
		基期	报告期	基期	报告期
甲	台	30	36	1.1	1.5
乙	个	20	20	8.0	10.0
丙	件	14	16	2.2	2.5

试计算:(1)拉斯贝尔销售量指数和价格指数;

(2)帕氏销售量指数和价格指数。

4. 某商场三种商品的销售资料如表 6.13 所示,试分析贸易额受贸易量和价格变动的影响情况。

表 6.13 某商场三种商品的销售资料

商品	贸易额/万元		价格上涨或下降的百分比
	2018 年	2017 年	
甲	4 000	3 600	−50.0
乙	700	400	−12.5
丙	600	600	+50.5

5. 某企业生产同种商品的两个车间的生产资料如表 6.14 所示,试计算全厂劳动生产率及指数,并对其变动进行因素分析。

表 6.14 某企业生产同种商品的两个车间的生产资料

	产品总量/吨		生产工人数/人		劳动生产率/(吨/人)	
	基期	报告期	基期	报告期	基期	报告期
甲	100	150	100	140	1.00	1.20
乙	76	85	95	100	0.90	0.95
全厂	176	235	195	240	—	—

6. 某地区 2018 年出口总值的发展速度为 135.2%，出口商品的价格上升了 15%，进口总值增长了 20%，进口商品价格下降了 10%，试计算出口商品物量指数、进口商品物量指数。

7. 已知某地区 2018 年比 2017 年年平均人口数增加了 2%，国内生产总值增加了 16%，试计算该地区劳动生产率的提高程度。

8. 某企业甲、乙两种产品产量及对材料的单耗资料如表 6.15 所示。

表 6.15 某企业甲、乙两种产品产量及对材料的单耗资料

商品	计量单位	产量		单耗/千克	
		基期	报告期	基期	报告期
甲	件	1 200	1 350	20	21
乙	台	500	600	8	6

试计算和分析材料总消耗量的变动，受产品产量及单耗变动的相对影响程度及影响的绝对量。

五、综合题

1. 查阅文献资料，了解"经济自由度指数"的含义和计算方法。
2. 查阅文献资料，了解"克强指数"的含义及其计算方法。

第七章 随机抽样方法

本章导言

以点推面

无论是大人,还是婴幼儿,医生在测量体温时,仅仅测试身体的一个小小的部位。血液检查测量的仅仅是人体血液中非常小的血液量,有些检查仅需要一滴血即可。中医靠搭脉、看舌苔就可以进行基本的病情诊断。

厨师在做菜时,把调料拌匀后,随意尝一口,便知菜的味道。煮饺子时,随意捞出来一只尝尝,就知道所有饺子的生熟。

污染源调查,产品质量调查,电视节目收视率、广播节目收听率调查都是以点推面。

随机抽样调查是最重要的调查方式,根据样本结果做出对总体具有一定概率保证程度的推断,从而实现以点推面。

学习目标

1. 了解抽样调查的意义、作用和组织方式。
2. 掌握抽样调查的特点和应用领域。
3. 掌握抽样调查中的基本概念。
4. 掌握抽样推断的点估计法和区间估计法。
5. 会计算必要样本容量。

第一节　抽样调查的基本问题

一、抽样调查的概念和特点

抽样调查是专门组织的非全面调查,是按照随机性原则从总体中抽取一部分单位组成样本,对样本进行全面调查,并运用数理统计的原理,用调查所得资料对总体相应的指标数值做出具有一定可靠性的估计和推断的一种统计调查方法。

抽样调查中,从总体中抽取的能代表总体的一部分单位,组成抽样总体,即样本。样本单位的选取遵循随机性原则,样本调查的数据揭示了总体的数量特征和规律,因此,可根据样本中所包含的信息对总体的数量方面进行估计和推算。抽样调查的理论依据是概率论中的大数定律和中心极限定理。大数定律从理论上阐述了当样本容量增大时,样本指标趋近于总体的相应指标,这为抽样推断提供了重要依据。

抽样调查具有如下特点。

1. 按照随机性原则抽取样本单位

所谓随机性原则,也称为等机会或等可能性原则。从调查对象中抽取样本单位时,每个调查单位被抽中的机会或不被抽中的机会都相等。当样本中的单位数确定后,抽样调查可以保证每个样本被抽中或不被抽中的可能性都相等。随机性原则保证了样本单位的客观公正性,提高了样本的代表性。例如,福利彩票号码的产生,0~9 中的每个数字都是按随机性原则选出来的;又如,海关的质检部门对进口商品的质量检测,工商部门对市场销售的食品进行的质量抽查,调查公司对电视台新开办的电视栏目的收视率调查等。此外,像电话号码、车牌号码、手机号码等都是按照随机性原则随机生成的。

2. 由样本的数量特征推断和估算总体的数量特征和数量表现

抽样调查同典型调查和重点调查相比,抽样单位的选取排除了个人主观意图的影响,样本的代表性好,样本提供的总体信息比较充分。因而,可根据样本提供的数据信息推断总体的数量特征和数量表现。

3. 根据抽样调查结果推断总体,必然会产生抽样误差,但抽样误差是可以事先计算并加以控制的

抽样调查是根据样本的信息,对总体的数量特征进行推断,样本毕竟只是总体中的一部分,由一部分来推算全体,无论如何都会有误差存在。而且,当样本中的单位个数确定后,总体中的样本有许多个,每次调查时,只能抽中样本中的某一个,每个样本的代表性不同,提供的样本信息也不同,因此,抽样调查,必然会产生抽样误差。抽样调查的理论依据是概率论中的大数定律。根据概率论知识,可以对抽样产生的误差进行计算和控

制,而且可以通过增加样本容量和改变抽样的组织形式来控制抽样误差,提高抽样推断的准确性。

4. 抽样调查可以节省调查费用、调查时间,具有较高的精确性

抽样调查是非全面调查,比起全面调查来,调查的单位数较少,代表性强,工作量较小,所需调查人员少,组织灵活,可以快速完成调查任务,节省调查成本,具有较高的精确性。特别是在总体包括调查单位较多的情况下,抽样调查结果的准确性一般高于全面调查。因此,只要抽样调查的组织方式得当,调查人员工作认真负责,抽样调查的结果是非常可靠的。绝大多数的社会调查都是抽样调查。

二、抽样调查的应用范围

抽样调查的技巧,广泛地应用于社会经济领域,归纳起来有以下几个方面。

1. 有些社会经济现象无法进行全面调查时,必须采用抽样调查方法

例如广播节目的收听率、电视节目的收视率调查;日光灯耐用时间检验,原始森林、矿产资源的储量调查等。这些调查因为涉及面非常广泛,无法进行全面调查,只能用抽样调查的方式。而日光灯的质量检验、商品质量调查等都带有一定的破坏性,不可能进行全面调查,只能使用抽样调查。还有像农作物的抗药性检测、某种新药品的临床测试等,也是无法进行全面调查的。社会经济现象和自然现象中存在大量的无法进行全面调查的现象,抽样调查大有用武之地。

2. 有些社会经济现象,从理论上讲可以采用全面调查,但实际上不必要或不值得,这时,也要采用抽样调查

例如,要了解上海市外来民工的受教育程度,可以到民工的暂住地,颁发调查表进行全面调查,实际上没必要这样做,如果调查人员不认真负责,全面调查的资料未必完全正确。全面调查涉及的调查单位较多,调查人员的工作能力、工作态度、技术水平直接影响调查结果。又如,外商对上海的投资环境进行的调查,某种新产品上市前的市场调查等,都没有必要采用全面调查的方式,只需采用抽样调查的组织方式。采用抽样调查既可以节省人力、物力、费用和时间,又能达到和全面调查同样的目的和效果。

3. 抽样调查的结果可补充和修正全面调查的资料

全面调查工作量大,各个环节都有出错的可能。抽样调查的工作量较小,可以对调查人员进行精心的培训,提高调查的质量。根据抽样调查的结果可以推断和估计总体的数量特征。因而,利用抽样调查的资料可对全面调查的资料进行修正和补充。

4. 通过抽样调查可以分析研究社会经济现象中出现的新情况、新事物

社会发展日新月异,新问题、新情况层出不穷,对社会经济现象中出现的新情况、新事物,可用抽样调查的方法进行数量方面的分析研究,推断出事物的数量特征,从数量方面认识和把握新生事物。例如,对上市公司的法人治理结构与其经营绩效的相关性研究,可采用抽样调查方法进行分析研究;青少年因深陷网络游戏而不思进取的现象,是当

今社会的一大新趋势,社会学家、政府部门及网络游戏公司可以利用抽样调查的方式对此进行调查研究。

5. 抽样调查可用于工业生产过程的质量控制

在工业产品的批量生产过程中,可利用抽样调查方法检测产品的质量,及时提供生产过程的有关信息,对生产过程进行质量控制,保证产品质量的稳定。

抽样调查的应用领域越来越广,为什么大多数的调查研究都采用抽样调查方式而不采用全面调查,主要原因是:

(1) 抽样调查节省人力、物力和时间,节省调查费用;

(2) 抽样调查是非全面调查,可以快速完成调查任务,时效性强;

(3) 抽样调查是从总体中抽取样本进行的调查,不受总体范围大小的限制;

(4) 抽样调查依据大数定律和数理统计推断技术,具有较高的准确度;

(5) 抽样调查是非全面调查,社会经济现象总体大都具有已知的公开信息,便于组织。

抽样调查是一种科学而又实用的统计调查方法,在社会主义市场经济体制下,信息的及时性是竞争获胜的充分条件,信息的重要性日益显著。随着抽样理论的发展,抽样技术的进步和完善,抽样调查在社会经济统计中的应用将越来越广泛。

三、抽样调查的几个基本概念

(一) 全及总体和抽样总体(样本)

1. 全及总体

全及总体简称总体,是所研究对象的全体,是由许多性质相同的调查单位组成的。全及总体明确了抽样推断的范围。例如,2015 年 11 月 1 日零点,中国开展了 1‰ 人口抽样调查,全国大陆 31 个省、自治区、直辖市和现役军人的人口为 137 349 万人。这个人口总体即是全及总体。

通常用 N 表示全及总体中的单位数。在抽样调查中,全及总体是唯一的、确定的,但是,总体中的某些数量特征是未知的。正是由于总体存在未知的数量特征,才有必要开展抽样调查。

2. 抽样总体

抽样总体简称样本,是按随机性原则从全及总体中抽取的一部分调查单位所组成的集合体。例如,在上海华东理工大学全体在校大学生的身体健康状况调查中,随机抽取 10% 的学生进行体检,这 10% 的学生组成的小总体,就是抽样总体,也称为样本。

一般地,样本中所包含的调查单位的个数用 n 表示,n 称为样本容量。在抽样调查中,若 $n \geq 30$,则称为大样本;$n < 30$ 为小样本。理论上讲,样本容量越大,提供的信息越多,抽样推断越准确,实际上,人们总是喜欢用很小的样本来推断很大的总体。因而,要确定必要的样本容量。

对一项具体的统计调查而言,全及总体是唯一确定的,而抽样总体是变化的。抽样总体是全及总体的子集,不同的抽样方式,不同的样本容量,决定了样本的数目也不相同。每次抽样,抽取的只不过是众多样本中的一个,所以每次抽样产生的误差也不一样。

(二) 全及指标和抽样指标

1. 全及指标

全及指标,又称总体指标,是根据全及总体的有关标志计算并反映全及总体数量特征的综合指标。主要有全及平均数、全及成数、总体数量标志的方差及标准差、总体交替标志的方差和标准差四种。

(1) 全及平均数。全及平均数又称总体平均数,用 $\overline{X}$ 表示。设全及总体单位的数量标志值为 X,则 $\overline{X}=\dfrac{\sum X}{N}$。若总体已分组,且 f 为各组的频数,则 $\overline{X}=\dfrac{\sum Xf}{\sum f}$。全及平均数,说明全及总体数量标志值的集中趋势,代表全及总体数量标志值的一般水平。全及平均数是唯一的,但是未知,需要根据样本的信息进行推算。例如,将华为公司 2018 年 12 月份生产的全部手机产品作为全及总体,那么,产品的平均成本就是全及平均数。如果将华为公司 2018 年 12 月的职工工资收入作为全及总体,那么,职工平均工资就是全及平均数。

(2) 全及成数。全及成数又称总体成数,用 P 表示。设 N 个单位中,有 N_1 个单位具有某种标志,N_0 个单位不具有该种标志,具有某种标志的单位数占全及总体单位数的比重,称为全及成数,则 $P=\dfrac{N_1}{N}$,不具有该种标志的单位数占全及总体单位数的比重为 Q,$Q=\dfrac{N_0}{N}$,显然 $P+Q=1$。比如,一年有 365 天,根据是否下雨,可以分成两部分,一部分是下雨的天数 N_1,另一部分是不下雨的天数 N_0;根据出生时的性别,可以将新生婴儿分为男性 N_1 个,女性 N_0 个;依据产品是否合格,可以将新生产的产品分为合格品 N_1 个,不合格品 N_0 个;依据实验结果是否成功,可以将 N 次试验分成成功 N_1 次,不成功 N_0 次。

全及比例,反映全及总体单位中,具有某种标志单位数的比重,反映全及总体的内部结构状况。商品合格率、考试及格率、电视节目收视率等比率指标就是全及成数。全及比例是唯一的、未知的,是需要进行抽样推断的。

(3) 总体数量标志的方差、标准差。根据全及总体单位的数量标志值计算的方差,称为总体数量标志的方差,也称总方差,用 σ^2 表示。

若总体未分组,则 $\sigma^2=\dfrac{\sum(X-\overline{X})^2}{N}$,式中,$\overline{X}=\dfrac{\sum X}{N}$。

若总体已分组,则 $\sigma^2=\dfrac{\sum(X-\overline{X})^2 f}{\sum f}$,$f$ 为各组的权数,$\overline{X}=\dfrac{\sum Xf}{\sum f}$。

总体方差的平方根称为总体标准差,用 σ 表示。

若总体未分组,则 $\sigma=\sqrt{\dfrac{\sum(X-\overline{X})^2}{N}}$;

若总体已分组,则 $\sigma = \sqrt{\dfrac{\sum (X-\overline{X})^2 f}{\sum f}}$。

总体单位数量标志的方差,反映了总体单位数量标志值的差异程度,或离散程度,它是唯一的。总体单位数量标志的方差会影响抽样调查的质量。该指标越大,说明总体单位的数量差异程度越大,要达到或提高抽样推断的质量,必须增加样本容量。

(4) 总体交替标志的方差、标准差。有些社会经济现象的标志具体表现为两种情况,如婴儿的性别表现为"男"或"女",科学实验的结果表现为"成功"或"失败",产品的质量表现为"合格品"或"次品",一年中的某一天表现为"下雨"或"不下雨"等。这种可以用"是""否"或"有""无"来表示的标志,称为交替标志,也叫是非标志。一般地,具有"是"标志的单位,定义其标志值 $X=1$,单位数为 N_1,具有"否"标志的单位,定义其标志值 $X=0$,单位数为 N_0。而 $P=\dfrac{N_1}{N}, Q=\dfrac{N_0}{N}$,

$$\overline{X} = \frac{\sum Xf}{\sum f} = \frac{N_1 \times 1 + N_0 \times 0}{N} = \frac{N_1}{N} = P$$

$$方差 = \frac{\sum (X-\overline{X})^2 f}{\sum f} = \frac{(1-P)^2 \times N_1 + (0-P)^2 \times N_0}{N} = P(1-P)^2 + P^2 Q$$
$$= PQ$$

所以,交替标志的方差 $=PQ$

交替标志的标准差 $=\sqrt{PQ}$

交替标志的方差和标准差,与总体数量标志的方差和标准差的含义相同,只不过交替标志是一类特殊的情况。

2. 抽样指标

抽样指标又称样本指标,是根据样本单位的数量标志值计算的,反映样本数量特征的综合指标。主要有样本平均数、样本成数、样本数量标志的方差和标准差、样本交替标志的方差与标准差四种。

(1) 抽样平均数($\bar{x}$),又称样本平均数,设 n 为样本容量,x 为样本单位的数量标志值,

若样本未分组,则 $\bar{x} = \dfrac{\sum x}{n}$;

若样本已分组,则 $\bar{x} = \dfrac{\sum xf}{\sum f}$,$f$ 为各组单位数。

样本平均数,说明样本单位数量标志值的一般水平,是非常重要的样本指标。当样本确定以后,样本平均数随之而定。需要注意的是,样本平均数随样本而定,由于样本有许多个,每次抽中的样本是随机的、偶然的,因而,样本平均数也是一个随机数。它是推

断总体平均数的基本依据。

(2) 抽样成数。又称样本成数,设样本中具有某一标志的单位数为 n_1,不具有某一标志的单位数为 n_0,则具有某一标志的单位数占样本单位数的比重称为抽样成数,用 p 表示,$p = \dfrac{n_1}{n}$。同理,不具有某一标志的单位数占样本单位数的比重为 q,$q = \dfrac{n_0}{n}$,$p+q=1$。

样本成数,说明样本单位中具有某种标志的单位数的比重,反映样本的内部结构,是非常重要的样本指标。当样本确定以后,样本成数随之而定。需要注意的是,样本成数随样本而定,由于样本有许多个,每次抽中的样本是随机的,因而,样本成数也是一个随机数。它是推断总体成数的基本依据。

(3) 样本数量标志的方差、标准。样本数量标志的方差又称样本方差,它是根据样本单位的数量标志值计算的,用 s^2 表示。

若样本未分组,则 $s^2 = \dfrac{\sum(x-\bar{x})^2}{n}$,式中,$\bar{x} = \dfrac{\sum x}{n}$;

若样本已分组,则 $s^2 = \dfrac{\sum(x-\bar{x})^2 f}{\sum f}$,$f$ 为样本中各组的次数,$\bar{x} = \dfrac{\sum xf}{\sum f}$。

样本方差的平方根,称为样本标准差,用 s 表示。

若样本未分组,则 $s = \sqrt{\dfrac{\sum(x-\bar{x})^2}{n}}$,式中,$\bar{x} = \dfrac{\sum x}{n}$;

若样本已分组,则 $s = \sqrt{\dfrac{\sum(x-\bar{x})^2 f}{\sum f}}$,$f$ 为样本中各组次数,$\bar{x} = \dfrac{\sum xf}{\sum f}$。

样本方差,反映样本数量标志值的差异程度,或样本数量标志值的离散程度,是重要的样本指标,随样本的不同而不同,是抽样推断的基础。为了提高抽样估计的准确程度,也可用下面的公式计算样本方差:

若样本已分组,则 $s^2 = \dfrac{\sum(x-\bar{x})^2}{n-1}$,式中,$\bar{x} = \dfrac{\sum x}{n}$;

若样本未分组,则 $s^2 = \dfrac{\sum(x-\bar{x})^2 f}{\sum f - 1}$,$f$ 为样本中各组次数,$\bar{x} = \dfrac{\sum xf}{\sum f}$。

(4) 样本交替标志的方差、标准差。设样本单位中具有某一标志的单位数为 n_1,不具有某一标志的单位数为 n_0,$n_1+n_0=n$,具有该标志的样本单位,定义其标志值 $x=1$,不具有该标志的样本单位,定义其标志值 $x=0$,则

$$\bar{x} = \dfrac{\sum xf}{\sum f} = \dfrac{n_1 \times 1 + n_0 \times 0}{n} = p$$

$$方差 = \dfrac{\sum(x-\bar{x})^2 f}{\sum f} = \dfrac{(1-p)^2 \times n_1 + (0-p)^2 \times n_0}{n} = p^2 q + pq^2 = pq$$

所以,交替标志的方差为 pq 或 $p(1-p)$

交替标志的标准差为 $\sqrt{pq}$ 或 $\sqrt{p(1-p)}$

样本交替标志的方差,反映样本交替标志值的差异程度,或样本交替标志值的离散程度,是重要的样本指标,随样本的不同而不同,是抽样推断的基础。

由于全及总体是唯一确定的,所有的全及指标值也是唯一确定的,但是,实际中,都是事先未知的,所以需要进行抽样推断。抽样总体是不唯一的,抽样指标值也是不唯一的,所有的抽样指标值都是随机数。

(三) 抽样单元、抽样框和抽样比

1. 抽样单元

为了顺利地组织随机抽样,通常要把总体划分成有限个互不重叠的部分,每个部分都叫作一个抽样单元。例如,对在校大学生身体健康状况的调查中,可将每个学院的学生或每个系的学生作为一级抽样单元,各个学院或系又可以按专业细分为二级单元,每个专业又可以按班级分为三级单元。抽样单元决定了样本单位的层次和大小。抽样单元,可以按事物的自然属性划分,也可以根据研究目的和特点,人为划定。抽样单元并不总是等于总体单位,可能是总体单位的某种集合,是为了方便抽样而设定的基本单位。

2. 抽样框

在设计抽样方案时,关于抽样单元的详细资料,称之为抽样框。抽样框决定了总体范围,决定了抽样区域。如,全体在校大学生的名单或学号,组成一个抽样框;某企业生产的某批产品的型号范围,组成一个抽样框;某行政区的所有街道;某街道的所有居委会等。抽样框决定了抽样调查实施的范围,可以避免总体单位的遗漏。

3. 抽样比

样本单位数占全及总体单位总数的比例,称为抽样比,即 $\dfrac{n}{N}$。抽样比由总体单位的数量差异、抽样推断的精度和抽样组织方式而定,抽样比能够影响抽样误差,进而影响抽样推断的精度。

(四) 抽样方法

根据抽样方式的不同,抽样分为重复抽样和不重复抽样。

1. 重复抽样

设全及总体的单位总数为 N,抽样总体的单位总数为 n,抽样时,每次从总体中抽取一个个体,记录下要调查的标志后,把它放回到全及总体中,再抽取下一个个体,记录下标志后,把它放回去,然后再抽取另一个个体,如此循环往复,直到抽取 n 个个体为止。这种抽样方法称为重复抽样,也叫重置抽样或有放回抽样。因此,重复抽样的样本是由 n 次相互独立的随机抽样所组成的,每个个体在每次抽样中被抽中或不被抽中的机会完全相同。重复抽样中,全及总体的单位数没有发生任何变化。但是,重复抽样所抽取的样本中有可能抽到相同的个体,减少了样本的信息量,进而影响抽样调查的质量。比如,电话号码中有重复的数字;彩票号码、车牌号码、身份证号码中都会有相同的数字,这种抽样都是重置抽样。

2. 不重复抽样

设全及总体的单位数为 N,样本容量为 n,抽样时,每次从总体中抽取一个单位,记录下要调查的标志后,不再放回去,然后从剩下的总体单位中抽取下一个单位,记录下该单位的标志后,不再放回去,然后再从剩下的总体单位中抽取下一个单位,如此循环往复,直到抽取 n 个单位为止。这种抽样方法称为不重复抽样,也叫非重置抽样。因此,不重复抽样的样本是由 n 次相互联系的随机抽样所组成的,每个个体被抽中或不被抽中的机会在各次抽样中是不相同的。在不重复抽取过程中,全及总体的单位数是逐渐减少的。但是,不重复抽样所抽取的样本单位都不相同,样本中没有相同的个体,提高了样本的代表性,这种抽样的精确度相对较高。现实社会中的抽样调查大都是不重复抽样,如产品的质量检测,民意调查,广播电视节目的收听率、收视率调查等。

重复抽样和不重复抽样,也称为有放回抽样和无放回抽样。重复抽样由于是有放回抽样,每个个体有重复抽中的可能,所以样本的代表性差,抽样推断的精确度不高。不重复抽样由于是不放回抽样,每次抽取的样本单位都不相同,所以样本的代表性好,抽样推断的误差较小。重复抽样时,总体单位数保持不变,不重复抽样时,总体单位数逐渐减少,因而,重复抽样的样本数目大于不重复抽样的样本数目。

四、抽样调查的理论依据

为什么按随机性原则抽取样本单位的抽样调查的结果,可以用来推断总体?这是因为抽样单位的选取排除了人为主观因素的影响。个别单位在性质上的差异能相互抵消,呈现共同的规律,使总体具有稳定的性质。概率论中的大数定律为抽样调查奠定了理论基础。

大数定律是关于大量随机现象的平均结果具有稳定性的一系列定理的总称。它说明如果被研究的对象是由大量的相互独立的随机因素所构成,而且每个因素对总体的影响都相对很小,那么,这些因素共同作用的综合结果,将使现象呈现出本身的规律性。就抽样调查而言,大数定律可以证明:随着样本容量 n 的增加,样本平均数 $\bar{x}$ 收敛于总体平均数 $\bar{X}$,样本成数 p 收敛于总体成数 P。

大数定律论证了随样本容量 n 的增加,样本指标收敛于总体的相应指标,这为抽样推断提供了重要的理论依据。但是,抽样推断必然会产生误差,由样本指标推算估计总体的相应指标,误差到底有多大?怎样才能估算出这个误差,并进行事前的控制?这是大数定律无法解决的。

关于抽样调查的误差控制和估算要用到概率论中的另一重要定理:中心极限定理。中心极限定理表明,如果总体变量存在有限的平均数和方差,那么,不论这个总体变量的分布如何,随着样本容量 n 的增加,样本平均数的分布都趋近于正态分布。正态分布是概率论中最常用的随机变量分布之一,有关正态分布的性质和概率计算是概率论中的经典之作。现实生活中,一个随机变量服从正态分布的情况未必很多,但是,多个随机变量之和的分布大都服从正态分布。样本指标都可表示为随机变量和的分布,因此,当样本容量 n 充分大时,样本指标趋近于正态分布,这为抽样误差的概率估计提供了理论基础。

> **重要知识点**:抽样调查是按照随机性原则抽选样本单位,根据样本特征对总体相应的特征做出有一定概率保证程度推断的统计方法。总体是唯一的,样本是随机的、多样的。抽样调查一定会产生误差。

第二节 抽样误差

一、抽样误差的概念

所谓抽样误差,就是按随机性原则抽取样本,所得抽样指标与总体指标的差数,主要包括抽样平均数与全及平均数的差数 $\bar{x}-\overline{X}$,抽样成数与全及成数的差数 $(P-p)$。一般地,抽样误差越小,样本指标的代表性越高,抽样推断的精确性越高,反之则亦然。抽样调查的目的是用样本指标去推断估计总体指标,而推断的精确性及样本指标的代表性好坏完全依靠抽样误差。因此,怎样计算、理解、控制和使用抽样误差是抽样调查的重要问题。

第一,抽样误差是随机性误差。抽样误差是由多种原因造成的,主要有客观性原因和主观性原因两大类。主观性原因是调查人员在组织抽样调查过程中,没有真正遵循随机性原则,使样本缺乏代表性;在数据记录和登记过程中,出现错误,以及其他方面的原因产生的误差。这一类误差,统称为系统性误差。客观性原因产生的误差,是由抽样调查本身的特点决定的,是它与生俱来的缺点。即便调查人员严格执行抽样调查的全过程,由样本推断总体还是会产生误差,这一类误差,统称为随机性误差。系统性误差主要是指没有遵循随机性原则抽取样本而产生的误差。因此,只要在抽样过程中严格遵循随机性原则就可避免系统性误差的产生。随机性误差又称为偶然的代表性误差,它是指抽样过程中遵循了随机性原则,而在记录、计算和汇总过程中没有误差的情况下,由样本指标估计总体相应指标而产生的离差。这种随机性误差是抽样调查固有的误差,是必然会产生的,无法避免的。我们只能设法控制它的大小,而无法彻底根除。因此,我们所说的抽样误差就是指这种随机性误差。

第二,抽样误差有抽样实际误差和抽样平均误差之分。抽样实际误差是指某一个样本指标与总体指标之间的差数,即 $\bar{x}-\overline{X}$ 和 $(p-P)$。抽样调查中,全及指标 $\overline{X}$ 和 P 是唯一确定的,而样本指标 $\bar{x}$ 和 p 随样本的不同而不同,$\bar{x}$ 和 p 是随机变量,只有当样本确定后,它才有一个确定的值。因此,有多少个样本,就有多少个抽样实际误差。所以,抽样实际误差是一个随机数,随抽中的样本不同而不同。我们无法用抽样实际误差衡量抽样误差的大小。很自然地,我们可以把所有的抽样实际误差进行平均,确定其抽样实际误差的一般水平,用它来衡量抽样调查的误差大小。这个误差就叫作抽样平均误差。抽样平均误差是指所有可能出现的抽样实际误差的平均水平,反映抽样推断的精确程度。确切地说,抽样平均误差是指所有样本指标的标准差,它具有标准差的一般意义。一般讨论抽样误差时,指的就是抽样平均误差。

二、抽样平均误差的意义和作用

我们已经知道,抽样实际误差随所抽取样本的不同而变化,它是一个随机变量。仅以某一次抽样所产生的实际误差来衡量样本指标对全及指标的代表性,显然是不恰当的。这是因为,某一次抽样结果的抽样实际误差只是一系列抽样结果可能出现的误差数值之一,它不能概括所有抽样结果所产生的全部抽样误差水平。因而,可以把所有可能的抽样实际误差都考虑进去,以一个综合指标来衡量抽样推断的可靠性,这一指标即是抽样平均误差。从理论上讲,抽样平均误差是所有样本指标的标准差。就某一次具体的抽样而言,抽样实际误差可能较大,也可能很小,但是考虑到所有可能的抽样结果,抽样平均误差即是误差的平均水平。因此,抽样平均误差的作用可归纳如下。

(1) 抽样平均误差可衡量抽样指标对全及指标的代表性。抽样平均误差越小,样本指标的代表性越好;抽样平均误差越大,样本指标的代表性越不好。抽样平均误差与样本指标的代表性反向变化。

(2) 抽样平均误差是计算总体指标区间估计值的基本依据。为了提高抽样推断的精确性,通常要进行总体指标的区间估计,而抽样平均误差是进行区间估计的一个必要条件。

(3) 抽样平均误差是确定必要样本容量的基本依据。在组织抽样调查时,样本容量的多少非常重要,样本容量大,要花费较多的人力、物力、财力和时间;样本容量小、代表性差,不利于进行正确的抽样推断。因此,要确定一个必要的样本容量。有了抽样平均误差,必要样本容量的确定就有了基本依据。

(4) 抽样平均误差可以衡量抽样推断的精确程度。抽样平均误差反映了在特定抽样组织方式下,抽样误差的一般水平,抽样平均误差越小,说明抽样推断的精确程度越好;抽样平均误差越大,说明抽样推断的精确程度越差。

三、抽样平均误差的计算

抽样平均误差分为抽样平均数的抽样平均误差和抽样成数的抽样平均误差两种,不同的抽样方法,抽样平均误差也不一样,下面将分别介绍简单随机抽样条件下,重复抽样和不重复抽样的抽样平均误差的计算。

通过一个简单的例子来说明抽样平均误差的概念和计算。

假设四名同学,分别用 A、B、C、D 表示,某次统计学考试的成绩分别是 65 分、60 分、70 分、85 分,四人的平均成绩是 70 分,随机抽选 2 名同学组成样本。

(一) 重复抽样的抽样平均误差

1. 抽样平均数的抽样平均误差

抽样平均数的抽样平均误差用 $\mu_{\bar{x}}$ 表示,已知 $N=4, n=2$,在重复抽样条件下,样本数为 16。根据抽样平均误差的概念,表 7.1 详细列出了抽样平均误差的计算过程。

表 7.1 抽样平均误差计算表

样本序号	样本	样本标志值 x	样本平均数 $\bar{x}$	离差 $(\bar{x}-\bar{\bar{x}})$	离差平方 $(\bar{x}-\bar{\bar{x}})^2$
1	(A,A)	(65,65)	65	−5	25
2	(A,B)	(65,60)	62.5	−7.5	56.25
3	(A,C)	(65,70)	67.5	−2.5	6.25
4	(A,D)	(65,85)	75	5	25
5	(B,A)	(60,65)	62.5	−7.5	56.25
6	(B,B)	(60,60)	60	−10	100
7	(B,C)	(60,70)	65	−5	25
8	(B,D)	(60,85)	72.5	2.5	6.25
9	(C,A)	(70,65)	67.5	−2.5	6.25
10	(C,B)	(70,60)	65	−5	25
11	(C,C)	(70,70)	70	0	0
12	(C,D)	(70,85)	77.5	7.5	56.25
13	(D,A)	(85,65)	75	5	25
14	(D,B)	(85,60)	72.5	2.5	6.25
15	(D,C)	(85,70)	77.5	7.5	56.25
16	(D,D)	(85,85)	85	15	225
∑	—	—	1 120	—	700

根据定义:$\mu_{\bar{x}} = \sqrt{\dfrac{\sum (\bar{x}-\bar{\bar{x}})^2}{k}}$,$k$ 为样本数,$k=16$。

可以证明:$\bar{\bar{x}} = \bar{X} = 70$,所以,$\mu_{\bar{x}} = \sqrt{\dfrac{\sum (\bar{x}-\bar{\bar{x}})^2}{k}} = \sqrt{\dfrac{700}{16}} = 6.61$(分)。

这表明对 16 个样本而言,无论你抽到哪个样本,样本平均成绩与总体平均成绩的偏差,平均来说是 6.61 分。

可以从理论上推导出:$\mu_{\bar{x}} = \frac{\sigma}{\sqrt{n}}$,

其中,n 为样本容量,σ 为总体标准差。本书略去该公式及下面公式的推导过程。

2. 抽样成数的抽样平均误差

抽样成数的抽样平均误差用 μ_p 表示,$\mu_p = \sqrt{\frac{P(1-P)}{n}}$,其中,$n$ 为样本容量,$\sqrt{P(1-P)}$ 为总体交替标志的标准差。

(二) 不重复抽样的抽样平均误差的计算

1. 抽样平均数的抽样平均误差

不重复抽样条件下,样本数目 $k=12$。

接上例,不重复抽样的抽样平均误差的计算过程如表 7.2。

表 7.2 不重复抽样的抽样平均误差计算表

样本序号	样本	样本标志值 x	样本平均数 $\bar{x}$	离差 $\bar{x}-\bar{\bar{x}}$	离差平方 $(\bar{x}-\bar{\bar{x}})^2$
1	(A,B)	(65,60)	62.5	−7.5	56.25
2	(A,C)	(65,70)	67.5	−2.5	6.25
3	(A,D)	(65,85)	75	5	25
4	(B,A)	(60,65)	62.5	−7.5	56.25
5	(B,C)	(60,70)	65	−5	25
6	(B,D)	(60,85)	72.5	2.5	6.25
7	(C,A)	(70,65)	67.5	−2.5	6.25
8	(C,B)	(70,60)	65	−5	25
9	(C,D)	(70,85)	77.5	7.5	56.25
10	(D,A)	(85,65)	75	5	25
11	(D,B)	(85,60)	72.5	2.5	6.25
12	(D,C)	(85,70)	77.5	7.5	56.25
Σ	—	—	840	—	350

$$\mu_{\bar{x}} = \sqrt{\frac{\sum(\bar{x}-\bar{\bar{x}})^2}{k}} = \sqrt{\frac{350}{12}} = 5.4(\text{分})$$

显然,不重复抽样的抽样平均误差小于重复抽样的抽样平均误差。

可以证明,在不重复抽样条件下:$\mu_{\bar{x}} = \sqrt{\frac{\sigma^2}{n}\left(1-\frac{n}{N}\right)}$。

2. 抽样成数的抽样平均误差 $\mu_p = \sqrt{\dfrac{P(1-P)}{n}\left(1-\dfrac{n}{N}\right)}$

不重复抽样的抽样平均误差的计算公式比重复抽样的抽样平均误差计算公式多了一个系数 $\left(1-\dfrac{n}{N}\right)$。由于 $0<\dfrac{n}{N}<1$，故 $1-\dfrac{n}{N}$ 总是大于 0 而小于 1 的数，所以 $1-\dfrac{n}{N}$ 称为抽样平均误差的修正系数，$\dfrac{n}{N}$ 称为抽样比。特别地，当 N 很大，n 很小时，$1-\dfrac{n}{N}$ 近似等于 1，这时，抽样方法对于抽样平均误差的影响是不显著的。因此，实际抽样时，多采用重复抽样的公式计算抽样平均误差。

需要指出的是，抽样平均误差的计算要用到总体的有关指标 σ 和 P，就实际的抽样调查而言，总体指标是未知的，需要通过调查取得，因此，可以采用以下方法解决这个问题。

(1) 用样本标准差代替总体标准差，即用 s 代替 σ，用 $p(1-p)$ 代替 $P(1-P)$。

(2) 用过去同类调查的资料代替，即可以是全面调查的资料，也可以是非全面调查的资料。

(3) 在正式调查前，组织一次小规模的试验性调查，用试验性调查的资料代替。

例 7.1 某工厂对某天生产的 2 000 件电子元件的耐用时间进行全面检测，又抽取 5% 进行抽样复测，资料如表 7.3 所示。

表 7.3 电子元件的检测资料

耐用时间/小时	组中值 x	全面检测/支	抽样复测/支
3 000 以下	2 500	50	2
3 000～4 000	3 500	600	30
4 000～5 000	4 500	990	50
5 000 以上	5 500	360	18
合计		2 000	100

根据规定，耐用时间在 3 000 小时以下为不合格。根据以上资料按重复抽样和不重复抽样方法计算该批电子元件平均耐用时间的抽样平均误差和合格率的抽样平均误差。

解 设 x 为耐用时间，这里 x 是各组的组中值，x 的取值为 2 500，3 500，4 500，5 500，

$$N=2\,000,\ \dfrac{n}{N}=5\%,\ n=2\,000\times 5\%=100$$

根据上述资料，全部元件的平均耐用时间为

$$\overline{X}=\dfrac{\sum Xf}{\sum f}=\dfrac{2\,500\times 50+3\,500\times 600+4\,500\times 990+5\,500\times 360}{2\,000}=4\,330(时)$$

方差为

$$\sigma^2 = \frac{\sum(X-\overline{X})^2 f}{\sum f}$$

$$= \frac{(2\,500-4\,330)^2 \times 50 + (3\,500-4\,330)^2 \times 600 + (4\,500-4\,330)^2 \times 990 + (5\,500-4\,330)^2 \times 360}{2\,000}$$

$$= 551\,100(\text{时})$$

合格率为 $P = \dfrac{2\,000 - 50}{2\,000} = 97.5\%$

重复抽样时：

电子元件平均耐用时间的抽样平均误差为

$$\mu_{\overline{x}} = \sqrt{\frac{\sigma^2}{n}} = \sqrt{\frac{551\,100}{100}} = 74.24(\text{时})$$

电子元件合格率的抽样平均误差为

$$\mu_p = \sqrt{\frac{P(1-P)}{n}} = \sqrt{\frac{97.5\% \times 2.5\%}{100}} = 1.56\%$$

不重复抽样时：

电子元件平均耐用时间的抽样平均误差为

$$\mu_{\overline{x}} = \sqrt{\frac{\sigma^2}{n}\left(1-\frac{n}{N}\right)} = \sqrt{\frac{551\,100}{100}(1-5\%)} = 72.36(\text{时})$$

电子元件合格率的抽样平均误差为

$$\mu_p = \sqrt{\frac{P(1-P)}{n}\left(1-\frac{n}{N}\right)} = \sqrt{\frac{97.5\% \times 2.5\%}{100}(1-5\%)} = 1.52\%$$

四、影响抽样平均误差的因素

从前面的理论分析和实例计算可以看出，影响抽样平均误差的因素主要如下。

1. 样本容量

样本容量越大，平均误差越小，反之则亦然。这是因为样本容量越大，样本包含的总体信息越多，样本的代表性好，所以，由样本推断总体的实际误差就小，抽样平均误差就小。因此，抽样平均误差与样本容量反向变化。

2. 总体方差或全及总体标志变动度

总体方差或全及总体标志变动度越大，平均误差越大，反之亦然。这是因为总体方差或全及总体标志变动度越大，说明调查单位的数量标志值之间的差异越大，总体单位的数量标志较离散，由样本指标推断总体指标的误差也越大，抽样平均误差也越大。因此，抽样平均误差与总体方差或全及总体的标志变动度同向变化。

3. 抽样方法

不同的抽样方法，抽样平均误差也不同，重复抽样的抽样平均误差比不重复抽样的抽样平均误差大。这是由于,重复抽样有可能抽到相同的总体单位,样本包含的信息量减少了,由此推断总体,就会产生较大的误差。

4. 抽样的组织方式

随机抽样的组织方式有多种,主要有简单随机抽样、分层抽样、等距抽样、整群抽样、多阶段抽样,不同的抽样组织方式,抽样平均误差有所不同。

就某一次具体的抽样调查而言,全及总体的标志变动度是确定的,无法控制的,我们可以通过控制样本容量和抽样方法,达到控制抽样平均误差的目的。这也是抽样调查的基本性质之一。

五、抽样极限误差

抽样极限误差,也称为抽样允许误差范围,是指在一定的抽样把握程度下,样本指标与总体相应指标之间的抽样误差的最大可能范围,记作 Δ。我们知道,抽样误差是抽样调查的基本特性,抽样误差是必然存在的,无法消除,我们只能承认它,并在抽样调查中,规定我们可以接受的误差水平,这个可接受的误差水平就是抽样极限误差。因此,抽样极限误差刻画了抽样推断的误差范围。抽样推断中,全及总体指标是唯一确定的,但未知,抽样总体指标是不唯一的,是随机变量。用样本指标推断总体指标必然会产生抽样误差,这种误差是无法避免的,只能将其控制在允许的误差范围以内,即

$$|\bar{x}-\overline{X}|\leqslant\Delta_{\bar{x}},|p-P|\leqslant\Delta_{p}$$

或 $\bar{x}-\Delta_{\bar{x}}\leqslant\overline{X}\leqslant\bar{x}+\Delta_{\bar{x}}$,$p-\Delta_{p}\leqslant P\leqslant p+\Delta_{p}$

式中,$\Delta_{\bar{x}}$,Δ_{p} 分别是抽样平均数和抽样成数的极限误差,一般是事先给定的,$\bar{x}$ 和 p 可通过样本计算出来,因此,通过上式可估算出总体指标 $\overline{X}$ 和 P 的可能取值范围。抽样极限误差是进行总体指标区间估计的基础。

> **重要知识点**:根据样本特征推断总体的相应特征,必定会产生抽样误差。抽样误差有抽样实际误差、抽样平均误差和抽样极限误差之分。抽样平均误差代表抽样误差的一般水平。抽样极限误差表明抽样推断的最大允许误差。

第三节 抽样估计

一、抽样估计的概率度和可靠程度

抽样调查的根本目的是根据样本指标对总体相应指标做出估计和推断,抽样估计也叫抽样推断或参数估计。为了推断总体指标,就要有一定的概率度、精确度和可靠程度要求。

(一) 抽样估计的概率度

抽样极限误差是样本指标与总体指标之间的最大可能偏差,抽样平均误差是所有样本指标的标准差,反映了抽样调查误差的平均水平。因此,抽样极限误差是抽样平均误差的倍数,即 $\Delta=t\mu$。对抽样平均数而言,$\Delta_{\bar{x}}=t\mu_{\bar{x}}$,对抽样成数而言,$\Delta_p=t\mu_p$,所以,$t=\dfrac{\Delta_{\bar{x}}}{\mu_{\bar{x}}}$ 或 $t=\dfrac{\Delta_p}{\mu_p}$,称 t 为抽样估计的概率度。

t 表示以抽样平均误差为尺度来衡量的相对误差范围,在数理统计中被称为置信度。在一定的抽样平均误差条件下,概率度 t 越大,抽样允许误差的范围越大,样本落在误差范围内的概率也越大,从而抽样估计的可信度就越高;反之,概率度 t 越小,抽样允许误差的范围越小,样本落在误差范围内的概率也越小,从而抽样估计的可信度就越低。

(二) 抽样估计的可靠程度

抽样估计的可靠程度,也称抽样估计的可信度,它是推断总体指标落在以样本指标为中心的一定区间内的概率保证程度。概率保证程度是估计总体指标落在某一区间内的把握性,它可以以一定的概率,保证总体估计指标落在以样本指标为中心的一定区间内,所以称概率保证程度为抽样估计的可靠程度。可靠程度在抽样推断中是事先给定的,通常以概率 $F(t)$ 表示。可靠程度 $F(t)$ 是大于 0 而小于 1 的数。

抽样估计的可靠程度 $F(t)$ 是抽样估计的概率度 t 的函数,在抽样平均误差 μ 一定的条件下,概率度 t 越大,极限误差越大,总体指标落在一定范围内的概率越大,抽样估计的可靠程度越大,反之则亦然。

数理统计证明,概率 $F(t)$ 与概率度 t 之间的函数关系是一一对应的,根据抽样估计的含义,有

$$P(|\bar{x}-\overline{X}|\leqslant t\mu_{\bar{x}})=F(t), P(|p-P|\leqslant t\mu_p)=F(t)$$

在标准正态分布下,可得出样本指标落在一定范围内的可靠程度。

$$F(1)=P(|\bar{x}-\overline{X}|\leqslant 1\times\mu_{\bar{x}})=68.27\%$$
$$F(2)=P(|\bar{x}-\overline{X}|\leqslant 2\times\mu_{\bar{x}})=95.45\%$$
$$F(3)=P(|\bar{x}-\overline{X}|\leqslant 3\times\mu_{\bar{x}})=99.73\%$$

表 7.4 是常用的概率度与可靠程度对照表。

表 7.4　常用的概率度与可靠程度对照表

概率度 t	可靠程度 $F(t)$	极限误差
0.5	0.382 9	0.5μ
1.00	0.682 7	1.00μ
1.28	0.799 5	1.28μ
1.50	0.866 4	1.50μ
1.64	0.9	1.64μ

(续表)

概率度 t	可靠程度 $F(t)$	极限误差
1.96	0.95	1.96μ
2.00	0.954 5	2.00μ
2.58	0.99	2.58μ
3.00	0.997 3	3.00μ
4.00	0.999 94	4.00μ
5.00	0.999 999	5.00μ

二、抽样估计的方法

按估计结果的不同，抽样估计分为点估计和区间估计。

(一) 点估计

点估计又称定值估计，即估计的结果是一个确切的数值，它使用实际样本指标数值代替总体指标数值。点估计不考虑误差范围和估计的可靠程度，计算非常简便。总体平均数的点估计值就是样本平均数，总体成数的点估计值即是样本成数。这种估计也可简单地称为"代替法"，也就是用样本指标代替相应的总体指标。

例如，对某校 2018 级大学生的统计学考试成绩进行抽查。抽查结果是平均成绩 81 分，及格率 95.85%。由此推断，全体同学统计学考试的平均成绩就是 81 分，及格率是 95.85%。

又如，教育主管部门对暑假中小学生的假期生活进行抽样调查，抽样调查表明，有 80% 的中小学生每天的作业时间在 3 小时以上，有 37.8% 的中小学生参加了暑期里的各种兴趣学习班，平均每天的睡眠时间为 7.8 小时。因此，我们大致可以认为，暑假里中小学生每天的作业时间为 3 小时，睡眠时间为 7.8 小时，37.8% 的中小学生参加了各种兴趣学习班。

点估计适合于推断准确程度与可靠程度要求不高的情况。

(二) 区间估计

区间估计是以一定的概率保证程度用样本指标值推断全及总体指标的可能置信区间，根据前面的阐述，$\overline{X}$、P 的区间估计为

$$\bar{x}-\Delta_{\bar{x}} \leqslant \overline{X} \leqslant \bar{x}+\Delta_{\bar{x}}, \quad \bar{x}-t\mu_{\bar{x}} \leqslant \overline{X} \leqslant \bar{x}+t\mu_{\bar{x}}$$

$$p-\Delta_p \leqslant P \leqslant p+\Delta_p, \quad p-t\mu_p \leqslant P \leqslant p+t\mu_p$$

区间估计考虑了估计的概率度和误差范围，计算复杂，要求较高。比点估计科学、实用。

例 7.2 某大型超市抽检一批食品，结果其平均有效期为 6 天，抽样平均误差为 1.25 天，问在 99.73% 的概率保证下，这批食品的有效期是多少天？

解 依据题意有 $\bar{x}=6$ 天，$\mu_{\bar{x}}=1.25$ 天，$F(t)=99.73\%$，查表 7.4 可得到，$t=3$，所

以，$\Delta_{\bar{x}} = t\mu_{\bar{x}} = 1.25 \times 3 = 3.75$(天)，食品有效期的可能范围是

$$\bar{x} - \Delta_{\bar{x}} \leqslant \overline{X} \leqslant \bar{x} + \Delta_{\bar{x}}, \quad 6 - 3.75 \leqslant \overline{X} \leqslant 6 + 3.75$$
$$2.25 \leqslant \overline{X} \leqslant 9.75$$

因而，这批食品的有效期限为 2.25～9.57 天，这一推断的可信程度为 99.73%。

例 7.3 对一批产品按不重复抽样方法抽选 200 件，其中废品 8 件，又知样本容量为成品容量的 $\frac{1}{20}$，当概率保证度为 95% 时，试估计废品率的可能范围。

解 依据题意，得样本的废品率 $p = \frac{8}{200} = 4\%$，$\frac{n}{N} = \frac{1}{20}$，$F(t) = 95\%$，查表 7.4 可得到 $t = 1.96$。在不重复抽样方法条件下，

$$\mu_p = \sqrt{\frac{p(1-p)}{n}\left(1 - \frac{n}{N}\right)} = \sqrt{\frac{0.04 \times 0.96}{200} \times \left(1 - \frac{1}{20}\right)} = 1.35\%$$

$$\Delta_p = t\mu_p = 1.96 \times 1.35\% = 2.65\%$$

$$p - t\mu_p \leqslant P \leqslant p + t\mu_p, \quad 4\% - 2.65\% \leqslant P \leqslant 4\% + 2.65\%$$
$$1.35\% \leqslant P \leqslant 6.65\%$$

因此，这批产品废品率在 1.35%～6.65%，这一推断的可信程度是 95%。

三、全及总体指标的推算

(一) 点估计

1. 总体平均数 $\overline{X}$ 的点估计

点估计法也称代替法。全及总体平均数 $\overline{X}$ 的点估计值为样本平均数 $\bar{x}$，即 $\overline{X} = \bar{x}$。

2. 总体成数 P 的点估计

总体成数 P 的点估计值为样本成数 p，即 $P = p$。

3. 总体标志总量的点估计

设 X 表示总体单位的数量标志值，则全及总体的标志总量为 $\sum X$。

由于 $\overline{X} = \frac{\sum X}{N}$，所以 $\sum X = N\overline{X}$，

而 $\overline{X} = \bar{x}$，所以 $\sum X = N\bar{x}$。

即总体标志总量的点估计值为 $N\bar{x}$。

4. 全及总体中具有某一标志值的单位数 N_1 的点估计

因为 $P = \frac{N_1}{N}$，所以 $N_1 = NP$。

又因为 $P = p$，所以 $N_1 = Np$。

所以总体中具有某一标志的单位数 N_1 的点估计为 Np。

(二) 区间估计

根据区间估计的原理，全及总体各指标的区间估计分别如下。

1. 全及平均数 $\overline{X}$ 的区间估计

$$\bar{x}-t\mu_{\bar{x}} \leqslant \overline{X} \leqslant \bar{x}+t\mu_{\bar{x}}$$

2. 全及成数 P 的区间估计

$$p-t\mu_p \leqslant P \leqslant p+t\mu_p$$

3. 全及总体标志总量的区间估计

$$N(\bar{x}-t\mu_{\bar{x}}) \leqslant \sum X \leqslant N(\bar{x}+t\mu_{\bar{x}})$$

4. 全及总体中具有某一标志值的单位数的区间估计

$$N(p-t\mu_p) \leqslant N_1 \leqslant N(p+t\mu_p)$$

例 7.4 某高校随机抽选千分之一的大学生进行抽样调查，测得他们的身高资料如表 7.5 所示。

表 7.5 大学生身高的抽查资料

按身高分组/厘米	组中值 x/厘米	学生人数/人
150～160	155	20
160～170	165	60
170～180	175	16
180 以上	185	4

试以 95.45% 的概率保证估计：
(1) 该校全部大学生平均身高的范围。
(2) 该校全部大学生身高在 170 厘米以上的人数范围。

解 依据题意，得 $n=100, \dfrac{n}{N}=\dfrac{1}{1\,000}, N=100\,000$。

由 $F(t)=95.45\%$，查表 7.4 得 $t=2$。

(1) 设身高为 x，样本值分别是 155,165,175,185。

$$\bar{x}=\frac{\sum xf}{\sum f}=\frac{155\times 20+165\times 60+175\times 16+185\times 4}{100}=165.4(\text{厘米})$$

$$s^2=\frac{\sum(x-\bar{x})^2 f}{\sum f}$$

$$=\frac{(155-165.4)^2\times 20+(165-165.4)^2\times 60+(175-165.4)^2\times 16+(185-165.4)^2\times 4}{100}$$

$$=51.84(\text{厘米})^2$$

$$\mu_{\bar{x}} = \sqrt{\frac{s^2}{n}\left(1-\frac{n}{N}\right)} = \sqrt{\frac{51.84}{100}\times\left(1-\frac{1}{1\,000}\right)} = 0.72$$

$\Delta_{\bar{x}} = t\mu_{\bar{x}} = 2\times 0.78 = 1.44$

$\bar{x} - t\mu_{\bar{x}} \leqslant \bar{X} \leqslant \bar{x} + t\mu_{\bar{x}}$，$165.4 - 1.44 \leqslant \bar{X} \leqslant 165.4 + 1.44$

即 $163.96 \leqslant \bar{X} \leqslant 166.84$

所以，在校大学生的身高在163.96厘米和166.84厘米之间，这一推断的可信程度是95.45%。

(2) 样本中身高170厘米以上的人数为 $n_1 = 20$ 人，$p = \dfrac{n_1}{n} = \dfrac{20}{100} = 20\%$。

$$\mu_p = \sqrt{\frac{p(1-p)}{n}\left(1-\frac{n}{N}\right)} = \sqrt{\frac{0.2\times 0.8}{100}\times\left(1-\frac{1}{1\,000}\right)} = 4\%$$

$\Delta_p = t\mu_p = 2\times 4\% = 8\%$

$20\% - 8\% \leqslant P \leqslant 20\% + 8\%$

$12\% \leqslant P \leqslant 28\%$

$N_1 = NP$

$100\,000\times 12\% \leqslant N_1 \leqslant 100\,000\times 28\%$，即 $12\,000$ 人 $\leqslant N_1 \leqslant 28\,000$ 人

所以，在校大学生中，身高在170厘米以上的人数在12 000人至28 000人之间，做出这一推断的可信程度也是95.45%。

实际推断中，区间估计更加科学、实用，应用范围很广。

例7.5 某工厂欲了解工人由于停工待料和机器故障所造成的损失，从全厂1 000名工人中随机抽取50名工人作样本，调查的结果是，每名工人平均每周损失工时5.35小时，且工时损失的方差是1.25小时的平方，问在估计可靠程度为95%的条件下，全厂每个工人平均每周的工时损失数是多少？全厂每周损失的总工时数又是多少？

解 $N = 1\,000, n = 50, \bar{x} = 5.35, s^2 = 1.25, F(t) = 95\%, t = 1.96$

$$\mu_{\bar{x}} = \sqrt{\frac{s^2}{n}\left(1-\frac{n}{N}\right)} = \sqrt{\frac{1.25}{50}\times\left(1-\frac{50}{1\,000}\right)} = \sqrt{0.023\,75} = 0.154$$

$t\mu_{\bar{x}} = 1.96\times 0.154 = 0.302$

所以，全厂每个工人平均每周的工时损失数是

$$\bar{x} - t\mu_{\bar{x}} \leqslant \bar{X} \leqslant \bar{x} + t\mu_{\bar{x}}$$

$$5.35 - 0.302 \leqslant \bar{X} \leqslant 5.35 + 0.302$$

$$5.048 \leqslant \bar{X} \leqslant 5.652$$

这表明，全厂每个工人平均每周的工时损失数在5.048~5.652小时，做出这一推断的可靠程度是95%。

全厂每周损失的总工时数是

$$N(\bar{x}-t\mu_{\bar{x}}) \leqslant N\overline{X} \leqslant N(\bar{x}+t\mu_{\bar{x}})$$
$$1\,000 \times 5.048 \leqslant N\overline{X} \leqslant 1\,000 \times 5.652$$
$$5\,048 \leqslant N\overline{X} \leqslant 5\,652$$

这表明,全厂每周损失的总工时数在 5 048~5 652 小时,做出这一推断的可靠程度是 95%。为了提高效率,加强管理,应该尽可能地减少工时损失。

> **重要知识点**:抽样调查的根本目的是对总体的相应指标进行估计或推断,点估计和区间估计是抽样估计的两种基本方法。点估计的结果是一个确定的值,区间估计的结果是有一定置信水平的区间,区间估计的结果更加科学合理。

第四节 随机抽样的组织方式

一、抽样调查的组织程序

一项抽样调查通常要经过以下的程序或步骤。

申请立项→收集总体的有关资料,编制抽样框→设计抽样调查方案→组织实施抽样调查,收集样本单位的数据,对样本进行准确性和代表性检查→进行数据处理→推断总体,并予以论证→提供抽样调查结果并对结果的可靠性做出说明。

抽样调查的组织方式与研究目的、抽样对象的性质和调查具备的条件有关。一般而言,所采取的抽样调查的组织方式应满足如下两个基本原则:第一,遵循随机性原则。随机性原则是抽样调查的最根本特征,只有按随机性原则抽取样本单位,才能保证样本单位的客观公正,富有代表性,提高抽样调查的精度。第二,效果最大化原则。抽样调查和其他工作一样,也要遵循效率最大化原则。抽样调查的根本目的是由样本推断总体,不论如何组织抽样调查都要能实现这一根本目的。抽样调查要花费一定的人力、物力、财力等调查费用,还要花费一定的调查时间,如何以较少的费用支出、最少的时间消耗,获得最大准确程度的数据,是组织抽样调查必须解决的一对矛盾。效果最大化原则,是指在一定的抽样误差和可靠程度的要求下力求调查费用和时间最省。因此,在组织抽样调查时,要具体问题具体分析,使误差尽量缩小,以得到较高的精度,花费较少的费用,达到抽样效果最大。下面将介绍几种常用的抽样调查组织方式。

二、简单随机抽样

(一) 概念

从含有 N 个单位的总体中,不加任何分组、划类、排序等,按随机性原则抽取 n 个单位组成样本,样本的每个单位完全独立,彼此无一定的关联性和排斥性,使每个总体单位都有同等机会被抽中,每个样本都有同等机会被抽中,这种抽样方法称为简单随机抽样,所得到的样本也叫简单随机样本。简单随机抽样对总体不做任何处理,只是从总体的全部单位中随机抽取样本单位,也称为纯随机抽样。简单随机抽样是其他各种抽样形式的基础。通常只是在总体单位之间差异程度较小和数目较少时,才采用这种方法。

(二) 实施方法

简单随机抽样的具体实施方法主要有两种。

1. 抽签法

抽签法是先将全及总体的每个单位都编上号,将号码写在签上,将所有的签混合均匀后,从其中随机抽选,逐次抽取 n 个签,对应号码的 n 个单位就构成了容量为 n 的简单随机样本。

2. 随机数表法

随机数表是由计算机产生的一系列随机数字所构成的表格。随机数表法,即是利用已有随机数表抽选样本单位。先将全及总体的每一个单位编号,然后从随机数表上的任意随机位置开始,向任何一个方向取数,遇到属于总体单位编号范围内的数字,就作为样本单位。若是不重复抽样,遇到重复的数字就舍弃;若是重复抽样,遇到重复的数字所对应编号的总体单位仍要保留,重复作为样本单位,这样一直抽到 n 个样本单位为止。

例如,要从 500 名入学新生中随机抽取 50 名新生调查他们的家庭经济情况,我们先将这 500 名新生按 001~500 编号,要用到三位随机数表,然后从随机数表的任意点开始,向任意方向取数,只要号码在 001~500 范围内,就保留,直到选中 50 名为止。例如,从第 5 行第 3 列开始,向任意方向取数,连续地以三个数字为一组取数,从而得到 <u>487</u>,988,744,<u>352</u>,<u>063</u>,<u>430</u>,<u>013</u>,<u>160</u>,<u>102</u>,735,<u>077</u>,971,899,520,<u>141</u>,<u>028</u>,908,…加下画线的三位数都在要求的编号内,这样取出的 50 个数字对应的单位,即构成 $n=50$ 的简单随机样本。

简单随机抽样操作简便,最符合随机原则,主要适用于总体单位数不多且总体单位的差异性不大时和对调查对象的情况很少了解时。

(三) 抽样平均误差

重复抽样时,

抽样平均数的抽样平均误差 $\mu_{\bar{x}}=\sqrt{\dfrac{\sigma^2}{n}}$,

抽样成数的抽样平均误差 $\mu_p=\sqrt{\dfrac{P(1-P)}{n}}$。

不重复抽样时,

抽样平均数的抽样平均误差 $\mu_{\bar{x}}=\sqrt{\dfrac{\sigma^2}{n}\left(1-\dfrac{n}{N}\right)}$,

抽样成数的抽样平均误差 $\mu_p = \sqrt{\dfrac{P(1-P)}{n}\left(1-\dfrac{n}{N}\right)}$。

三、类型抽样

(一) 概念

类型抽样又称分类抽样或分层抽样,是先将全及总体按某一标志分成若干个类型组,使组内各单位的标志值比较接近,组间的标志值差异较大,然后在各组内分别按随机性原则抽取若干单位共同组成一个样本。类型抽样是先分类、再抽样,将分类和随机性原则相结合。

一般地,设总体被分为 k 类(组、层), N_1、N_2、$\cdots$、N_k 为各类型组的单位总数, n_1、n_2、$\cdots$、n_k 是各类型组中抽取的样本数,则 $\sum N_k = N$,$\sum n_k = n$。若样本容量 n 一定,应如何在各层中分配样本容量 n_k 呢?下面将介绍样本容量在各层中的基本分配方法。

(二) 类型抽样抽取单位的方法

1. 等比例类型抽样

由于我们假设各类型组的单位数 N_k 已知,那么单位数多的类型组应多抽一些,单位数少的类型组应少抽一些,这样可以保证样本单位在总体中的分布比较均匀。因此,可以按总体各类型组的单位数占总体单位数的比例都相等的方式抽取样本单位,即 $\dfrac{n_1}{N_1} = \dfrac{n_2}{N_2} = \cdots = \dfrac{n_k}{N_k} = \dfrac{n}{N}$,这种抽选样本单位的方法称为等比例类型抽样。总体各类型组中的样本单位数为

$$N_k \times \dfrac{n}{N}$$

等比例的类型抽样,适合于总体单位的数量标志值比较均匀,差异程度不大的情形。

2. 不等比例类型抽样

当总体各类型组中单位的标志变动度较大时,要根据各类型组的特征抽选样本单位,对标志变动程度大的组应多抽取样本单位,而标志变动程度小的组,抽取的单位数应小一些。这种抽取样本单位的方法为不等比例类型抽样,各类型组中应选取的单位数为

$$n_k = \dfrac{N_k \times \sigma_k}{\sum N_k \times \sigma_k} \times n$$

不等比例的类型抽样,适合于总体单位的数量标志值不均匀,差异程度较大的情形。

(三) 类型抽样的特点

类型抽样具有以下特点。

(1) 提高了样本对总体的代表性。类型抽样是先分类,再抽样,可以保证总体中每一类的个体都能被抽中,样本单位的分布比较充分,代表性较好。

(2) 降低了影响抽样平均误差的总体方差。类型抽样,将相同的个体分成一类,每一类中,总体单位的差异性较小,这样就可以降低总体方差。

(3) 该方法适用于总体情况复杂,各单位之间差异较大,单位数较多的情况。

四、等距抽样

(一) 概念

等距抽样也叫系统抽样或机械抽样。假设全及总体的单位数为 N,样本容量为 n,先将全及总体的所有单位按一定顺序排列,并分成单位数相等的 n 段,每一段包含 K 个单位,$K=\dfrac{N}{n}$,然后,在第一段中随机抽取一个样本单位,用 a 表示,间隔 k 个单位在第二段中抽取第二个单位,用 $a+k$ 表示,再间隔 k 个单位在第三段中抽取第三个单位,用 $a+2k$ 表示,这样下去,直到抽取 n 个单位为止的抽样调查的组织方式,称为等距抽样。例如,从 5 000 名大学生中抽选 1%,即 50 名进行调查,可将大学生按学号排序,分成 50 个组,每组 100 人,若从第一组中随机选取一个单位,比如 0020 号,则第二个单位就是 0120 号,第三个单位就是 0220 号……最后一个是 4920 号。也可将大学生按姓氏笔画顺序排序,然后等间隔地抽取样本。

从以上概念可知,等距抽样是不重复抽样,严格地说,它也是一种分层抽样,通常可以保证被抽出的样本较均匀地分布在总体中,以提高样本单位的代表性,从而降低了抽样误差,提高了抽样推断的可靠程度。

要组织一次等距抽样,必须解决好两个问题,一个是全及总体单位应如何排序,另一个是如何抽选第一个样本单位。不难理解,这两个问题对等距抽样非常重要。

(二) 全及总体单位的排序方式

全及总体单位有两种排序方式。

1. 按无关标志排序

按无关标志排序是指用于排序的标志与所调查的项目指标没有直接关系。如,调查职工生活水平时,职工按姓氏笔画排序;对某单位职工进行健康状况调查时,按工号排序;调查产品质量时,产品按入库顺序排序;人口调查时按身份证号码排序等,都属于按无关标志排序。按无关标志排序可保证总体的随机性,使全及总体单位的排序方式完全符合随机性原则,不受主观人为因素的影响,适用于对总体的情况了解不多的情形。

2. 按有关标志排序

按有关标志排序是指用于排序的标志与所调查的项目指标有直接关系。如,对某单位职工进行健康状况调查时,按年龄排序;调查居民的消费支出情况时,按收入排序;调查耕地的产出量时,按往年的平均亩产量排序等都属于按有关标志排序。按有关标志排序,适合于已经掌握总体简单情况的情形。

(三) 等距抽样抽取样本单位的方法

等距抽样是将全及总体单位按一定的标志排序后,等间隔地抽取样本单位,以构成样本。只要将第一个样本单位确定了,随后的样本单位自然而定,因而样本单位的选取取决于第一个样本单位如何确定。

1. 随机起点等距抽样

在 N 和 n 一定时,抽样间隔为 $K=N/n$(设为整数),在第一组内,随机抽取一个样本单位,序号为 a,则第二个样本单位的序号为 $a+k$,第三个为 $a+2k$……第 n 个为 $a+(n-1)k$。这种抽选样本单位的方法称为随机起点等距抽样。随机起点等距抽样保证了样本分布的均匀性和代表性,当总体是按无关标志排序时,随机起点等距抽样能避免产生系统性误差,而当总体按有关标志排序时,随机起点等距抽样会产生系统性误差。

2. 对称等距抽样

设在第一组中随机抽取一个样本单位,序号为 a,则在第二组中与第一个样本单位对称的位置抽取第二个样本单位,序号为 $2K-a$,在第三组中与第二组样本单位对称的位置抽取第三个样本单位,序号为 $2K+a$,依此类推,直到抽取 n 个样本单位为止。对称等距抽样适合于总体单位的标志值具有一定的周期性情况,可避免引起系统性误差。

3. 半距起点等距抽样

当总体单位按有关标志排序时,一般不是按随机起点抽取样本单位,而是抽取各组中点位置上的单位,组成样本。设第一组中点位置上的样本单位序号为 $\frac{K}{2}$,则第二个样本单位是 $k+\frac{K}{2}$……第 n 个样本单位是 $(n-1)k+\frac{k}{2}$。这种抽选样本单位的方法称为半距起点等距抽样。当排序标志与调查内容有关时,处于中间位置上的单位的标志值就代表了这一组所有单位标志值的中间水平,因此,最有代表性。

半距起点等距抽样在大规模社会经济调查中被广泛应用,取得了令人满意的效果。但是,半距起点等距抽样的局限性也非常明显,首先,随机性不明显,当总体排序确定后,样本单位也随之确定。其次,半距起点等距抽样只能抽取一个样本,抽样的利用率太低。

(四)等距抽样的适用范围和局限性

等距抽样适用于以下几种情形。第一,总体按自然顺序排列形成,如流水线上生产的产品,有自然的产品生产编号;车辆牌照的编号;人的身份证号;职工的工号;家庭的门牌号等。第二,大规模的抽样调查。第三,调查人员的素质不太高时。等距抽样的局限性:第一,当总体单位按有关标志排序时,容易产生系统性偏差;第二,若抽样间隔与想象的周期性变化相一致时,系统性因素会对抽样估计带来偏差,难以保证抽样调查的质量。

等距抽样是实际工作中应用较多的方法,目前我国城乡居民收支等调查,都采用这种方式。

五、整群抽样

(一)概念

前面介绍的抽样方式,都是一个一个地抽选样本单位,如果全及总体单位数较多,也较分散时,会增加抽样的负担。对此,我们可以采取整群抽样的组织方式。

整群抽样是将全及总体单位按某种标志划分成 R 个群(组、类),然后按简单随机抽样抽选 r 个群,对抽中的群内的所有单位都进行调查,这种抽样方法称为整群抽样。整群抽样的抽样单元是群(组、类),每次抽中的是一个群(组),是全及总体的一个小子总体。例如,要了解上海市中小学推进素质教育,学生减负的情况,可以按学校抽样,对抽得的学校的所有学生进行全面调查;要调查开学第一天学生的出勤率,可以按班级抽样,对抽中班级进行出勤率的全面调查;要进行人口调查,可以按居委会抽样,对抽中的居委会的所有人员进行调查。这些调查的组织方式都是整群抽样。

(二) 样本单位的选取

整群抽样样本单位的选取分两步。

第一,对所研究的全及总体按某种标志划分成若干个群,如 R 个,并对多个群进行编号,对要调查的社会经济现象,通常采用现象本身自然存在的群,而不是人为地把各个单位重新构成群,这种自然存在的群,以社会经济现象中现存的各组织形态、集团、区域、行政区划等为特征。

第二,采用简单随机抽样或分层抽样的方式,抽取 r 个样本群。这 r 个样本群中的所有单位即是整群抽样的样本单位。

(三) 整群抽样的适用范围和局限性

整群抽样适用于:(1)总体单位数很多,分布很广,且缺乏包括全部总体单位的抽样框时,可采用整群抽样;(2)当总体是由一些情况相同、结构类似的较复杂群体所组成时,可采用整群抽样;(3)当调查费用和调查时间比较紧张时,可采用整群抽样,减少抽样次数,省时省力;(4)在群间差异性不大或者不适宜单个地抽选调查样本的情况下,可采用这种方式。

整群抽样的局限性:样本单位比较集中,影响抽样单位在全及总体中的平均分布,因此,在同等样本单位数的条件下,整群抽样的误差通常大于简单随机抽样、分层抽样和等距抽样。要解决这一问题,只有多抽取几个群,而这又会增加调查的费用。

> **重要知识点**:简单随机抽样、分层抽样、等距抽样和整群抽样是常用的随机抽样的组织方式。

第五节 必要样本容量的确定

一、必要样本容量的含义

抽样调查既要做到省时省力,又要提高精度,保证推断的可靠性,在抽样方式确定的前提下,增加样本容量是提高精度的好方法。但是,这会多花费调查费用。减少样本容量,可节省调查费用,这又会影响抽样推断的效果。况且,调查费用与调查精度不是严格的线性关系,而是一种非线性关系,如果花费75%的费用能够达到98%的精度,就没有必要再花费25%的费用以提高2%的精度。因此,在抽样调查之前,确定合理的样本容量非常重要。所谓必要样本容量是指在一定的抽样组织方式之下,为了确保抽样推断的精度和效果,所必需的最低的样本容量。

影响必要样本容量的因素如下。

1. 抽样推断的可靠度和精度($F(t)$)

推断的可靠度和精度越高,要求样本含有的总体信息就越多,只有增加样本容量,才能满足高精确度的要求。因此,推断的可靠度和精度越高,所需要的样本容量越多;反之,则越少。必要样本容量与抽样推断的可靠度同向变化。

2. 总体各单位标志值的差异程度(标准差)

总体各单位标志值的差异程度越大,为了抵消这种差异,反映总体的一般特征,需要的样本容量就越多;反之,总体各单位标志值的差异程度越小,为了抵消这种差异,需要的样本容量就越少。必要样本容量与总体各单位标志值的差异程度同向变化。

3. 允许的极限误差的大小

极限误差是抽样推断时可接受的误差范围,极限误差越大,抽样推断的精度要求不高,需要的样本容量越少;极限误差越小,抽样推断的精度要求越高,需要的样本容量越大。必要样本容量与抽样推断的允许误差反向变化。

4. 抽样方法

在同样的精度和可靠度的要求下,重复抽样比不重复抽样所需要的样本容量多。因为重复抽样有可能抽到相同的个体单位,这样,样本容量相同时,重复抽样的样本含有的样本信息会减少。因此,为了满足抽样精度的要求,重复抽样必须抽取的样本容量大于非重复抽样的样本容量。

5. 抽样的组织方式

一般情况下,简单随机抽样比类型抽样和机械抽样抽取的样本单位数多;按有关标志排序的等距抽样方式比按无关标志排的等距抽样方式所抽取的样本单位少。整群抽样比单个抽样需要抽取的样本单位要多。

下面仅介绍简单随机抽样必要样本容量的计算方法。

二、简单随机抽样的必要样本容量

抽样推断的指标不同,必要样本容量也不一样,我们用 $n_{\bar{x}}$ 和 n_p 分别表示抽样平均数 $\bar{x}$ 和抽样成数 p 的必要样本容量。

1. 重复抽样时

(1) 抽样平均数 $\bar{x}$ 的必要样本容量

因为 $\Delta_{\bar{x}} = t\mu_{\bar{x}} = t\sqrt{\dfrac{\sigma^2}{n}}$,

所以 $\Delta_{\bar{x}}^2 = t^2 \times \dfrac{\sigma^2}{n}$,所以 $n = \dfrac{t^2 \sigma^2}{\Delta_{\bar{x}}^2}$。

所以 $n_{\bar{x}} = n = \dfrac{t^2 \sigma^2}{\Delta_{\bar{x}}^2}$。

(2) 抽样成数 p 的必要样本容量

因为 $\Delta_p = t\mu_p = t\sqrt{\dfrac{p(1-p)}{n}}$,

所以 $\Delta_p^2 = t^2 \times \dfrac{p(1-p)}{n}$,所以 $n = \dfrac{t^2 p(1-p)}{\Delta_p^2}$。

所以 $n_p = n = \dfrac{t^2 p(1-p)}{\Delta_p^2}$。

2. 不重复抽样时

(1) 抽样平均数 $\bar{x}$ 的必要样本容量

因为 $\Delta_{\bar{x}} = t\mu_{\bar{x}} = t\sqrt{\dfrac{\sigma^2}{n}\left(1-\dfrac{n}{N}\right)}$,

所以 $\Delta_{\bar{x}}^2 = t^2 \times \dfrac{\sigma^2}{n}\left(1-\dfrac{n}{N}\right)$。

所以 $n = \dfrac{Nt^2\sigma^2}{\Delta_{\bar{x}}^2 N + t^2 \sigma^2}$。

所以 $n_{\bar{x}} = n = \dfrac{Nt^2\sigma^2}{\Delta_{\bar{x}}^2 N + t^2 \sigma^2}$。

(2) 抽样成数 p 的必要样本容量

因为 $\Delta_p = t\mu_p = t\sqrt{\dfrac{p(1-p)}{n}\left(1-\dfrac{n}{N}\right)}$,

所以 $\Delta_p^2 = t^2 \times \dfrac{p(1-p)}{n}\left(1-\dfrac{n}{N}\right)$。

所以 $n = \dfrac{Nt^2 p(1-p)}{\Delta_p^2 N + t^2 p(1-p)}$。

所以 $n_p = n = \dfrac{Nt^2 p(1-p)}{\Delta_p^2 N + t^2 p(1-p)}$。

在必要样本容量的计算中,都要用到总体指标 δ^2 和 P。一般而言总体指标都是未知的。在实际工作中,可以有三种解决的办法。

(1) 根据以往的经验资料而定。

(2) 先进行试验调查,根据试验调查的资料而定。

(3) 根据过去相类似的调查资料而定。如果有若干个同一总体的方差或 P 的资料,应从中选取最大的方差作为计算必要样本容量的依据。当总体成数 P 的资料未知时,也可用使成数方差 $P(1-P)$ 的最大值为 0.25 代替。若一次抽取样本,要同时对总体平均数或成数进行推断,按照上面的公式可分别计算出 $n_{\bar{x}}$ 和 n_p,一般情况下 $n_{\bar{x}} \neq n_p$,这时为了满足要求,要在两个必要样本容量中选取较大的一个,以便一次抽样,可以同时满足两种需要。

例 7.6 过去的调查资料显示,甲产品重量标准差不超过两克,要求极限误差不超过 0.2 克,可靠程度为 95.45%,试确定在简单随机重复抽样条件下,必须抽取的样本容量。

解 $\sigma=2$,$\Delta_{\bar{x}}=0.2$,$F(t)=95.45\%$,查表 7.4 得 $t=2$。

所以 $n_{\bar{x}} = \dfrac{t^2 \sigma^2}{\Delta_{\bar{x}}^2} = \dfrac{4 \times 4}{0.04} = 400$(个)。

所以必须抽取的样本容量为 400 个。

例 7.7 一批电子产品共有 10 000 件,随机抽取 100 件进行质量检测,检测结果有 10 件不合格。如果允许误差缩小 $\dfrac{1}{3}$,推断的概率保证程度为 95.45%,用重复抽样和非重复抽样的方法分别需要从总体中抽多少件产品进行调查?

解 $p = \dfrac{10}{100} = 10\%$,$F(t) = 95.45\%$,$t = 2$。

(1) 重复抽样时,必要样本容量的计算

$$\Delta_p = t \sqrt{\dfrac{p(1-p)}{n}} = 2 \times \sqrt{\dfrac{0.9 \times 0.1}{100}} = 6\%$$

当允许误差缩小 $\dfrac{1}{3}$ 时,必要样本容量为

$$n_p = \dfrac{t^2 p(1-p)}{\Delta_p^2} = \dfrac{2^2 \times 0.9 \times 0.1}{\left(1 - \dfrac{1}{3}\right)^2 \times 0.06^2} = \dfrac{8100}{36} = 225 \text{(件)}$$

(2) 不重复抽样时,必要样本容量的计算

$$\Delta_p = t \sqrt{\dfrac{p(1-p)}{n}\left(1 - \dfrac{n}{N}\right)} = 2 \times \sqrt{\dfrac{0.9 \times 0.1}{100}\left(1 - \dfrac{100}{10\,000}\right)} = 5.97\%$$

当允许误差缩小 $\dfrac{1}{3}$ 时,必要样本容量为

$$n_p = \dfrac{N t^2 p(1-p)}{N \Delta_p^2 + t^2 p(1-p)} = \dfrac{10\,000 \times 2^2 \times 0.9 \times 0.1}{10\,000 \times \left(1 - \dfrac{1}{3}\right)^2 \times 0.059\,7^2 + 2^2 \times 0.9 \times 0.1} = 222 \text{(件)}$$

从例题中可看出,不重复抽样的样本容量的计算相对较复杂,有时,为了计算的简便,可以用下面的近似公式计算不重复抽样的必要样本容量:

$$n = \dfrac{n_0}{1 + \dfrac{n_0}{N}}$$

式中，n_0 为重复抽样条件下的必要样本容量。

> **重要知识点**：确定样本容量是抽样调查的基本任务，必要样本容量可以满足抽样推断的基本要求。抽样方式、抽样方法、抽样推断的置信水平和允许误差都会影响必要样本容量。

本 章 小 结

1. 抽样调查是收集原始资料的最基本方法，是社会经济现象研究中应用最广泛、作用最重要的调查方法。抽样调查的根本目的是为了对总体的相关数量特征做出有一定概率保证程度的推断。

2. 全及总体、全及指标，抽样总体、抽样指标，抽样方式，抽样平均误差是抽样调查中的几个基本概念。

3. 抽样平均误差是所有样本实际误差的平均数，是进行抽样推断的基础，衡量了抽样调查的质量。

4. 根据不同的抽样组织方式，有简单随机抽样、分层抽样、等距抽样、整群抽样等常见的随机抽样方式。

5. 必要样本容量是满足抽样推断基本要求的最小的样本容量。

重 要 词 汇

抽样调查、样本、抽样方法、抽样误差、全及指标、样本指标、抽样平均误差、抽样极限误差、概率度、抽样估计、点估计、区间估计、必要样本容量。

思 考 题

1. 2017年春，国家和各地方政府纷纷出台了调控房地产价格的政策和措施，如果采用抽样调查的方式了解全国70个大中城市商品房价格的走势，调查总体是什么？
2. 思考题1中的抽样调查采用怎样的组织方式较好？
3. 假设已知抽样推断的置信度和抽样极限误差，怎样确定必要的样本容量？
4. 如果已知置信度和抽样平均误差，怎样建立商品房价格的置信区间？
5. 怎样建立天气预报中温度的区间估计？

练 习 题

一、单项选择题(每题只有一个正确答案)

1. 抽样误差是(   )。
   A. 登记性误差　　B. 代表性误差　　C. 人员误差　　D. 随机误差

2. 抽样平均误差反映了样本指标与总体指标之间的(   )。
   A. 实际误差　　　　　　　　　B. 调查误差
   C. 可能误差的范围　　　　　　D. 平均误差的程度

3. 进行抽样调查时,必须遵循的基本原则是(   )。
   A. 可靠性原则　　B. 随机性原则　　C. 灵活性原则　　D. 准确性原则

4. 进行重复随机抽样,为使抽样误差减少75%(平均数的抽样误差),抽样单位数必须(   )。
   A. 是原来的16/9倍　　　　　　B. 是原来的4/3倍
   C. 是原来的4倍　　　　　　　 D. 是原来的16倍

5. 在其他条件不变时,如果允许误差缩小为原来的1/2,则样本容量(   )。
   A. 扩大为原来的4倍　　　　　　B. 扩大为原来的2倍
   C. 缩小为原来的1/2　　　　　　D. 缩小为原来的1/4

6. 影响类型抽样平均误差的方差是(   )。
   A. 组间方差　　B. 组内方差　　C. 总方差　　D. 允许误差

7. 对一批产品按不重复抽样方法,抽取200件进行调查,其中废品8件,已知样本容量是产品总量的$\frac{1}{20}$,当$F(t)=95.45\%$时,不合格率的抽样极限误差是(   )。
   A. 1.35%　　B. 1.39%　　C. 2.70%　　D. 2.78%

8. 一次抽样调查,同时对总体平均数和总体成数进行推断,计算两个样本容量$n_{\bar{x}}=220.5, n_p=408.02$,样本容量应为(   )。
   A. 220　　B. 408　　C. 221　　D. 409

9. 在重复抽样的情况下,假定抽样单位数增加3倍(其他条件不变),则抽样平均误差变为原来的(   )。
   A. $\frac{1}{2}$　　B. $\frac{1}{3}$　　C. $\sqrt{3}$倍　　D. 2倍

10. 对400名大学生抽取19%进行不重复抽样调查,优等生的比重为20%,推断概率是0.9545,优等生比重的抽样极限误差为(   )。
    A. 4.0%　　B. 4.13%　　C. 9.18%　　D. 8.26%

11. 抽样比例是(   )。

A. 比例相对指标　　　　　　　B. 比较相对指标
C. 强度相对指标　　　　　　　D. 结构相对指标

12. 抽样调查中,无法消除的误差是(　　)。
A. 登记性误差　　B. 随机误差　　C. 责任性误差　　D. 代表性误差

13. 某城市电信网 100 次的通话记录表明,通话平均时间为 4 分钟,标准差是 2 分钟,概率保证度是 95.45%,那么通话平均持续时间的抽样极限误差是(　　)。
A. 0.2　　　　　B. 0.4　　　　　C. 0.28　　　　D. 0.14

14. 简单随机重复抽样中,如果抽样平均误差减少 20%,抽样单位数将(　　)。
A. 增加 18%　　B. 减少 18%　　C. 减少 56%　　D. 增加 56%

15. 扩大抽样误差的范围,则抽样推断的可靠程度会(　　)。
A. 提高　　　　B. 降低　　　　C. 不变　　　　D. 无法确定

二、判断题(下列各题中,对的打"√",错的打"×")

1. 抽样调查是利用样本资料对总体的数量特征进行估计的一种统计分析方法,因此不可避免地会产生误差,这种误差的大小是不能进行控制的。(　　)

2. 抽样平均误差反映抽样的可能误差范围,实际上每次的抽样误差可能大于抽样平均误差,也可能小于抽样平均误差。(　　)

3. 从全部总体单位中按照随机性原则抽取部分单位组成样本,只可能组成一个样本。(　　)

4. 抽样平均误差越小,样本指标的代表性越好,两者呈反向变化。(　　)

5. 在抽样调查中,全及指标值是确定的、唯一的,而样本指标值是一个随机变量。(　　)

6. 在抽样平均误差一定的条件下,扩大极限误差,可以提高推断的可靠程度。(　　)

7. 在抽样推断中,概率度越大,置信度越大,抽样误差就越大,抽样精确度越小。(　　)

8. 抽样估计置信度就是表明抽样指标和总体指标的误差不超过一定范围的概率保证程度。(　　)

9. 在其他条件不变的情况下,提高抽样估计的可靠程度,可以提高抽样估计的精确度。(　　)

10. 在抽样调查中,作为调查的总体和作为观察对象的样本都是确定的、唯一的。(　　)

三、填空题

1. 抽样误差越小,样本指标的代表性越高,抽样推断的精确度也_____。

2. 重复抽样的抽样平均误差的大小与_____成反比,与_____成正比。

3. 从全部总体单位中随机抽选样本单位的方法有两种,即_____抽样和_____抽样。

4. 影响抽样误差大小的因素有总体方差或全及总体标志变动度、_____、_____和抽样调查的组织形式。

5. 在其他条件不变的情况下,抽样平均误差减少一半,则抽样单位数_____。

6. 为了解某工厂职工家庭收支情况,按该厂职工名册依次每50人抽取1人,对其家庭进行调查,这种调查属于_____。

7. 抽样估计的方法:点估计和_____。

8. 在其他条件不变的情况下,抽样推断的概率保证程度,与其精确程度之间_____。

9. 不同的抽样方法,抽样平均误差也不同,重复抽样的抽样平均误差比不重复抽样的抽样平均误差_____。

10. 在一定把握程度下,样本指标与总体相应指标之间的抽样误差的最大可能范围被称为_____。

四、计算题

1. 一批商品,共有20 000件,随机抽取200件检验其质量,发现有20件不合格。试按重复抽样和不重复抽样分别计算该批产品合格率的抽样平均误差。

2. 对某厂生产的一批彩色电视机,按不重复抽样方法抽取1%的产品进行质量检验,抽查结果如表7.6所示,试计算抽样平均误差。

表7.6 质量检验结果

正常工作时间/千小时	电视机/台
6~8	15
8~10	30
10~12	50
12~14	40
14~16	9
合计	144

3. 某厂生产了100万个零件,用简单随机抽样方式不重复抽取1 000个零件进行检验,测得废品20个,如果以99.73%的概率保证度进行抽样推断,试对该厂生产的这种零件的废品率作点估计和区间估计。

4. 某大学有学生15 000人,近年资料表明,学生的人均月生活费用为1 500元,均方差为5元。要求采用不重复抽样方法调查学生人均月生活费用,问应抽取多少人才能以95%的概率保证最大估计误差不超过2元?

5. 一批电视机 10 000 台,在出厂前需进行质量抽查,现随机无放回地从中抽取 425 台进行测试,发现有 5 台不合格,问这批电视机的合格率估计为多少?

6. 某地农村种植小麦 150 万亩,在秋收前随机抽查 100 亩,测得小麦的平均亩产量为 500 千克,标准差为 10 千克。试以 0.954 5 的概率保证,推断该地区小麦的平均亩产量和总产量的可能范围。

7. 对一批产品按不重复抽样方法,随机抽取 200 件,其中废品 8 件。已知抽样是产品总量的 4%,当概率为 95.45% 时,可否认为这批产品的废品率不超过 5%?

五、综合题

1. 查阅文献资料,了解央视索福瑞公司对电视节目收益率的抽样调查。
2. 查阅文献资料,了解中国 1% 人口抽样调查的组织方式和抽样调查方案。

第八章
相关分析与回归分析

本章导言

万物皆有联系

"颜值即正义"是近年广为流行的一个说法。这句话揭示了人的长相的重要性,尤其是在求职及工资收入方面。

杜克大学和美国国家经济研究局联合进行的研究发现,首席执行官(CEO)的脸比普通人看上去更有能力。他们的研究结论是:(1)相比小公司 CEO 的脸,人们更喜欢大公司 CEO 的脸;(2)有着娃娃脸的 CEO 比长相更成熟的 CEO 能力得分要低,收入也往往要低。(国际金融报,2010/5/17)

美国《新闻周刊》调查了 8 000 多名 MBA 毕业生,发现英俊男性的收入比普通男性的收入平均高出 5%,漂亮女性的收入比普通女性的收入高出 4%。

上海社会科学院城市与人口发展研究所和北京大学中国社会科学调查中心,对全国 25 个省市的 1 万名年轻人进行了调研,结果表明,就工资水平而言,长相好看的人比普通长相的人高出 15%。但是,在高科技行业、高等学校和科研机构,颜值的正义效应不太显著。长相好看的人与普通长相的人相比,工资收入差距的波动幅度只有 0.7%。

美联储前主席格林斯潘提出过著名的"男性内裤理论"。格林斯潘根据自己的观察和研究发现,男性内裤的销售量与宏观经济的冷暖有密切的关系。男性内裤销量平稳上升,则预示着经济形势良好,反之则经济下行。"男性内裤理论"已经得到了验证。

严格地讲,不论是时间上还是空间上,宇宙间的万事万物皆有联系。只不过是联系的方式和联系的强弱程度有所不同而已。

统计学可以对事物之间的联系方式、联系程度进行描述,并且可以把事物之间的联系状态用近似的数学方程式表达出来,用于预测。

学习目标

1. 学习统计相关关系的含义和各种表现形式。
2. 能够测定统计相关关系的密切程度。
3. 会运用最小平方法求解回归方程式。
4. 能够判定回归方程的优劣。

第一节 相关分析

一、现象之间的关系

在自然界和社会现象中,客观事物之间总是存在着千丝万缕的联系,相互依赖,相互制约。可以说,没有任何一种事物能够绝对孤立地存在。

社会经济现象中,客观事物之间的联系更加广泛和普遍,如产品的生产和消费相互依赖;农业生产的产量和施肥量有关系;父母的职业对子女的职业有影响;天气晴朗时,人的情绪多半会高昂;利率影响汇率;汇率影响对外贸易等。

美国联邦储备银行的研究分析师克里斯蒂·恩格和经济学家迈克尔·奥扬对人的长相和收入进行了跟踪研究,他们的结论是:高大、苗条、美貌者的收入较长相一般的人高。研究表明:如果以普通长相者的收入为基准,那么,长相不及普通长相的人收入要比基准数低9%;相反地,容貌姣好者的收入要比基准数高出5%。这种情况,在中国同样存在,近年来,高校毕业生在毕业前夕,纷纷走进美容院,做各种美容手术,目的就是为了能够获得一份高收入的工作。

美国俄亥俄州立大学的经济学教授布鲁斯·温伯格的研究表明:一个家庭的经济状况与家庭中孩子犯错误时,挨打的次数和严重程度有关联,家庭经济条件比较优越的孩子,犯错误时,挨打的次数较少,并且程度较轻;而家庭经济困难的孩子,犯错误时,挨打的次数较多,挨打程度还较重。他发现,收入在 6 000 美元以下的家庭,孩子大约每六个星期被打一次,而收入上升到 17 000 美元时,半年才挨一次打。但收入在 17 000 美元以上时,挨打的次数就很少了(《读者》2005 年第 11 期第 15 页)。另外据统计,血型与运动项目有关联。日本《朝日周刊》报道,在日本人整体中,A 型血的人数最多,占总人口的 39%,但是,参加 2008 年北京奥运会的日本运动代表团中 O 型血的人数最多,占选手总数的 38%。研究表明,O 型血的选手更为活跃和积极,目标明确,特别是在带有激烈竞争和格斗要素的项目中,O 型血的选手往往较为显眼。A 型血的选手重视协调性,适合团队活动,所以在球类运动中 A 型血的人数较多。AB 型的人具有冷静的分析力,感觉敏锐,适合高尔夫球之类的运动。可见,客观事物之间总是有着各种各样的联系。从理论上看,无论是时间上还是空间上,万物皆有联系。

对于客观事物之间的相互联系,可以通过数量关系表现出来,掌握它们相互联系的形式,深刻认识事物之间的发展规律,还可以用于事物发展规律的预测。

依据事物之间相互联系的具体情况,事物之间的相互联系可以区分为两种不同的类型。

(一) 函数关系

函数关系描述的是事物之间存在着的严格的依存关系。如果用变量来代表不同的事物,那么,函数关系表现的就是变量之间的确定性关系。在函数关系中,对于某一个变量的每一个数值,都有唯一的另一个变量的确定值与之相对应,并且这种对应关系可以用一个数学方程式表达出来。例如,圆的半径和面积的关系,给定半径的值,圆的面积是唯一确定的;自由落体物体下落的距离与所需时间之间的关系;出租汽车费用与行驶里程数的关系等。函数关系的特点是当其中一个变量值确定后,另一个变量值完全可以由数学方程式求解出来。换句话说,函数关系是一种简单的相互依存关系,再没有其他的现象与它们有关联了。

(二) 相关关系

相关关系描述的是事物之间存在着的不确定的依存关系。如果用变量来代表不同的事物,那么,相关关系表现的就是变量之间的不确定性关系。在相关关系中,对于某一个变量的每一个数值,都有另一个变量的多个值与之相对应,并且这种对应关系只可以用一个近似的数学方程式表达出来。例如,家庭的消费支出与家庭收入之间的关系,家庭收入并不是唯一影响家庭消费支出的因素,还有家庭人口数、消费习惯、家庭抚养的人口数等因素影响家庭的消费支出;人的收入与相貌之间的关系,长相影响收入,但不能唯一确定收入,还有学历、技能、态度、家庭背景等因素影响个人收入;学习时间与考试分数之间的关系,考试分数不是由学习时间唯一决定的,考试分数还受到考试状态、试卷的难易、阅卷评分标准等因素的影响。

相关关系表明当其中一个变量值确定后,另一个变量的取值不唯一,其取值在一个区间内变化。

二、相关关系的特点

根据前面的叙述,相关关系是客观事物之间存在着的数值不确定的依存关系,在自然界和社会经济活动中,相关关系广泛地存在。为了更好地理解相关关系,我们需要把握相关关系的特点。

1. 相关关系是客观事物之间确实存在的数量上的依存关系

由于客观事物总是相互依赖、相互制约的,因而它们在数量变化上必然存在相互依赖的关系。例如,学习时间和考试分数,一般而言,学习的时间越长,对学习内容的理解和把握越深刻、越透彻,考试分数相应越高,反之亦然。又如,身材高大的人,体重也相应较重;容貌姣好的人,更容易引起人们的注意和喜爱,能够找到较好的工作;工资收入稳定时,消费支出将有所增长等。

在相关关系中,通常用变量表示客观事物数量上的变化。根据研究的目的,常常把相关关系中的变量分成两类:自变量和因变量。自变量一般不受其他因素的影响,在相互依存中处于主导地位,自变量的变化决定和影响因变量的变化,自变量是主动的,因变量是被动的。一般用 x 表示自变量,y 表示因变量,如果有多个自变量影响因变量的变化,可以用 $x_1, x_2, \cdots, x_{n-1}, x_n$ 分别表示自变量。

2. 相关关系的数量关系值是不确定的

在相关关系中,对于自变量的一个值,可以有多个因变量的值与之对应,换句话说,一个自变量的值,对应的是因变量值的变化区间。如人的身高与体重,身高一样的人,体重可以完全不同;相同的施肥量,粮食产量完全不同;学习一样努力的人,考试结果有很大的差异;对相同的病情,虽然医生采用同样的诊断治疗方法,但治疗效果因人而异。因此,相关关系的数量关系值无法唯一确定。

3. 相关关系中,除自变量外,因变量还受其他因素的影响

导致相关关系的数量关系值不确定的原因是因变量还要受到其他因素的影响。如呼吸道疾病与吸烟有关系,但是,影响呼吸系统疾病的因素还有工作场所的环境、家族遗传、体质状况、生活习惯等。容貌可以影响工作,但是,工作还受到年龄、性别、学历、资历、工作能力等因素的影响。宏观经济调控政策受到许多主、客观经济因素的影响。上市公司股票的价格不仅受到公司经营状况的影响,还受到上市地、监管部门的政策、公司未来的发展潜力、市场整体状况等因素的影响。

相关关系是非常普遍的事物之间的依赖关系,与函数关系既有联系,又有区别。函数关系是一种特殊的相关关系,相关关系是一种广泛的、一般的、普遍的事物之间的联系。在研究相关关系时,通常要用函数关系式表达事物之间的相关关系,以增加人们对相关关系的认识和了解。

三、相关关系的种类

社会现象中的事物是复杂多样的,事物之间的相关关系也是多种多样的,依据不同的标准,可以把相关关系进行如下的分类。

(一)依据自变量个数的多少,相关关系可分为单相关和复相关

只涉及一个自变量的相关关系,称为单相关;涉及两个以上自变量的相关关系,称为复相关。单相关是最简单的一种相关关系,只研究一个最重要的自变量对因变量的影响。如只考虑原料成本与产品价格的相关性;只考虑施肥量与粮食产量的相关性;只研究家庭收入与家庭消费支出的相关性;只研究汇率对出口贸易的影响等。复相关是比较复杂的相关关系,研究两个以上的自变量对因变量的影响,如研究原料成本、人工成本、

竞争因素与产品价格的相关性;考虑施肥量、种子、土地肥力等因素与粮食产量的相关性;研究家庭收入、家庭人口数、消费偏好、物价变动与家庭消费支出的相关性;研究汇率、竞争因素、产品成本、经济政策、贸易伙伴国的经济政策对出口贸易的影响等。

(二) 依据相关关系的表现形态,相关关系可分为线性相关和非线性相关

如果自变量与因变量之间的数量变化关系近似地表现为一条直线,这种相关关系称为线性相关。线性相关表现为相等的自变量增量引起的因变量的变化量也大致相等。如果自变量与因变量之间的数量变化关系近似地表现为一条曲线,这种相关关系称为非线性相关或曲线相关。曲线相关表现为相等的自变量增量引起的因变量的变化量不全相等。曲线相关主要有二次曲线、指数曲线、对数曲线、双曲线等。在客观现象中,线性相关只是特例,非线性相关才是普遍现象。

(三) 依据相关关系的变化方向,相关关系可分为正相关和负相关

相关关系表现为现象之间在发展变化上的相互依赖关系,如果自变量和因变量的发展变化是同向的,即自变量值的增加或减少,能够引起因变量值的增加或减少,这种相关关系就称为正相关。例如,商品的价格与供给量的相关关系,价格高的商品,生产者愿意生产更多;价格低的商品,生产者只愿意生产少量的产品,甚至会不生产。一般而言,商品价格与利润同向变化,价格越高的商品,利润相应越高,价格与利润正相关。

澳大利亚悉尼大学和堪培拉大学的研究人员对近2万名澳大利亚人的收入与健康状况进行研究,他们发现"个子高带来高薪水",身高与工资正相关。对男性而言,身高每增加10厘米,每小时薪水就相应提高3%,而女性仅提高2%。对于高于平均身高178厘米的澳大利亚男性来说,每增加5厘米身高带来的工资上涨相当于增加一年工龄。经济合作与发展组织(OECD)对17个接受调查的国家的研究表明,2008年全球经济不景气,吃饭速度快的国家的实际国内生产总值平均下滑1.2%,而吃饭慢的国家平均下滑2%。此外,2001—2008年,吃饭快的国家每年经济增长都较快。在研究样本内,英国、芬兰、挪威和瑞典的餐饮时间较短,过去8年的经济增长率都高于2%,而德国、法国、意大利、比利时等餐饮时间较长的国家的经济增长率都低于1.5%。可见,吃饭速度与国民经济增长速度正相关。

如果自变量和因变量是反向变化的,即自变量值的增加或减少,能够引起因变量值的减少或增加,这种相关关系就称为负相关。例如,商品的价格与需求量的相关关系,价格高的商品,人们的有效需求低;价格低的商品,人们的有效需求高。贵重商品或奢侈品,价格很高,需求量更低。成本越高的商品,利润越低,利润与成本负相关。空气中二氧化硫的含量越高,空气质量越差,二氧化硫的含量与空气质量负相关。

(四) 依据相关关系的密切程度,相关关系可分为完全相关、不完全相关和不相关

相关关系中,自变量的变化会引起因变量的不确定性变化,我们根据自变量与因变量之间数量联系的紧密程度,可以将相关关系分为完全相关、不完全相关和不相关。所谓完全相关,就是指函数关系,除了研究的自变量以外,没有任何其他的因素影响因变量

的变化。完全相关的现象在现实社会中并不多见。不完全相关就是指一般的相关关系。如果自变量和因变量之间各自独立,互不影响,就称为不相关。完全相关和不相关是相关关系的两个极端情形,不完全相关是相关关系的一般情形。现实社会中的绝大多数现象都是介于完全相关和不相关之间。

以上相关关系的各种形式可以用图形表示出来,如图 8.1 所示。

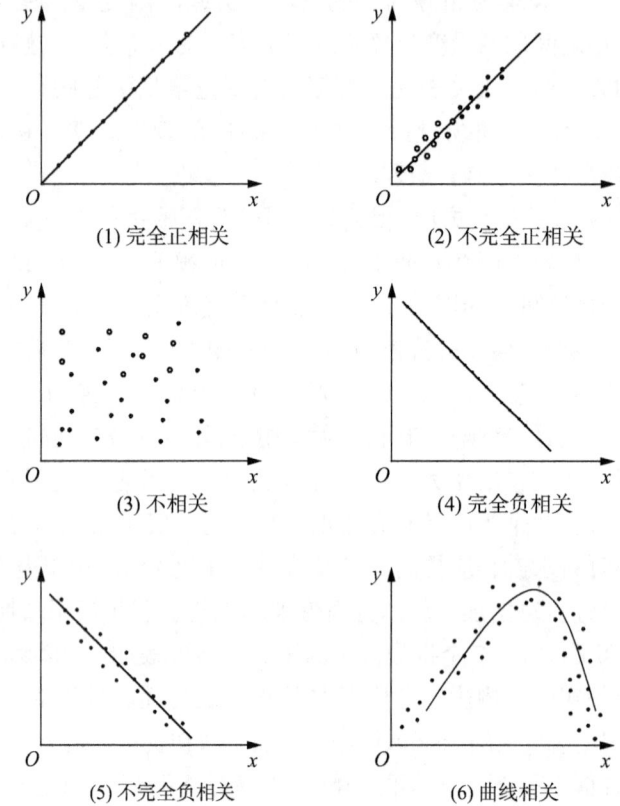

图 8.1 相关关系的各种形式

四、相关分析的主要内容

相关关系是社会经济现象中普遍存在的数量依存关系,相关分析的目的就是要揭示相关关系的表现形态,探求相关关系的数学形式,掌握相关关系的发展规律,了解相关关系的密切程度,预测相关关系的发展趋势,解决实际的社会经济问题。具体而言,相关分析的内容主要如下。

1. 判断客观事物之间是否存在相关关系,以及相关关系的表现形态

这是相关分析的第一步,为了达到这个目的,需要收集客观事物发展变化的基本数据,也就是样本。有了客观事物发展变化的样本数据,利用散点图和相关表可以直观地

判断客观事物之间是否存在相关关系,以及相关关系的表现形态。只有现象之间确实存在相关关系,才有进一步分析研究的必要。

2. 确定相关关系的密切程度

这是相关分析的第二步。通过第一步,我们已经掌握了现象之间相互关系的表现形态,有必要对相关关系的密切程度进行定量分析,对比较密切的相关关系需要做进一步的分析研究,而密切程度一般的或较弱的相关关系,无须花费力气。我们可以用相关系数来定义相关关系的密切程度。

3. 探求相关关系的数学方程式

这是相关分析的第三步,对于已经确定相关表现形态和关系密切的客观现象,我们应该利用科学的方法测定出它们之间近似的数学方程式,把自变量和因变量之间的数量变化关系用近似的数学方程式表示出来,给定自变量的变化,可以预测因变量的变化。利用这种相关关系的数学方程式做出的预测,可以作为制订计划,做出决策的依据。

4. 对测定出的数学模型进行显著性检验

一般地,相关关系数学方程式的测定是利用最小平方法,只要有足够的样本数据,总是可以用最小平方法找出变量之间的数学模型,但是该模型是否符合实际情况,是否有效,需要从统计上进行显著性检验,只有通过显著性检验的数学模型才是符合实际情况,有利用价值的模型。相关分析数学模型的显著性检验包括两部分内容,一是模型相关性的显著性检验,是利用统计方法对建立的数学模型方程式的合理性进行显著性检验;二是自变量对因变量影响的显著性检验,在已经建立的数学模型中,自变量对因变量的影响是否显著,可以作为判断某个自变量与因变量相关关系强弱的依据。只有同时通过两种显著性检验的数学模型才是我们所需要的、有效的数学模型。

> **重要知识点**:相关分析是研究现象之间关联性的一种统计分析方法。相关关系是一种不确定的依赖关系,函数关系是相关关系的特殊情况。相关关系有多种不同类型。

第二节 简单线性相关分析

简单线性相关分析,是研究两个变量之间的线性相关性,只考虑一个自变量对因变量的影响。简单线性相关分析的内容主要有线性相关关系的判断方法,相关密切程度的定量测定,相关系数的计算和应用等主要内容。

一、线性相关关系的判定

要研究现象之间的相关性,一般先做定性分析,然后再做定量计算。所谓定性分析,就是依据基本经济理论、专业知识和实际工作经验,对现象之间是否具有相关性以及相关的表现形态进行理论判断,只有定性分析表明具有相关性的现象,才有进行定量计算的必要。要对现象之间的相关性进行定量计算,必须对客观现象进行多次观察或试验,取得一定量的观察数据,作为样本,再利用科学的方法,对相关性做出判断。假设 x 为自变量,y 为因变量,对 x 和 y 分别做 n 次观察,取得的观察数据分别是$(x_1,y_1),(x_2,y_2),(x_3,y_3),……,(x_{n-1},y_{n-1}),(x_n,y_n)$。如何根据这些观察数据,对 x 与 y 之间的相关性做出判断?主要利用相关图法。

所谓相关图,是在定性分析的基础上,将成对的观察数据描在平面直角坐标图上,通过图形中点的分布情况,判断相关关系的表现形态和密切程度。

相关图的横坐标表示自变量,纵坐标表示因变量,成对的观察数据在图中表现为不同的点,因此,相关图也称为散点图。根据表 8.1 的数据,以人均收入为自变量,耐用消费品的销售额为因变量,利用 Excel 制作相关图,如图 8.2 所示。

表 8.1 人均收入与耐用消费品销售额的相关表

序号	人均收入/万元	耐用消费品销售额/万元
1	3.0	80
2	3.2	82
3	3.4	85
4	3.5	90
5	3.8	100
6	4.0	120
7	4.5	140
8	5.2	145

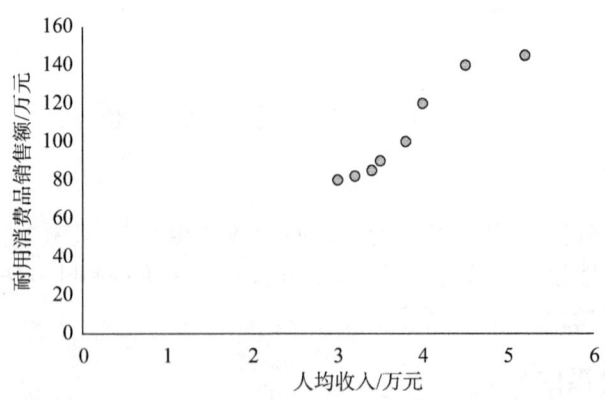

图 8.2 人均收入与耐用消费品销售额的相关图(散点图)

相关图制作简单,形象直观,根据图中点的分布情况,很容易判断相关关系的表现形态和相关的密切程度,是相关关系判断最常用的方法。图 8.2 表明,人均收入与耐用消费品销售额具有较强的正相关关系。相关图是判断相关关系常用的基本方法。

二、线性相关系数

相关图只能反映两个变量之间的相关关系及其表现形态,无法计量相互关联的密切程度。度量相关关系的密切程度也是相关分析的基本内容之一。著名统计学家卡尔·皮尔逊(1857—1936)设计了一个用于测定两个变量之间线性相关程度和相关方向的指标:简单线性相关系数(r)。

简单线性相关系数(r)的基本计算公式为

$$r = \frac{\sum(x-\bar{x})(y-\bar{y})}{\sqrt{\sum(x-\bar{x})^2}\sqrt{\sum(y-\bar{y})^2}}$$

式中,$\bar{x} = \frac{1}{n}\sum x$;$\bar{y} = \frac{1}{n}\sum y$。

称 $\sigma_{xy}^2 = \frac{1}{n}\sum(x-\bar{x})(y-\bar{y})$ 为变量 x 与 y 的协方差,它度量了 x 与 y 之间相关联的密切程度和方向。

称 $\sigma_x = \sqrt{\frac{1}{n}\sum(x-\bar{x})^2}$ 为 x 的标准差,它度量了自变量 x 取值的离散程度。

称 $\sigma_y = \sqrt{\frac{1}{n}\sum(y-\bar{y})^2}$ 为 y 的标准差,它度量了因变量 y 取值的离散程度。

因此,相关系数 r 也可以用下面的公式计算:

$$r = \frac{\sigma_{xy}^2}{\sigma_x \sigma_y}$$

这一公式称为相关系数的积差法计算公式。

下面以表 8.1 中的数据为例,说明相关系数的计算过程,根据计算公式,列表进行计算,见表 8.2。

表 8.2　相关系数计算表

序号	x	y	$x-\bar{x}$	$(x-\bar{x})^2$	$y-\bar{y}$	$(y-\bar{y})^2$	$(x-\bar{x})(y-\bar{y})$	xy
1	3.0	80	−0.8	0.64	−25.25	637.56	20.2	240
2	3.2	82	−0.6	0.36	−23.25	540.56	13.95	262.4
3	3.4	85	−0.4	0.16	−20.25	410.06	8.1	289
4	3.5	90	−0.3	0.09	−15.25	232.56	4.58	315
5	3.8	100	0	0	−5.25	27.56	0	380

(续表)

序号	x	y	$x-\bar{x}$	$(x-\bar{x})^2$	$y-\bar{y}$	$(y-\bar{y})^2$	$(x-\bar{x})(y-\bar{y})$	xy
6	4.0	120	0.2	0.04	14.75	217.56	2.95	480
7	4.5	140	0.7	0.49	34.75	1 207.56	24.33	630
8	5.2	145	1.4	1.96	39.75	1 580.06	55.65	754
合计	30.6	842	—	3.74	—	4 853.48	129.76	3 350.4

根据表 8.2 中的数据，可知

$$\bar{x}=\frac{1}{8}\sum x=\frac{30.6}{8}=3.825\approx 3.8, \bar{y}=\frac{1}{8}\sum y=\frac{842}{8}=105.25$$

$$r=\frac{\sum(x-\bar{x})(y-\bar{y})}{\sqrt{\sum(x-\bar{x})^2}\sqrt{\sum(y-\bar{y})^2}}=\frac{129.76}{\sqrt{3.74}\times\sqrt{4\,853.48}}=\frac{129.76}{134.73}=0.963$$

这表明人均收入与耐用消费品销售额的相关系数为 0.963，它们之间高度正相关。

上述计算相关系数的公式中，必须先计算各个变量的算术平均数，通常情况下，变量的算术平均数都是非整数，这就使得相关系数的计算比较烦琐。为了便于计算相关系数，可以用下面的简捷公式。

$$r=\frac{n\sum xy-\sum x\sum y}{\sqrt{n\sum x^2-(\sum x)^2}\sqrt{n\sum y^2-(\sum y)^2}}$$

式中，n 为数据对的个数。

例 8.1 2018 年 5 个地区的人均收入和人均支出资料如表 8.3 所示，试计算相关系数，并说明相关的程度。

表 8.3 地区人均收入和人均支出

序号	人均收入 x/千元	人均支出 y/千元	x^2	y^2	xy
1	4	3	16	9	12
2	5	4	25	16	20
3	7	5	49	25	35
4	9	6	81	36	54
5	15	12	225	144	180
合计	40	30	396	230	301

解 根据表 8.3，得 $\sum x=40, \sum y=30, \sum x^2=396, \sum y^2=230, \sum xy=301$

$$r = \frac{n\sum xy - \sum x \sum y}{\sqrt{n\sum x^2 - (\sum x)^2}\sqrt{n\sum y^2 - (\sum y)^2}}$$

$$= \frac{5 \times 301 - 40 \times 30}{\sqrt{5 \times 396 - 40^2} \times \sqrt{5 \times 230 - 30^2}} = \frac{305}{\sqrt{380} \times \sqrt{250}}$$

$$= \frac{305}{19.49 \times 15.81} = \frac{305}{308.14} = 0.9898$$

因此,人均收入和人均支出的相关系数是 0.9898,高度正相关。

由此可见,利用相关系数的简便计算方法,可以使相关系数的计算简便容易。一般情况下,最好用相关系数的简便计算法计算相关系数。

现代计算机技术的发展,统计分析软件的发明,使得相关系数的计算异常方便。实际应用中,多用专业的统计分析软件计算相关系数。Excel 也提供了基本的统计分析方法,利用 Excel 可以方便地进行统计相关分析,计算相关系数。

三、线性相关系数的性质和应用

1. 线性相关系数的性质

简单线性相关系数 r 说明了两个变量之间线性相关的方向和密切程度,r 具有如下的性质。

(1) $-1 \leqslant r \leqslant 1$,或 $|r| \leqslant 1$。

(2) $r > 0$ 时,表示 x 与 y 正相关;$r < 0$ 时,表示 x 与 y 负相关。

(3) $|r|$ 越大,说明 x 与 y 的相关性越强;反之亦然。

(4) $r = 0$ 时,说明 x 与 y 之间不存在线性相关关系,但是,无法确定是否存在其他形态的相关关系。

(5) $r = 1$ 时,说明 x 与 y 完全正线性相关;$r = -1$ 时,说明 x 与 y 完全负线性相关。完全线性相关关系就是函数关系。

2. 线性相关系数的应用

线性相关系数对于度量变量之间的线性相关程度具有重要的意义,但是,在具体应用时,有如下的判别标准。

(1) $|r| \leqslant 0.3$ 时,一般认为,变量之间不存在相关性。

(2) $0.3 < |r| \leqslant 0.5$ 时,变量之间有低度的相关性。

(3) $0.5 < |r| \leqslant 0.8$ 时,变量之间有显著的相关性。

(4) $|r| > 0.8$ 时,变量之间有高度的相关性。

相关分析可用于研究客观现象之间的因果关系、共变关系和依存关系,实际应用非常广泛。例如,在分析人均收入与奢侈品销售额之间的关系时,变量之间的因果相关性非常明确,人均收入是因,奢侈品销售额是果,人均收入的变化影响和决定奢侈品销售额的变化。又如,在分析同行业中两个公司股票价格之间的相关关系时,两种股票价格同时受共同的经济、政治及社会因素的影响,即两者受共同因素的影响,但是又互相联系,因此,它们之间的相关关系是一种共变关系。再如,农业科学家在研究粮食亩产量与施肥量和浇水量之间的相关关系时,也要分析施肥量和浇水量之间的相关关系,显然,施肥量和浇水量之间既没有明确的因果关系,也没有明确的共变关系,它们之间的相关关系仅仅是一种数量上的依存关系。需要注意的是,在应用相关分析研究社会经济现象之间的关系时,若没有充分的理论依据作支撑,不要轻易地将相关关系解释为因果关系或共变关系。

> **重要知识点**:相关分析的内容是先利用散点图判断现象之间有无相关性;其次是计算线性相关系数,根据线性相关系数说明相关的程度和方向。

第三节 简单线性回归分析

通过相关分析,我们可以知道变量之间相关变动的方向、相关关系的表现形态和相关关系的密切程度,对于具有显著相关性的变量,还希望能够进行因果分析,明确自变量和因变量,探求自变量与因变量相关形态的数学模型,以数学模型表示变量之间的关系,在变量的因果变化中,根据自变量的变化,预测或推断因变量的变化,为编制计划、进行预测和决策提供依据。在相关分析的基础上,探求变量之间相关的数学模型,对数学模型进行检验,并用于预测的内容,更具有实际应用价值和意义,这种统计分析方法称为回归分析。

一、回归分析的概念

"回归"一词最早是由英国生物学家 F·Galton 在研究人体身高的遗传问题时首先提出来的。Galton 研究发现,人的身高有趋向于平均身高的特点,他把这种现象称为"回归"。现代回归分析虽然沿用了"回归"一词,但是内容已有很大的变化,它是一种应用于许多领域的广泛的统计分析研究方法,在经济理论研究和实证研究中发挥着重要的作用。

回归分析是相关分析的深入,是在相关分析的基础上,更加深入地研究现象之间的数量依存关系。相关分析无法告知变量中的自主变量(自变量)和被动变量(因变量),更无法根据某个变量的变化推算另一个变量的变化。通过相关分析,我们只可以了解现象之间相关的方向和关联的密切程度,无法得出其他有益的内容。在相关分析的基础上,对具有显著相关性的变量之间的一般关系进行测定,明确自变量和因变量,确定一个相关的数学表达式,以便进行估计或预测,在现实的经济研究中更加重要。这种统计分析法称为回归分析。

根据自变量个数的多少,回归分析有一元回归分析和多元回归分析。只有一个自变量的回归分析称为一元回归分析;有两个及以上自变量的回归分析称为多元回归分析。

一元回归分析主要研究某一个重要的自变量对因变量的影响,并建立自变量对因变量的数学关系式;多元回归分析主要研究两个以上的自变量对因变量的影响,建立多个自变量对因变量的数学关系式。回归分析建立的数学关系式也称为回归模型。

根据建立回归模型的函数形式,回归分析有线性回归分析和非线性回归分析。自变量和因变量具有线性相关关系时,建立的回归模型为线性数学表达式;自变量和因变量具有非线性相关关系时,建立的回归模型为非线性的数学关系式。回归分析的原理既适合于一元回归和多元回归,也适合于线性回归和非线性回归,本节主要介绍线性回归分析的基本原理和内容。

二、相关分析与回归分析的关系

相关分析与回归分析都是最常用的统计分析方法,它们之间既有联系,又有区别。相关分析研究的是客观现象之间是否有相互联系的关系,如果有的话,那是什么样的关系?关系的密切程度如何?在相关分析中,代表客观事物的变量之间是对等的,它们都是随机变量,我们没有必要明确哪个变量为主,哪个变量为次,是哪个变量的变化引起其他变量的变化。另外,如果用相关系数表明相关关系的密切程度,对两个变量而言,我们只能计算出一个相关系数。而回归分析是在相关分析的基础上,对具有相关性的变量建立回归方程,以回归方程表示变量之间的关系,对回归方程进行显著性检验,并可利用回归方程进行预测和控制。需要特别指出的是,在回归分析中,我们必须根据经济理论知识和实践经验,在客观现象中明确主次关系,判断哪个变量是因,哪个变量是果,以原因变量为自变量,结果变量为因变量,建立回归方程。因果变量选取的不同,建立的回归方程也大不相同。因此,对两个变量而言,我们可以建立两个回归方程,分别从不同的角度表明现象之间的关系。

(1) 相关分析是基础,回归分析是在相关分析的基础之上,探求变量之间的数学模型。

(2) 相关分析中的变量是对等的,没有主次之分;而回归分析中,必须明确自变量和因变量,变量之间是不对等的。相关系数只有一个,而回归方程可以有多个。

三、一元线性回归分析

只有一个自变量,且自变量和因变量之间具有线性相关关系,这样的回归分析称为一元线性回归分析,或简单回归分析。一元线性回归分析的步骤如下。

(1) 根据研究的目的和基本经济理论,明确自变量和因变量,自变量用 x 表示,因变量用 y 表示。

(2) 对自变量和因变量进行 n 次观察或试验,取得 n 组数据:(x_1, y_1), (x_2, y_2), (x_3, y_3), ……, (x_{n-1}, y_{n-1}), (x_n, y_n)。

(3) 建立 y 关于 x 的直线回归方程,$\hat{y} = \hat{a} + \hat{b}x$,其中,$\hat{a}$ 称为回归方程的截距,$\hat{b}$ 称为回归方程的斜率,且未知,$\hat{a}$、$\hat{b}$ 统称为回归系数。$\hat{a}$ 表示当自变量为 0 时,因变量 y 的

取值;$\hat{b}$ 表示自变量 x 对因变量 y 的贡献,说明当自变量 x 变动一个单位时,因变量 y 的平均变化量。

(4) 利用最小平方法确定回归方程中的回归系数 $\hat{a}$ 和 $\hat{b}$。
(5) 对回归方程的有效性进行检验。
(6) 利用回归方程进行预测和控制。

四、回归系数的计算

假设有自变量 x 的 n 个观察值,$x_1, x_2, \cdots, x_n$,依据回归方程 $\hat{y} = \hat{a} + \hat{b}x$,可得到 n 个回归值 $\hat{y}_1, \hat{y}_2, \hat{y}_3, \cdots, \hat{y}_n$,最小平方法的基本原理是

$$\sum(y-\hat{y})^2 = 最小值$$

也即,$\sum(y-\hat{a}-\hat{b}x)^2 = 最小值$

在上述方程式中,x 和 y 是已知的,$\hat{a}$ 和 $\hat{b}$ 是未知的,要使函数取得最小值,必须分别对 $\hat{a}$ 和 $\hat{b}$ 求导数,并令导数为 0,得到关于回归系数 $\hat{a}$ 和 $\hat{b}$ 的标准方程组,解此方程组,即可求得回归系数 $\hat{a}$ 和 $\hat{b}$。

$$\begin{cases} \sum y = n\hat{a} + \hat{b}\sum x, \\ \sum xy = \hat{a}\sum x + \hat{b}\sum x^2, \end{cases} 所以 \begin{cases} \hat{b} = \dfrac{n\sum xy - \sum x \sum y}{n\sum x^2 - (\sum x)^2}, \\ \hat{a} = \bar{y} - \hat{b}\bar{x}. \end{cases}$$

例 8.2 表 8.4 是几个地区的国内生产总值和财政收入的统计资料,要求:
(1) 计算国内生产总值和财政收入的相关系数;
(2) 建立国内生产总值与财政收入的线性回归方程。

表 8.4　几个地区的国内生产总值和财政收入

国内生产总值/亿元	财政收入/亿元
2.2	0.8
2.4	0.9
2.5	1.0
2.7	1.2
2.9	1.4
3.0	1.5
15.7	6.8

解 根据表 8.4 中的数据,分别计算相关系数和回归系数,计算过程列成表 8.5。

表 8.5 计算相关系数和回归系数

国内生产总值 x	财政收入 y	xy	x^2	y^2
2.2	0.8	1.76	4.84	0.64
2.4	0.9	2.16	5.76	0.81
2.5	1.0	2.50	6.25	1.00
2.7	1.2	3.24	7.29	1.44
2.9	1.4	4.06	8.41	1.96
3.0	1.5	4.50	9.00	2.25
15.7	6.8	18.22	41.55	8.1

(1) 国内生产总值(x)与财政收入(y)的相关系数为

$$r = \frac{n\sum xy - \sum x \sum y}{\sqrt{n\sum x^2 - (\sum x)^2}\sqrt{n\sum y^2 - (\sum y)^2}}$$

$$= \frac{6 \times 18.22 - 15.7 \times 6.8}{\sqrt{6 \times 41.55 - 15.7^2} \times \sqrt{6 \times 8.1 - 6.8^2}} = 0.9941$$

(2) 假设国内生产总值与财政收入的回归方程式为 $\hat{y} = \hat{a} + \hat{b}x$。

$$\begin{cases} \hat{b} = \dfrac{n\sum xy - \sum x \sum y}{n\sum x^2 - (\sum x)^2} = \dfrac{6 \times 18.22 - 15.7 \times 6.8}{6 \times 41.55 - 15.7^2} = 0.9110, \\ \hat{a} = \bar{y} - \hat{b}\bar{x} = \dfrac{6.8}{6} - 0.911 \times \dfrac{15.7}{6} = -1.2505, \end{cases}$$

所求回归方程为 $\hat{y} = -1.2505 + 0.911x$。

根据国内生产总值和财政收入的相关系数 0.9941,可判断它们具有高度的正线性相关性。

由回归方程可看出,当国内生产总值为 0 时,财政收入为 -1.2505 亿元,即政府需要筹措资金,以支付财政支出;国内生产总值每增加 1 亿元,财政收入就平均增加 0.911 亿元,国内生产总值与财政收入高度正相关,国内生产总值对财政收入的贡献非常大,这与理论分析完全一致,说明计算的相关系数和建立的线性回归方程符合客观实际。

五、估计标准误差

根据前面的介绍,只要有两个变量的一组样本观察值,不管它们的相关性如何,我们都可以利用最小平方法求得线性回归方程中的回归系数,得到它们之间的回归方程。但是,如何判定回归方程的优劣也是我们必须面对的客观问题。从科学研究和实际效果来看,建立了回归方程后,根据自变量的观察值,利用建立的回归方程,可以得到因变量的观察值,这种观察值称为回归值,或因变量的理论值。一个理想的回归方程,应该使得因变量的实际观察值和回归值相等。但是,由于数据的误差和其他因素的影响,实际观察值和回归值总是存在误差的。这种误差越小,表明回归方程越精确,估计标准误差就是用来衡量回归方程优劣标准的一个统计指标。

估计标准误差是衡量因变量的实际值与回归值离差一般水平的统计分析指标,可以反映回归直线代表性的好坏。回归方程越精确,因变量的回归值与实际值的误差就越小,估计标准误差也越小,反之亦然。对一元线性回归方程而言,估计标准误差的计算有下面两种方法。

1. 根据因变量的实际观察值和回归值计算估计标准误差 S_y

$$S_y = \sqrt{\frac{\sum(y-\hat{y})^2}{n-2}}$$

式中,S_y 为估计标准误差。n 为观察数据的个数;y 为因变量的实际观察值;$\hat{y}$ 是根据回归方程计算出的因变量的理论值,即回归值。

从估计标准误差 S_y 的计算公式可看出,估计标准误差与标准差有相同的理论意义。S_y 越小,说明 y 的实际值与回归值越接近,回归直线的代表性越好;S_y 值越大,说明 y 的实际值与回归值越偏离,回归直线的代表性越不好。$S_y=0$,说明 y 的实际值与回归值没有偏差,回归值完全正确。

这里介绍的 S_y 的计算是最基本的理论方法,但是比较烦琐,必须按回归直线先计算出因变量 y 的回归值 $\hat{y}$,为了便于计算,可以利用下面的公式。

2. 根据回归系数 $\hat{a}$ 和 $\hat{b}$ 计算估计标准误差 S_y

回归直线确定以后,我们可以利用回归系数 $\hat{a}$ 和 $\hat{b}$ 直接计算估计标准误差 S_y。

$$S_y = \sqrt{\frac{\sum y^2 - \hat{a}(\sum y) - \hat{b}(\sum xy)}{n-2}}$$

例如,根据表 8.4 中的数据资料,有 $\hat{a}=-1.250\,5, \hat{b}=0.911, n=6, \sum y=6.8, \sum y^2=8.1, \sum xy=18.22$,所以有

$$S_y = \sqrt{\frac{\sum y^2 - \hat{a}(\sum y) - \hat{b}(\sum xy)}{n-2}}$$
$$= \sqrt{\frac{8.1+1.250\,5\times 6.8 - 0.911\times 18.22}{6-2}} = 0.035$$

S_y 很小,说明建立的回归方程较有代表性。

关于回归方程代表性的好坏还有其他的统计指标和统计方法可以运用,而回归方程的显著性检验,要用到推断统计、假设检验的基本知识,本书不做介绍。

六、判定系数

估计标准误差可以用来衡量回归方程的好坏,反映回归方程的拟合程度,当数据个

数较多、数据本身很复杂的时候,估计标准误差的计算很烦琐。如果没有计算工具或计算软件,估计标准误差的计算容易出差错。

我们还可以用另一个统计指标,即判定系数 R^2,也称为决定系数,来衡量回归方程的优劣。

假设 $SST=\sum(y_i-\bar{y})^2$,它表示因变量 y 与其观察值的平均值之间偏差的平方和,称为总偏差平方和。显然,SST 由两部分组成,一部分是由于自变量 x 与因变量 y 之间的线性关系造成的偏差,记为 $SSR=\sum(\hat{y}-\bar{y})^2$,称 SSR 为回归平方和;另一部分是除了自变量与因变量的线性关系影响之外的所有其他因素的变化造成的偏差,记为 $SSE=\sum(y_i-\hat{y})^2$,称 SSE 为残差平方和。我们有

$$SST=SSR+SSE$$

回归方程的拟合程度取决于回归平方和 SSR 占总偏差平方和 SST 的比例,这一比例越大,说明回归方程的拟合程度越好,回归方程的代表性越好,用这样的回归方程预测因变量的变化,预测结果较准确。我们称 R^2 为判定系数或决定系数,计算公式为

$$R^2=\frac{SSR}{SST}$$

R^2 的理论含义是它度量了在因变量取值的总偏差中能被因变量与自变量之间的线性关系所解释的比例。R^2 越大,说明在因变量的总偏差中能够被自变量与因变量的线性相关关系所解释的比例越大,回归方程的拟合程度越高。R^2 的取值在 0 和 1 之间,我们可以依据上述公式计算 R^2。事实上,R^2 也等于线性相关系数的平方。

从前述的介绍中可以看出,判定系数与估计标准误差在数量上是反向的变化关系。对于相同的回归变量,用估计标准误差和判定系数来判断回归方程的拟合程度,所得到的结论是一致的。

七、相关系数 r 和估计标准误差 S_y 的关系

相关系数说明了变量之间关系的密切程度,相关系数的绝对值越大,说明它们之间的关系越密切。估计标准误差说明了回归方程代表性的好坏,估计标准误差越大,说明回归方程的代表性越不好。因此,相关系数和估计标准误差之间具有一定的关系。我们不加证明地介绍相关系数和估计标准误差的关系:

$$r=\sqrt{\frac{\sigma_y^2-S_y^2}{\sigma_y^2}}=\sqrt{1-\frac{S_y^2}{\sigma_y^2}}$$

依然利用表 8.4 中的数据资料,有

$$\sigma_y^2=\overline{y^2}-\bar{y}^2=\frac{8.1}{6}-\left(\frac{6.8}{6}\right)^2=0.064$$

$$S_y^2=0.001\,25$$

所以,$r=\sqrt{1-\dfrac{S_y^2}{\sigma_y^2}}=\sqrt{1-\dfrac{0.001\,25}{0.064}}=0.991\,2\approx0.99$,扣除计算过程中的误差因素

和小数位数的差别,这里计算出的相关系数同前面的基本一致。因此,实际过程中可以根据计算出的相关系数来推算估计标准误差。

$$S_y = \sigma_y \sqrt{1-r^2}$$

很显然,相关系数和估计标准误差在数值大小上呈反向变化的关系。相关系数越大,说明自变量和因变量的相关性越强,回归直线的代表性越好,回归值与实际值的偏差越小,估计标准误差也越小。相关系数越小,说明自变量和因变量的相关性越弱,回归直线的代表性较差,回归值与实际值的偏差较大,估计标准误差也越大。相关系数=±1时,说明自变量和因变量完全相关,回归直线的代表性最好,回归值与实际值没有偏差,估计标准误差为0。相关系数=0时,说明自变量和因变量不存在线性相关关系,回归直线的代表性最差,回归值与实际值的偏差最大,估计标准误差等于因变量的标准差。

八、相关系数 r 与回归系数 $\hat{b}$ 的关系

相关系数 r 反映了变量之间相关的密切程度和相关的方向,回归系数 $\hat{b}$ 说明了自变量对因变量的影响程度。相关系数 r 的绝对值越大,变量之间的相关性越强,回归系数 $\hat{b}$ 的绝对值越大,自变量对因变量的影响越大。因此,这两个指标之间具有密切的联系。

(1) 相关系数 r 与回归系数 $\hat{b}$ 具有相同的符号。即如果 $r>0$,那么 $\hat{b}>0$;如果 $r<0$,那么 $\hat{b}<0$;如果 $r=0$,那么 $\hat{b}=0$。反之,如果 $\hat{b}>0$,那么 $r>0$;如果 $\hat{b}<0$,那么 $r<0$;如果 $\hat{b}=0$,那么 $r=0$。这种关系很容易从相关和回归的理论意义中推导出来。

(2) 相关系数 r 与回归系数 $\hat{b}$ 有如下的数量关系:$r=\hat{b}\dfrac{\sigma_x}{\sigma_y}$。对固定的变量观察值而言,自变量 x 与因变量 y 的标准差是确定的值,因而 r 的值与 $\hat{b}$ 的值同向变化,r 的值越大,$\hat{b}$ 的值越大;r 的值越小,$\hat{b}$ 的值越小;$r=0$,$\hat{b}=0$。反之亦然。

例 8.3 已知 $\sigma_x^2=36, \sigma_y=8, r=0.95, \hat{a}=2.85$,试根据上述资料,建立 y 关于 x 的直线回归方程。

解 $\hat{b}=r\dfrac{\sigma_y}{\sigma_x}=0.95\times\dfrac{8}{6}=1.27$

所以,直线回归方程为 $\hat{y}=\hat{a}+\hat{b}x=2.85+1.27x$。

这说明,自变量 x 每增减变化一个单位,因变量 y 平均增减变化 1.27 个单位。

九、回归方程的应用

通过回归分析建立的回归方程,说明了自变量和因变量之间的数量变化关系,刻画了自变量对因变量的影响,使人们深刻地认识了客观现象之间的依存关系。不仅如此,我们还可以利用建立的回归方程,通过控制自变量以达到对因变量的变化进行预测和控制的目的。预测和控制是回归分析模型最重要的应用。

如果已经建立的回归方程为 $\hat{y}=\hat{a}+\hat{b}x$，那么，根据回归方程，给定自变量 x 的取值 x_0，可以由方程计算出因变量 y 的值 $\hat{y}_0$，

$$\hat{y}_0=\hat{a}+\hat{b}x_0$$

一元线性回归方程中，只考虑了一个自变量 x 对因变量 y 的影响，忽略了其他因素对因变量的影响，因此，根据回归方程确定的因变量的值，实际上是不够精确的，只是一个粗略的值。解决这一问题的最好办法，是给出因变量 y 取值的变化区间，但是这要用到概率论的知识，我们不便叙述。

例 8.4 某地高校的教育经费和在校学生数如表 8.6 所示，试计算：
(1) 回归系数，建立回归直线方程；
(2) 估计标准误差；
(3) 如果教育经费为 600 万元，试估计在校学生的规模。

8.6 某地高校教育经费(x)与在校学生数(y)

教育经费 x/万元	在校学生数 y/万人
316	11
343	16
373	18
393	20
418	22
455	25
2 298	112

解 列表计算。根据已知资料，将计算过程列入表 8.7。

表 8.7 计算过程

教育经费 x/万元	在校学生数 y/万人	xy	x^2	y^2
316	11	3 476	99 856	121
343	16	5 488	117 649	256
373	18	6 714	139 129	324
393	20	7 860	154 449	400
418	22	9 196	174 724	484
455	25	11 375	207 025	625
2 298	112	44 109	892 832	2 210

(1) 计算回归系数，$\hat{b}=\dfrac{n\sum xy-\sum x\sum y}{n\sum x^2-(\sum x)^2}=\dfrac{6\times 44\,109-2\,298\times 112}{6\times 892\,832-(2\,298)^2}=0.095\,5$

$$\hat{a} = \bar{y} - \hat{b}\bar{x} = \frac{\sum y}{n} - \hat{b}\frac{\sum x}{n} = \frac{112}{6} - 0.0955 \times \frac{2298}{6} = -17.91$$

所以,直线回归方程:$\hat{y} = \hat{a} + \hat{b}x = -17.91 + 0.0955x$。

(2) 计算估计标准误差

$$S_y = \sqrt{\frac{\sum y^2 - \hat{a}(\sum y) - \hat{b}(\sum xy)}{n-2}}$$

$$= \sqrt{\frac{2210 + 17.91 \times 112 - 0.0955 \times 44109}{6-2}} = 0.937$$

(3) 当教育经费为 600 万元时,在校学生数 y 为

$$\hat{y} = \hat{a} + \hat{b}x = -17.91 + 0.0955 \times 600 = 39.39(万人)$$

> **重要知识点**:回归分析是相关分析的深入,回归分析可以确定现象之间的相关关系表达式,即回归方程。用最小平方法计算回归方程中的回归系数,回归系数有一定的经济意义。

第四节 多元线性回归分析

前面介绍了简单线性回归分析,只考虑一个自变量对因变量的影响。实际上,影响因变量的因素有很多。例如,影响家庭消费支出的因素主要是家庭人均收入,其次,还有家庭中的老人和孩子数、家庭人员的年龄结构、家庭的消费习惯等。又如,要研究人民币汇率的走势,就要考虑当前的国际国内宏观经济形势、人民币利率、国家的宏观经济政策、国际国内的经济监管等因素。要研究房产的价格,就要考虑房屋的建筑成本、区位地段、楼层、朝向、结构、开发商的资质、物业公司的服务等多种因素。这样,因变量就与多个自变量有关,因此,需要进一步研究多元线性回归问题。

一、多元线性回归模型

假设 $x_1, x_2, x_3, \cdots, x_{n-1}, x_n$ 都是影响因变量 y 的因素,并且它们与 y 之间有线性相关关系,因而,可以利用一元线性回归的原理,建立多元线性回归模型:

$$\hat{y} = \hat{a} + \hat{b}_1 x_1 + \hat{b}_2 x_2 + \hat{b}_3 x_3 + \cdots + \hat{b}_{n-1} x_{n-1} + \hat{b}_n x_n$$

式中,$\hat{a}$ 为截距,表示当各自变量的取值为 0 时,因变量 y 的平均取值;$\hat{b}_1, \hat{b}_2, \hat{b}_3, \cdots, \hat{b}_{n-1}, \hat{b}_n$ 都是未知的回归系数,分别表示各自变量对因变量 y 的影响程度。

对自变量和因变量连续观察 m 次，取得 m 组观察数据：
$(y_1,x_{11},x_{21},x_{31},\cdots,x_{n1})$，$(y_2,x_{12},x_{22},x_{32},\cdots,x_{n2})$，$\cdots$，$(y_m,x_{1m},x_{2m},\cdots,x_{nm})$

利用最小平方法的原理：$\sum(y-\hat{y})^2=$最小值，分别对 $\hat{a},\hat{b}_1,\hat{b}_2,\hat{b}_3,\cdots,\hat{b}_{n-1},\hat{b}_n$ 求导数，并令导数为零，得到 $n+1$ 个方程组成的方程组：

$$\begin{cases}\sum y=m\hat{a}+\hat{b}_1\sum x_1+\hat{b}_2\sum x_2+\cdots+\hat{b}_n\sum x_n,\\ \sum x_1y=\hat{a}\sum x_1+\hat{b}_1\sum x_1^2+\hat{b}_2\sum x_1x_2+\cdots+\hat{b}_n\sum x_1x_n,\\ \sum x_2y=\hat{a}\sum x_2+\hat{b}_1\sum x_1x_2+\hat{b}_2\sum x_2^2+\cdots+\hat{b}_n\sum x_2x_n,\\ \cdots\cdots\\ \sum x_ny=\hat{a}\sum x_n+\hat{b}_1\sum x_1x_n+\hat{b}_2\sum x_2x_n+\cdots+\hat{b}_n\sum x_n^2\end{cases}$$

只要解出方程组中的 $n+1$ 个未知数 $\hat{a},\hat{b}_1,\hat{b}_2,\hat{b}_3,\cdots,\hat{b}_{n-1},\hat{b}_n$，就可求得多元线性回归方程。

$$\hat{y}=\hat{a}+\hat{b}_1x_1+\hat{b}_2x_2+\hat{b}_3x_3+\cdots+\hat{b}_{n-1}x_{n-1}+\hat{b}_nx_n$$

二、多元回归估计标准误差

和一元线性回归分析一样，只要有足够的观察值，总是可以利用最小平方法求解出回归系数，得到回归方程。但是，回归方程代表性的好坏必须进行检验。多元回归估计标准误差就是检验回归方程代表性好坏的统计分析指标。其计算公式为

$$S_y=\sqrt{\frac{\sum(\hat{y}-y)^2}{m-n-1}}$$

式中，S_y 表示多元回归估计标准误差；m 表示数据组的个数；n 表示自变量的个数；$\hat{y}$ 是按回归方程计算出的回归值。S_y 的值越大，说明回归方程的代表性越差；S_y 的值越小，说明回归方程的代表性越好；$S_y=0$，说明回归方程的代表性最好，所有回归值都等于实际观察值。当然，实际情况中，这种可能性几乎不存在。

三、复相关系数

前面介绍了衡量两个变量线性相关程度的简单线性相关系数，对于多元线性相关分析而言，我们同样可以衡量因变量 y 与 n 个自变量 x 之间关系的密切程度，这就是复相关系数。复相关系数是简单相关系数的引申，其含义和性质完全相同。复相关系数的计算方法与单相关系数也大致相同。一般地，复相关系数的计算公式如下：

$$r=\sqrt{\frac{\sum(\hat{y}-\bar{y})^2}{\sum(y-\bar{y})^2}}=\sqrt{1-\frac{S_y^2}{\sigma_y^2}}$$

式中，S_y^2 是多元线性回归的估计标准误差；σ_y^2 是因变量的方差。

通常情况下,复相关系数 r 介于 0 与 1 之间。r 的值越大,说明相关性越强;r 的值越小,说明相关性越弱;$r=0$,说明 y 与各变量之间没有相关性。对多元线性回归分析而言,其复相关系数 r 与估计标准误差同样具有反向的变化关系,估计标准误差越小,复相关系数越大;估计标准误差越大,复相关系数越小;估计标准误差等于0,复相关系数等于1。通过上面的公式可以看出,复相关系数与估计标准误差可以相互推导出来。

下面以二元回归分析为例,介绍多元线性回归方程的求解过程和步骤。

例 8.5 某百货公司对销售额、广告费支出和营业员等级的变化进行了严格的统计。根据过去的经验和理论判断,销售额(y,单位:百万元)与广告费支出(x_1,单位:万元))和营业员等级(x_2)存在线性相关关系。试依据表 8.8 的资料建立销售额(y)与广告费支出(x_1)和营业员等级(x_2)之间的线性回归方程。

表 8.8 销售额(y)与广告费支出(x_1)和营业员等级(x_2)的统计资料

y	7	12	17	20
x_1	4	7	9	12
x_2	1	2	5	8

解 设 $\hat{y}=\hat{a}+\hat{b}_1 x_1+\hat{b}_2 x_2$。

根据上述资料,列表计算回归系数,见表 8.9。

表 8.9 计算回归系数

	y	x_1	x_2	y^2	x_1^2	x_2^2	$x_1 y$	$x_2 y$	$x_1 x_2$
	7	4	1	49	16	1	28	7	4
	12	7	2	144	49	4	84	24	14
	17	9	5	289	81	25	153	85	45
	20	12	8	400	144	64	240	160	96
合计	56	32	16	882	290	94	505	276	159
平均	14	8	4	220.5					

依据多元回归的标准方程组,有

$$\begin{cases} \sum y = m\hat{a} + \hat{b}_1 \sum x_1 + \hat{b}_2 \sum x_2, \\ \sum x_1 y = \hat{a} \sum x_1 + \hat{b}_1 \sum x_1^2 + \hat{b}_2 \sum x_1 x_2, \\ \sum x_2 y = \hat{a} \sum x_2 + \hat{b}_1 \sum x_1 x_2 + \hat{b}_2 \sum x_2^2, \end{cases}$$

所以有
$$\begin{cases} 56 = 4\hat{a} + \hat{b}_1 \times 32 + \hat{b}_2 \times 16, \\ 505 = \hat{a} \times 32 + \hat{b}_1 \times 290 + \hat{b}_2 \times 159, \\ 276 = \hat{a} \times 16 + \hat{b}_1 \times 159 + \hat{b}_2 \times 94, \end{cases}$$

解此标准方程组可得 $\hat{a} = 0.6444, \hat{b}_1 = 1.6610, \hat{b}_2 = 0.0169$。

所以，要求解的二元线性回归方程为
$$\hat{y} = 0.6444 + 1.661x_1 + 0.0169x_2$$

根据此回归方程，可以得到因变量（销售额）的回归值 y_c，见表 8.10。

表 8.10　销售额的回归值

y	x_1	x_2	$\hat{y}$	$y - \hat{y}$	$(y-\hat{y})^2$
7	4	1	7.305	−0.305	0.093
12	7	2	12.305	−0.305	0.093
17	9	5	15.678	1.322	1.748
20	12	8	20.712	−0.712	0.507

下面计算估计标准误差：
$$S_y = \sqrt{\frac{\sum (y - \hat{y})^2}{4 - 3}} = \sqrt{2.441} = 1.5624$$

再计算复相关系数：
$$r = \sqrt{1 - \frac{S_y^2}{\sigma_y^2}} = \sqrt{1 - \frac{2.441}{24.5}} = 0.9487$$

由此可见，百货公司的销售额与广告费支出及营业员的等级有高度的正相关性，其中广告费支出对销售额的影响大于营业员的等级对销售额的影响，要想扩大销售额，增加广告费投入不失为一种明智而有效的办法。

多元线性回归同样可以用于对因变量的预测和控制，实际中，多元线性回归应用得更为广泛。现代计算机技术的发展，已经能够解决更加复杂的多元回归问题。

重要知识点：现实中，现象之间的相关关系是复杂的，某个现象容易受到多个因素的影响，这种现象之间的相关分析和回归分析就称为多元相关分析和多元回归分析。

第五节　可线性化的曲线回归

前面介绍的都是线性回归，因变量和自变量之间具有线性相关关系。实际经济问题中,许多客观事物之间不具有线性相关关系,而是具有非线性相关关系,即曲线相关。比如,上市公司的股票价格与公司的经营业绩并不是完全的线性相关;商品的销售价格与生产成本也不是线性相关的关系。绝大多数的社会现象之间都具有曲线相关的关系。曲线相关比较复杂,一般地,我们将曲线回归进行某种变换,变成线性相关,以利用线性回归的原理和方法进行研究。本节主要介绍可以线性化的曲线回归问题。

一、二次曲线(抛物线)

二次曲线的数学方程式为

$$\hat{y}=\hat{a}x^2+\hat{b}x+\hat{c}$$

式中,$\hat{a},\hat{b},\hat{c}$ 是未知的回归系数,曲线的形状如图 8.3 所示。当 $\hat{a}>0$ 时,如图 8.3 的左图所示;当 $\hat{a}<0$ 时,如图 8.3 的右图所示。

我们将二次曲线的方程式做如下的数学变换:

令 $x^2=x_1, x=x_2$,那么,原始方程就变化成 $\hat{y}=\hat{a}x_1+\hat{b}x_2+\hat{c}$,我们利用二元线性回归方程就可求得回归系数 $\hat{a},\hat{b},\hat{c}$。进而得到二次曲线的回归方程。

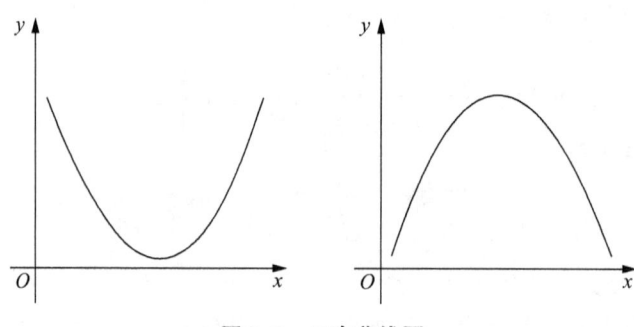

图 8.3　二次曲线图

二、指数曲线

指数曲线的数学方程式为

$$\hat{y}=\hat{\alpha}e^{\hat{\beta}x}$$

式中,$\hat{\alpha},\hat{\beta}$ 为未知的回归系数,如图 8.4 所示。

对上式作对数变换,原方程变化为

$$\ln\hat{y}=\ln\hat{\alpha}+\hat{\beta}x。$$

令 $\ln\hat{y}=\hat{y}'$,那么 $\hat{y}'=\ln\hat{\alpha}+\hat{\beta}x$,利用一元线性回归分析的原理,就可以求解出指数曲线方程中的回归系数。

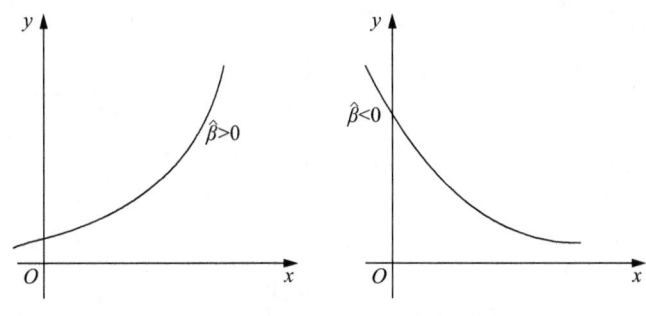

图 8.4 指数曲线图

三、幂函数曲线

幂函数曲线的数学方程式为

$$\hat{y} = \hat{\alpha} x^{\hat{\beta}}$$

式中,$\hat{\alpha},\hat{\beta}$ 为未知的回归系数,如图 8.5 所示。

对上式作对数变换,原方程变化为 $\ln\hat{y} = \ln\hat{\alpha} + \hat{\beta}\ln x$,

令 $\hat{y}' = \ln\hat{y}, x' = \ln x$,那么,$\hat{y}' = \ln\hat{\alpha} + \hat{\beta}x'$,再利用简单线性回归原理,就可以求解出未知的回归系数。

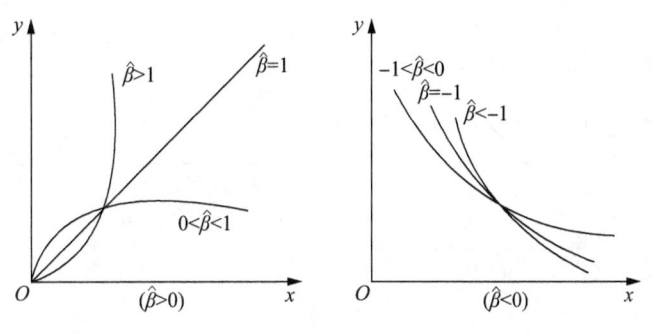

图 8.5 幂函数曲线图

四、双曲线

双曲线函数的数学方程式为

$$\hat{y} = \frac{x}{\hat{\alpha}x + \hat{\beta}}$$

式中,$\hat{\alpha},\hat{\beta}$ 为未知的回归系数,如图 8.6 所示。

对上式作如下的变换:令 $\hat{y}' = \dfrac{1}{\hat{y}}, x' = \dfrac{1}{x}$,那么 $\hat{y}' = \hat{\alpha} + \hat{\beta}x$,利用一元线性回归分析

的原理,可以求解出双曲线函数中的回归系数。

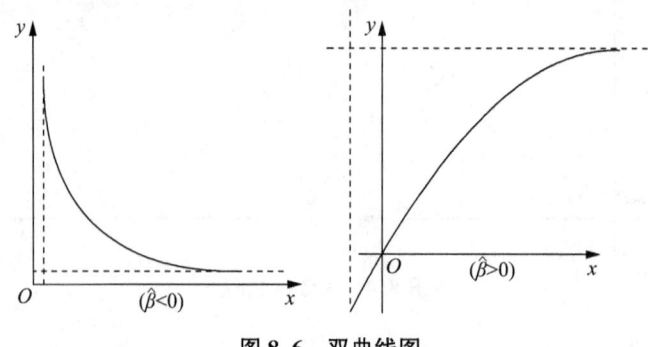

图 8.6 双曲线图

五、对数函数曲线

对数函数的数学方程式是

$$\hat{y} = \hat{\alpha} + \hat{\beta}\ln x$$

式中,$\hat{\alpha},\hat{\beta}$ 为未知的回归系数,如图 8.7 所示。

令 $\ln x = x'$,则上式变为 $\hat{y} = \hat{\alpha} + \hat{\beta}x'$,利用一元线性回归分析的原理来求解对数函数中的回归系数。

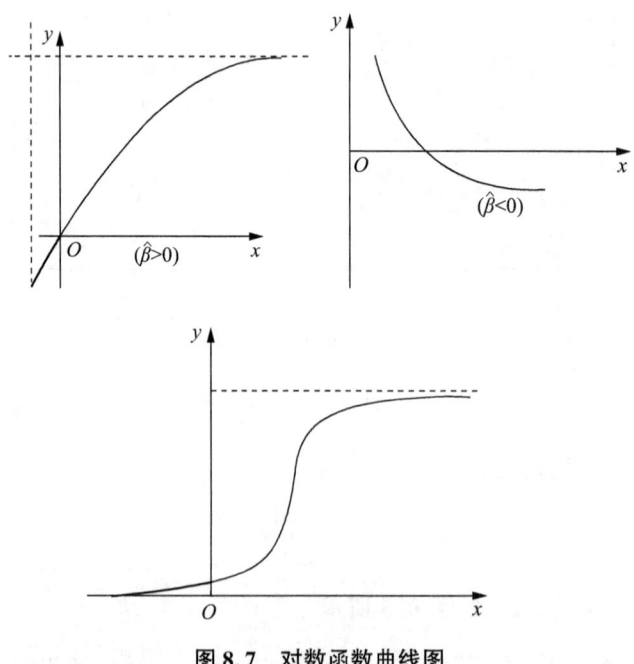

图 8.7 对数函数曲线图

六、多项式回归

多项式函数的数学表达式为 $\hat{y}=\hat{\alpha}+\hat{\beta}_1 x+\hat{\beta}_2 x^2+\hat{\beta}_3 x^3+\cdots+\hat{\beta}_n x^n$。

令 $x=x_1, x^2=x_2, x^3=x_3, \cdots, x^n=x_n$，则上式变为

$$\hat{y}=\hat{\alpha}+\hat{\beta}_1 x_1+\hat{\beta}_2 x_2+\hat{\beta}_3 x_3+\cdots+\hat{\beta}_n x_n,$$

利用多元线性回归分析的原理和方法可以求解出多项式回归中的回归系数。

例 8.6 某地区历年来的工业增加值和投资总额的统计资料如表 8.11 所示。试用双曲线描述工业增加值和投资额之间的相关关系。

表 8.11　某单位的投资资料　　　　　　　　　　单位：亿元

序号	增加值	投资额	序号	增加值	投资额
1	5.23	0.016	9	9.35	0.031
2	5.63	0.015	10	9.82	0.034
3	5.94	0.016	11	10.63	0.034
4	6.35	0.019	12	11.71	0.035
5	6.88	0.025	13	13.06	0.044
6	7.53	0.029	14	14.13	0.056
7	7.96	0.028	15	15.16	0.062
8	8.68	0.028	16	16.92	0.066

解　根据上述数据，用 Excel 作出增加值（y）与投资额（x）的散点图如图 8.8。建立双曲线的回归方程式：$\hat{y}=\dfrac{x}{\hat{\alpha} x+\hat{\beta}}$，式中，$\hat{\alpha}, \hat{\beta}$ 为未知的回归系数。

令 $\hat{y}'=\dfrac{1}{\hat{y}}, x'=\dfrac{1}{x}$，那么 $\hat{y}'=\hat{\alpha}+\hat{\beta} x$，然后利用一元线性回归方程的方法和原理，求解未知的回归系数，列表计算，如表 8.12 所示。

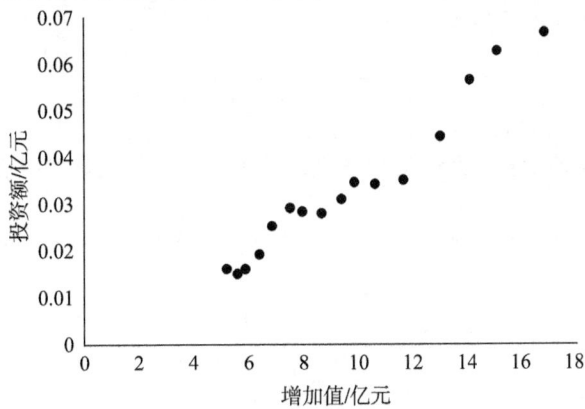

图 8.8　增加值与投资额的散点图

表8.12 回归系数的计算

序号	x	$\hat{y}$	x'	$\hat{y}'$	x'^2	$x'\hat{y}'$
1	5.23	0.016	0.19	62.50	0.036	11.88
2	5.63	0.015	0.18	66.67	0.032	12.00
3	5.94	0.016	0.17	62.50	0.028	10.63
4	6.35	0.019	0.16	52.63	0.026	8.42
5	6.88	0.025	0.15	40.00	0.023	6.00
6	7.53	0.029	0.13	34.48	0.017	4.48
7	7.96	0.028	0.13	35.71	0.017	4.64
8	8.68	0.028	0.12	35.71	0.014	4.29
9	9.35	0.031	0.11	32.25	0.012	3.55
10	9.82	0.034	0.10	29.41	0.010	2.94
11	10.63	0.034	0.09	29.41	0.008	2.65
12	11.71	0.035	0.09	28.57	0.008	2.57
13	13.06	0.044	0.08	22.73	0.006	1.82
14	14.13	0.056	0.07	17.86	0.005	1.25
15	15.16	0.062	0.07	16.12	0.005	1.13
16	16.92	0.066	0.06	15.15	0.004	0.91
合计	154.98	0.538	1.90	581.71	0.251	79.16

根据一元线性回归的原理:

$$\hat{\beta} = \frac{n\sum x'y' - \sum x'\sum y'}{n\sum x'^2 - (\sum x')^2} = \frac{16 \times 79.16 - 1.9 \times 581.71}{16 \times 0.251 - 1.9^2} = 397.32$$

$$\hat{\alpha} = \bar{y}' - \hat{\beta}\bar{x}' = \frac{581.71}{16} - 397.32 \times \frac{1.9}{16} = -10.82$$

所以 $\hat{y}' = -10.82 + 397.32x$

因此,所要求的回归方程是

$$\hat{y} = \frac{x}{-10.82x + 397.32}$$

> **重要知识点**:现实中,非线性相关关系更加常见,绝大多数非线性关系都可以转化呈线性关系。

本章小结

1. 相关分析和回归分析是常用的基本统计分析方法。
2. 线性相关系数度量了客观事物之间线性相关的形态和密切程度。
3. 相关分析可以解决客观事物之间是否具有相关性,以及相关的表现形式和相互联系的紧密程度问题。
4. 回归分析是在相关分析的基础上,对变量之间的相互关系形式做进一步的研究,力求用一个数学模型来表达它们之间的相互关系。这个数学模型就是回归方程。
5. 最小平方法是求解线性回归方程中回归系数的基本方法。
6. 估计标准误差和判定系数能够衡量回归方程的代表性。估计标准误差越大,方程的代表性越差;反之亦然。判定系数越大,回归方程的拟合程度越好,反之亦然。

重要词汇

函数关系、相关关系、相关系数、正相关、负相关、单相关、复相关、完全相关、不相关、不完全相关、线性相关、曲线相关、回归分析、回归系数、最小平方法、线性回归、估计标准误差、判定系数。

思 考 题

1. 人的性别和期望寿命有关系吗?是怎样的关系?
2. 睡眠时间和健康状况有关系吗?是怎样的关系?
3. 天气的温度和股票价格有关系吗?
4. 怎样才能判断并确定子女身高和父母身高的关系?
5. 身份证号码与人的健康有关系吗?

练 习 题

一、单项选择题(每题只有一个正确答案)

1. 当某一变量按一定数值变化时,另一个变量也近似地按固定数值变化,这表明这两个变量之间有(   )。
   A. 完全相关关系　　　　　　　　B. 复相关关系

C. 直线相关关系　　　　　　　　D. 没有相关关系

2. 相关系数 r 的取值范围是（　　）。
   A. $-\infty < r < \infty$　　　　　　B. $-1 \leqslant r \leqslant 1$
   C. $-1 < r < 1$　　　　　　　　D. $0 \leqslant r \leqslant 1$

3. 当所有的观察值都落在回归直线 $\hat{y}=a+bx$ 上时，x 与 y 之间的相关系数是（　　）。
   A. $r=0$　　　B. $r=1$　　　C. $r=-1$　　　D. $r=\pm 1$

4. 年劳动生产率（x，单位：千元）和工人工资（y，单位：元）之间的回归方程为 $\hat{y}=2\,000+850x$，这意味着年劳动生产率每提高 1 千元，工人工资（　　）。
   A. 增加 850 元　　　　　　　　B. 平均增加 850 元
   C. 减少 850 元　　　　　　　　D. 增加 2 850 元

5. 相关系数 r 与回归系数 b 之间的关系可以表达为（　　）。
   A. $r=b\dfrac{\sigma_x}{\sigma_y}$　　　　　　　　B. $r=b\dfrac{\sigma_y}{\sigma_x}$
   C. $r=b\dfrac{\sigma_x}{S_y}$　　　　　　　　D. $r=b\dfrac{S_y}{\sigma_y}$

6. 如果相关系数 $r=1$，则表明（　　）。
   A. 全部观察值和回归值都不相等　　B. 回归方程的代表性较差
   C. 变量之间正相关　　　　　　　　D. 变量之间完全正相关

7. 下面的几个回归方程中，肯定错误的是（　　）。
   A. $\hat{y}=38+8.9x, r=0.89$　　　B. $\hat{y}=-10+1.9x, r=0.96$
   C. $\hat{y}=25-67x, r=0.98$　　　D. $\hat{y}=-42-23.89x, r=-0.92$

8. 从变量之间相关的表现形式看，相关可分为（　　）。
   A. 正相关与负相关　　　　　　　B. 直线相关和曲线相关
   C. 单相关和复相关　　　　　　　D. 完全相关和不相关

9. 估计标准误差是反映（　　）。
   A. 相关系数代表性的指标　　　　B. 相关关系的指标
   C. 回归直线的代表性指标　　　　D. 回归系数代表性的指标

10. 物价上涨，销售量下降，则物价与销售量之间存在（　　）。
    A. 不相关　　　B. 负相关　　　C. 正相关　　　D. 无法判断

11. 若回归直线方程中的系数 $b=0$，则相关系数（　　）。
    A. $r=1$　　　B. $r=-1$　　　C. $r=0$　　　D. $r>0$

12. 下列不属于相关关系的现象是（　　）。
    A. 利率与汇率　　　　　　　　　B. 储蓄与投资
    C. 利率与利息　　　　　　　　　D. 电视机产量与鸡蛋产量

13. 研究人员发现，举重运动员的体重与他能举起的重量之间的相关系数为 0.6，则

( )。
    A. 体重越重,运动员平均能举起的重量越大
    B. 平均来说,运动员能举起其体重60%的重量
    C. 如果运动员体重增加10千克,则可多举6千克的重量
    D. 举重能力的60%归因于其体重
14. 如果两个变量之间完全相关,则以下结论正确的是( )。
    A. 相关系数 $r=0$ B. 判定系数 $R^2=1$
    C. 回归系数 $\hat{b}$ 大于0   D. 回归系数 $\hat{b}$ 等于1
15. 下列关系中属于负相关的有( )。
    A. 居民收入与服务消费支出
    B. 居民收入与文化消费支出
    C. 居民收入与耐用消费品支出
    D. 居民收入与食品消费支出在总消费支出中的比重

二、判断题(下列各题中对的打"√",错的打"×")
1. 相关关系是一种广泛的、一般的、普遍的事物之间的联系,函数关系是一种特殊的相关关系。( )
2. 相关系数是测定变量之间相关关系的唯一方法。( )
3. 甲产品的产量与单位成本的相关系数是-0.8,乙产品的相关系数是-0.95,则乙比甲的相关程度高。( )
4. 相关关系中,对于自变量的一个值,可以有多个因变量的值与之对应,相关关系的数量关系值无法唯一确定。( )
5. 相关关系中变量是对等的,无主次之分;回归分析中,变量之间是不对等的。( )
6. 估计标准误差越大,说明回归直线的代表性越好。( )
7. 计算相关系数的两个变量都是随机变量。( )
8. 相关系数等于+1或-1时,回归直线的代表性最好,估计标准误差为0。( )
9. 生产单位产品所耗工时和劳动生产率之间呈现正相关关系。( )
10. 对相同的变量集来说,相关系数和回归系数的符号可以相同,也可以不同。( )

三、填空题
1. 现象间的依存关系有_____和函数关系两种形式。
2. 依照自变量个数的多少,相关关系可分为_____和复相关。
3. 完全相关的关系即_____关系,其相关系数为_____。
4. 年劳动生产率 x(千元)和工人工资 y(元)之间的回归方程为 $\hat{y}=3\,000+695x$,意味着劳动生产率每提高2千元,工人工资平均增加_____元。

5. 根据自变量个数的多少，回归分析有一元回归分析和_____两种。
6. 相关系数绝对值的大小反映相关的_____，相关系数的正负反映相关的_____。
7. _____是用来说明回归方程代表性好坏的统计分析指标，是实际值与估计值的标准差。
8. 相关系数与估计标准误差在数值大小上具有_____变化的关系。
9. 商品流转的规模愈大，流通费用水平越低，因此商品流转规模和流通费用之间是_____关系。
10. _____是求解线性回归方程中回归系数的基本方法。

四、计算题

1. 某地区 10 户家庭的收入和食品支出(元/天)的统计数据如表 8.13 所示。

表 8.13　某地区 10 户家庭的收入和食品支出

收入 x	200	300	330	400	150	130	260	380	350	430
食品支出 y	70	90	80	110	50	40	80	100	90	100

要求：(1) 画出散点图；(2) 计算相关系数；(3) 建立直线回归方程。

2. 某种产品的产量与单位成本的统计资料如表 8.14 所示。

表 8.14　某种产品的产量与单位成本

产量/千件	单位成本/(元/件)
2	73
3	72
4	71
3	73
4	69
5	68

要求：(1) 计算相关系数，并判断其相关的方向和程度；
(2) 建立直线回归方程；
(3) 当产量达到 10 千件时，单位成本是多少？

3. 已知 $\sum x = 1\,890, \sum y = 31.1, \sum x^2 = 5\,355, \sum y^2 = 174, \sum xy = 9\,318, n = 7$，试以 x 为自变量，y 为因变量，计算线性回归方程。

4. 已知 $\sigma_x = 5, \sigma_y^2 = 36, r = 0.92, a = 3.75$，
试计算：(1) y 对 x 的回归方程；
(2) 估计标准误差。

5. 已知 $n=6$, $\sum x=21$, $\sum y=426$, $\sum x^2=79$, $\sum y^2=30\,268$, $\sum xy=1\,481$, 要求：(1) 计算相关系数；

(2) 建立 y 对 x 的回归直线方程；

(3) 计算估计标准误差。

6. 某地区 2014—2018 年，人均月收入和商品销售额资料如表 8.15 所示。要求：

(1) 以人均月收入为自变量，商品销售额为因变量，建立回归直线方程。

(2) 如果 2020 年该地区的人均月收入估计达到 8 500 元，利用回归方程推算 2020 年该地区的商品销售额。

表 8.15　某地区 2014—2018 年人均月收入和商品销售额

年份	人均月收入/元	商品销售额/万元
2014	4 800	2 200
2015	6 000	3 000
2016	6 400	2 800
2017	6 800	3 200
2018	7 600	4 000

五、综合题

1. 登录国家统计局网站，查阅 1978—2018 年中国 GDP 和教育投资额数据，分析两者之间的相关性，建立合适的回归方程，预测 2025 年中国的教育投资额。

2. 登录国家统计局网站，查阅 2011—2018 年中国人均可支配收入和社会消费品零售额数据，利用 Excel 分析两者之间的相关性，建立合适的回归方程，预测 2025 年中国社会消费品零售额。

附录 8-1：应用 Excel 计算相关系数

附表 8.1 是 1995—2004 年中国全社会固定资产投资额（单位：亿元）和财政收入（单位：亿元），利用 Excel 的数据分析功能计算它们的相关系数。

附表 8.1　1995—2004 年中国全社会固定资产投资额和财政收入

年份	固定资产投资额	财政收入	年份	固定资产投资额	财政收入
1995	20 019.26	6 242.20	2000	32 917.73	13 395.23
1996	22 974.03	7 407.99	2001	37 213.49	16 386.04
1997	25 318.00	8 651.14	2002	43 499.91	18 903.64
1998	28 406.17	9 875.95	2003	55 566.61	21 715.25
1999	29 854.71	11 444.08	2004	70 073	25 718

资料来源：国家统计局，http://www.stats.gov.cn。

首先,将表中的数据输入 Excel 中的 A1:C13 区域,利用 Excel 的图表向导功能作出如附图 8.1 所示的散点图,从散点图可以看出,全社会固定资产投资额与财政收入有很明显的线性相关性。

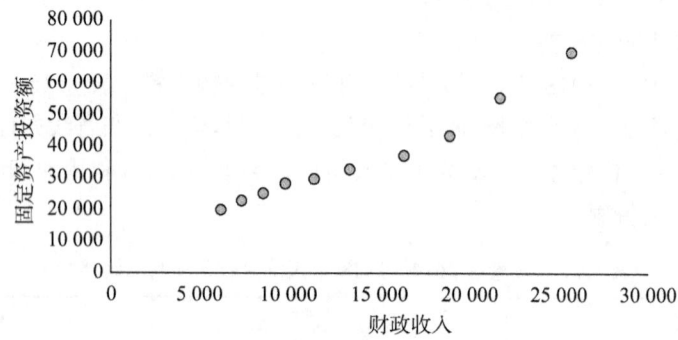

附图 8.1　固定资产投资额与财政收入的散点图

其次,利用 Excel 计算固定资产投资额与财政收入的相关系数。
具体步骤如下。
第一步,点击"数据"菜单中的"数据分析"。
第二步,在"数据分析"对话框中,选择"相关系数",并点击"确定"。
第三步,在相关系数对话框中的"输入区域"框中输入"B2:C11",在"分组方式"框中点击"列",在"输出区域"框中输入"A14",最后,点击"确定"。Excel 会立即给出计算的相关系数。如附表 8.2。

附表 8.2　相关系数

	A	B	C			
1	年份	固定资产投资额	财政收入			
2	1995	20 019.26	6 242.2			
3	1996	22 974.03	7 407.99			列1	列2
4	1997	25 318	8 651.14	列1	1	
5	1998	28 406.17	9 875.95	列2	0.977 931	1
6	1999	29 854.71	11 444.08			
7	2000	32 917.73	13 395.23			
8	2001	37 213.49	16 386.04			
9	2002	43 499.91	18 903.64			
10	2003	55 566.61	21 715.25			
11	2004	70 073	25 718			

显然,全社会固定资产投资额与财政收入的相关系数是 0.977 9,高度正相关。

附录8-2：应用Excel计算回归系数

仍然利用附表8.1中的资料,以全社会固定资产投资额为自变量,财政收入为因变量,建立财政收入对全社会固定资产投资额的简单线性回归方程。

第一步,将数据输入"A1:C11"。

第二步,点击"数据"菜单中的"数据分析"。

第三步,在"数据分析"对话框中,选择"回归",并点击"确定"。

第四步,在"回归"对话框中的 y 值"输入区域"框中输入"C2:C11",在 X 值"输入区域"框中输入"B2:B11",在"输出区域"框中输入"E2",点击"线拟合图",最后,点击"确定",Excel立即给出回归分析的结果,如附表8.3所示,回归方程是 $\hat{y}=-807.109+0.404\,028x$；$r=0.977\,9$；$R^2=0.956\,3$。

附表8.3 回归分析的结果

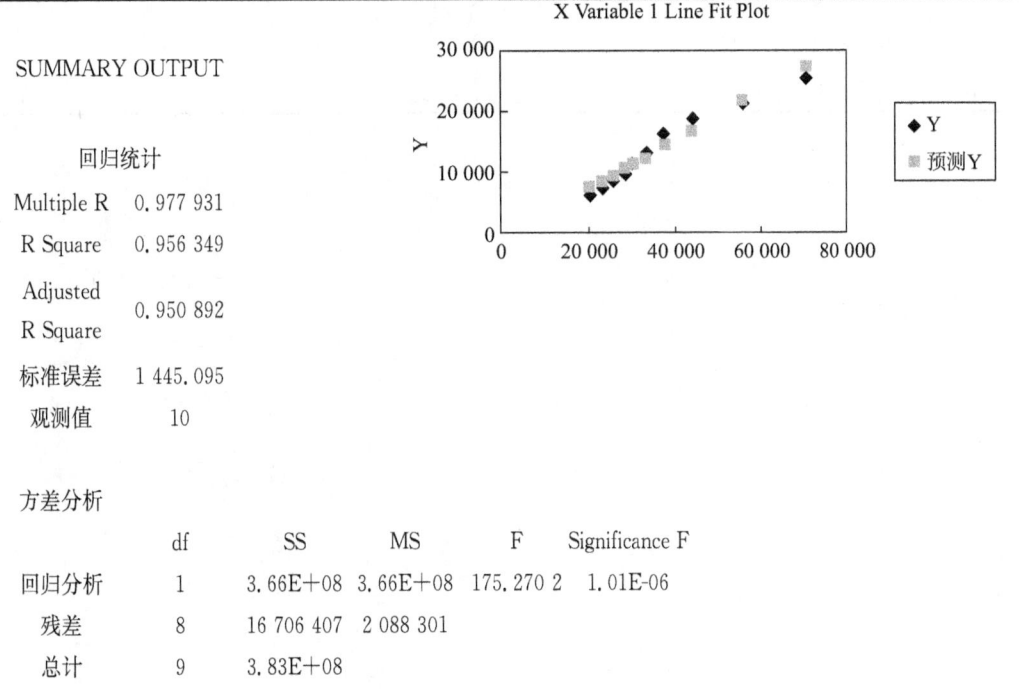

SUMMARY OUTPUT

回归统计	
Multiple R	0.977 931
R Square	0.956 349
Adjusted R Square	0.950 892
标准误差	1 445.095
观测值	10

方差分析

	df	SS	MS	F	Significance F
回归分析	1	3.66E+08	3.66E+08	175.270 2	1.01E-06
残差	8	16 706 407	2 088 301		
总计	9	3.83E+08			

	Coefficients	标准误差	t Stat	P-value	Lower 95%	Upper 95%	下限 95.0%	上限 95.0%
Intercept	−807.109	1 206.384	−0.669 03	0.522 309	−3 589.03	1 974.816	−3 589.03	1 974.816 383
X Variable 1	0.404 028	0.030 518	13.238 97	1.01E-06	0.333 653	0.474 402	0.333 653	0.474 402 314

续表

RESIDUAL OUTPUT

观测值	预测 Y	残差
1	7 281.223	−1 039.02
2	8 475.032	−1 067.04
3	9 422.06	−770.92
4	10 669.77	−793.816
5	11 255.02	189.064 1
6	12 492.56	902.669 6
7	14 228.17	2 157.874
8	16 768.05	2 135.587
9	21 643.33	71.918 36
10	27 504.31	−1 786.31

参 考 答 案

第一章

一、单项选择题

1. A 2. A 3. C 4. C 5. C 6. A 7. A 8. C 9. A 10. D 11. D 12. A 13. A 14. C 15. C

二、判断题

题号	1	2	3	4	5	6	7	8	9	10
答案	√	√	√	√	×	×	×	√	×	×

三、填空题

1. 统计资料

2. 应用统计学

3. 咨询职能

4. 总体性

5. 统计分析

6. 无限总体

7. 统计总体;总体单位

8. 全部产品;每一件产品

9. 不变标志

10. 离散型变量

四、综合题

1. (1) 这项统计调查研究的总体是外资金融机构从业者

   (2) 月收入是定量变量

   (3) 支付宝和微信支付方式是定性变量

2. 略

第二章

一、单项选择题

1. C 2. C 3. B 4. C 5. C 6. D 7. D 8. C 9. C 10. D 11. C 12. A 13. D 14. D 15. A

二、判断题

题号	1	2	3	4	5	6	7	8	9	10
答案	√	√	×	√	×	√	√	√	√	×

三、填空题

1. 定距数据

2. 调查的范围；经常性调查；一次性调查

3. 随机性

4. 典型调查

5. 单一表

6. 基层报表

7. 直接观察法

8. 次级资料

9. 调查期限

10. 定距尺度

四、综合题

1. 略　2. 略

第三章

一、单项选择题

1. A　2. B　3. C　4. C　5. C　6. C　7. A　8. A　9. A　10. B　11. C　12. B　13. D　14. A　15. A

二、判断题

题号	1	2	3	4	5	6	7	8	9	10
答案	×	×	√	√	√	×	×	√	√	×

三、填空题

1. 计算

2. 分组标志

3. 复合分组

4. 单项式；组距式

5. 组限；组中值

6. 等距式；不等距式

7. 下限＋邻组组距/2

8. U形分布

9. 复合分组表

10. 开口组

四、计算题

1. 按成绩分组,编制成下表所示的分配数列。

50 名同学的考试成绩分配数列

按成绩分组/分	人数/人
40~50	1
50~60	4
60~70	11
70~80	17
80~90	11
90~100	6
合计	50

直方图和折线图:略。

2. 按完成生产定额的百分比分组,编制成下表所示的分配数列。

完成生产定额/%	人数/人
80~100	5
100~120	21
120~140	11
140~160	3
合计	40

直方图和折线图:略。

3. 按年龄分组的单项数列如下表。

按年龄分组/岁	人数/人
16	2
17	8
18	15
19	5
20	5
21	3
22	2
合计	40

按年龄分组的组距数列如下表。

按年龄分组/岁	人数/人
16~18	10
18~20	20
20~23	10
合计	40

五、综合题

1. 略 2. 略

第四章

一、单项选择题

1. B 2. D 3. C 4. B 5. B 6. A 7. B 8. D 9. A 10. C 11. B 12. A 13. B 14. A 15. D

二、判断题

题号	1	2	3	4	5	6	7	8	9	10
答案	√	√	×	×	√	√	×	×	√	×

三、填空题

1. 无名数

2. 总体单位总量指标；时期指标

3. 离散系数

4. 结构相对

5. 比较相对

6. 两个对比指标的可比性

7. 集中

8. 时期；总体标志总量

9. 中位数

10. 每组的次数

四、计算题

1. 根据指标之间的关系，将计算结果列入下表。

	2018年		2017年实际完成/万元	2018年比2017年增长/%
	实际完成/亿元	比重/%		
国内生产总值	500		476.19(2)	5
第一产业	150(1)	30	145	3.45(3)
第二产业	203.14(4)	40.63(5)	192	5.8
第三产业	146.86(6)	29.37(7)	139.19	5.51(8)

计算公式：

(1) $=500\times30\%=150$

(2) $=\dfrac{500}{1+5\%}=\dfrac{500}{1.05}=476.19$

(3) $=\dfrac{150-145}{145}=\dfrac{5}{145}=3.45\%$

(4) $=192\times(1+5.8\%)=203.14$

(5) $=\dfrac{203.14}{500}=40.63\%$

(6) $=500-150-203.14=146.86$

(7) $=\dfrac{146.86}{500}=29.37\%$

(8) $=\dfrac{146.86-139.19}{139.19}=5.51\%$

2. 劳动生产率计划完成程度$=\dfrac{\text{实际完成数}}{\text{计划任务数}}=\dfrac{1+10\%}{1+8\%}=\dfrac{110}{108}=101.85\%$

3. 设计划规定比去年增长x，根据题意有

$$\dfrac{1+5\%}{1+x}=103\%\Rightarrow 1+x=\dfrac{1.05}{1.03}=1.0194\Rightarrow x=0.0194=1.94\%,$$

因此，计划规定比去年增长1.94%。

4. (1) 结构相对指标：

2018年，该地区消费额占国民收入的比重$=\dfrac{410}{520}=78.85\%$

该地区投资额占国民收入的比重$=\dfrac{110}{520}=21.15\%$

比例相对指标：

消费：投资$=420:110=3.82:1$

(2) 人均国民收入$=\dfrac{\text{国民总收入}}{\text{年平均人口数}}=\dfrac{5\,200\,000}{3\,250}=1\,600(\text{元}/\text{人})$

5. 比较相对指标

2017年：

$\dfrac{\text{甲国钢产量}}{\text{乙国钢产量}}=\dfrac{3\,000}{5\,000}=60\%$ $\qquad$ $\dfrac{\text{甲国人口数}}{\text{乙国人口数}}=\dfrac{6\,000}{7\,143}=84\%$

2018年：

$\dfrac{\text{甲国钢产量}}{\text{乙国钢产量}}=\dfrac{3\,300}{5\,250}=63\%$ $\qquad$ $\dfrac{\text{甲国人口数}}{\text{乙国人口数}}=\dfrac{6\,000}{7\,192}=83.43\%$

强度相对指标

2017年：甲国人均钢产量$=\dfrac{3\,000}{6\,000}=0.5(\text{吨}/\text{人})$

$$乙国人均钢产量 = \frac{5\,000}{7\,143} = 0.7(吨/人)$$

$$2018 年:甲国人均钢产量 = \frac{3\,300}{6\,000} = 0.55(吨/人)$$

$$乙国人均钢产量 = \frac{5\,250}{7\,192} = 0.73(吨/人)$$

动态相对指标：

$$甲国钢产量的动态相对指标 = \frac{3\,300}{3\,000} = 1.1 = 110\%$$

$$乙国钢产量的动态相对指标 = \frac{5\,250}{5\,000} = 1.05 = 105\%$$

$$甲国人口数的动态相对指标 = \frac{6\,000}{6\,000} = 1 = 100\%$$

$$乙国人口数的动态相对指标 = \frac{7\,192}{7\,143} = 1.006 = 100.7\%$$

6. 次数最大的是 87，对应的工人技术等级为 4 级，所以，众数＝4 级。

全部工人数＝325 人，中点为 325/2＝162.5，所以，中点为第 162 个和第 163 个，第 162 个和第 163 个工人的技术等级都是 4 级，所以，中位数是 4 级。

7. (1) 45 最大，众数在 6000～8000 这一组中，

$$M_O = L + \frac{\Delta_1}{\Delta_1 + \Delta_2} \times d = 6\,000 + \frac{45-20}{(45-20)+(45-25)} \times (8\,000-6\,000)$$

$$= 6\,000 + \frac{25}{25+20} \times 2\,000 = 6\,000 + 1\,111.11 = 7\,111.11$$

中点位置＝100/2＝50，中位数在 6 000～8 000 这一组中，

$$Me = L + \frac{\frac{\sum f}{2} - S_{Qm-1}}{f_m} \times d = 6\,000 + \frac{50-20}{45} \times (8\,000 - 6\,000)$$

$$= 6\,000 + 1\,333.33 = 7\,333.33$$

(2) 各组组中值＝5 000、7 000、9 000、11 000

$$\bar{x} = \frac{\sum xf}{\sum f} = \frac{5\,000 \times 20 + 7\,000 \times 45 + 9\,000 \times 25 + 11\,000 \times 10}{20+45+25+10} = \frac{750\,000}{100} = 7\,500$$

$$\sigma^2 = \frac{\sum (x-\bar{x})^2 f}{\sum f} = \frac{2\,500^2 \times 20 + 500^2 \times 45 + 1\,500^2 \times 25 + 3\,500^2 \times 10}{100} = 3\,150\,000$$

$$\sigma = \sqrt{3\,150\,000} = 1\,774.8$$

$$V_\sigma = \frac{\sigma}{\bar{X}} = \frac{\sqrt{3\,150\,000}}{7\,500} = \frac{1\,774.8}{7\,500} = 0.236\,6 = 23.66\%$$

五、综合题

1. 略　2. 略

第五章

一、单项选择题

1. B　2. C　3. C　4. C　5. D　6. C　7. A　8. C　9. A　10. D　11. B　12. D　13. A　14. B　15. B

二、判断题

题号	1	2	3	4	5	6	7	8	9	10
答案	×	√	×	×	√	×	×	×	√	√

三、填空题

1. 平均数动态数列

2. 序时平均数；动态

3. 累计；逐期

4. 定基；环比

5. 增长量/基期水平；发展速度－1

6. 长期趋势

7. 6.67%

8. 移动平均法

9. 按月平均法；1 200%

10. 各期环比发展速度

四、计算题

1. 该地区 2018 年的年平均人口数为

$$\bar{a}=\frac{\sum\frac{a_i+a_{i+1}}{2}f_i}{\sum f_i}=\frac{\frac{21.65+21.76}{2}\times 6+\frac{21.76+21.35}{2}\times 2+\frac{21.35+21.50}{2}\times 4}{6+2+4}$$

$$=\frac{259.04}{12}=21.59(万人)$$

2. 该商业银行 2018 年上半年的储蓄存款平均余额是

$$\bar{a}=\frac{\frac{a_1}{2}+a_2+a_3+\cdots+a_{n-1}+\frac{a_n}{2}}{n-1}$$

$$=\frac{\frac{8\,123}{2}+8\,135+8\,124.5+8\,231.2+8\,234+8\,119.5+\frac{8\,115}{2}}{6}$$

$$=\frac{48\,963.2}{6}=8\,160.53(万元)$$

全年的储蓄存款平均余额是

$$\bar{a} = \frac{\frac{a_1}{2} + a_2 + a_3 + \cdots + a_{n-1} + \frac{a_n}{2}}{n-1}$$

$$= \frac{\frac{8\,123}{2} + 8\,135 + 8\,124.5 + \cdots + 8\,291 + 8\,291.2 + \frac{8\,295}{2}}{12}$$

$$= \frac{98\,520.8}{12} = 8\,210.07(万元)$$

3. (1) 该企业 2018 年上半年工业总产值的平均发展水平是

$$\bar{a} = \frac{\sum a}{n} = \frac{245 + 268 + 279 + 295 + 322 + 346}{6} = \frac{1\,755}{6} = 292.5(万元)$$

工业总产值的增长量：

月份		1	2	3	4	5	6
总产值/万元		245	268	279	295	322	346
增长量/万元	逐期		23	11	16	27	24
	累计		23	34	50	77	101
平均增长量/万元		\multicolumn{6}{c}{20.2}

(2) 工业总产值的速度指标：

月份		1	2	3	4	5	6
总产值/万元		245	268	279	295	322	346
发展速度/%	定基		109	114	120	131	141
	环比		109	104	106	109	107
	平均				107		
增长速度/%	定基		9	14	20	31	41
	环比		9	4	6	9	7
	平均				7		

(3) 第一季度的月平均劳动生产率是

$$\bar{c} = \frac{\bar{a}}{\bar{b}} = \frac{\frac{\sum a}{n}}{\frac{\frac{b_1}{2} + b_2 + \cdots + b_{n-1} + \frac{b_n}{2}}{n-1}} = \frac{245 + 268 + 279}{\frac{1\,980}{2} + 2\,180 + 2\,230 + \frac{2\,295}{2}} = \frac{792}{6\,547.5}$$

$$= 0.120\,962(万元/人) = 1\,209.62(元/人)$$

第二季度的月平均劳动生产率是

$$\bar{c}=\frac{\bar{a}}{\bar{b}}=\frac{\dfrac{\sum a}{n}}{\dfrac{\dfrac{b_1}{2}+b_2+\cdots+b_{n-1}+\dfrac{b_n}{2}}{n-1}}=\frac{295+322+346}{\dfrac{2\,295}{2}+2\,319+2\,397+\dfrac{2\,385}{2}}=\frac{963}{7\,056}$$

$$=0.136\,479(万元/人)=1\,364.79(元/人)$$

4. (1) 第一季度非生产人员比重是

$$\bar{c}=\frac{\bar{a}}{\bar{b}}=\frac{\left(\dfrac{a_1}{2}+a_2+\cdots+a_{n-1}+\dfrac{a_n}{2}\right)/(n-1)}{\left(\dfrac{b_1}{2}+b_2+\cdots+b_{n-1}+\dfrac{b_n}{2}\right)/(n-1)}=\frac{\dfrac{724}{2}+716+680+\dfrac{692}{2}}{\dfrac{4\,000}{2}+4\,040+4\,045+\dfrac{4\,075}{2}}$$

$$=\frac{2\,104}{12\,122.5}=17.36\%$$

第二季度非生产人员比重是

$$\bar{c}=\frac{\bar{a}}{\bar{b}}=\frac{\left(\dfrac{a_1}{2}+a_2+\cdots+a_{n-1}+\dfrac{a_n}{2}\right)/(n-1)}{\left(\dfrac{b_1}{2}+b_2+\cdots+b_{n-1}+\dfrac{b_n}{2}\right)/(n-1)}=\frac{\dfrac{692}{2}+685+666+\dfrac{660}{2}}{\dfrac{4\,075}{2}+4\,072+4\,080+\dfrac{4\,095}{2}}$$

$$=\frac{2\,027}{12\,237}=16.56\%$$

第一季度非生产人员比重大于第二季度非生产人员比重。

(2) 上半年非生产人员比重是

$$\bar{c}=\frac{\bar{a}}{\bar{b}}=\frac{\left(\dfrac{a_1}{2}+a_2+\cdots+a_{n-1}+\dfrac{a_n}{2}\right)/(n-1)}{\left(\dfrac{b_1}{2}+b_2+\cdots+b_{n-1}+\dfrac{b_n}{2}\right)/(n-1)}=\frac{17.36\%+16.56\%}{2}=16.96\%$$

5. $a_0=12.78$ 亿元,$a_5=25$ 亿元

社会商品零售额每年平均增长量是

$$\bar{a}=\frac{a_n-a_0}{n}=\frac{25-12.78}{5}=2.44(亿元)$$

6. 年平均销售利润率是

$$\bar{c}=\frac{\bar{a}}{\bar{b}}=\frac{\dfrac{\sum a}{n}}{\dfrac{\sum b}{n}}=\frac{\sum bc}{\sum b}=\frac{300\times30\%+350\times35\%+380\times33\%+410\times38\%}{300+350+380+410}$$

$$=\frac{493.7}{1440}=34.28\%$$

7. $a_0 = 5, \bar{x} = 116\%, a_n = 40$

$a_n = a_0 \bar{x}^n, 40 = 5 \times (1.16)^n \Rightarrow n\ln 1.16 = \ln 8$

$n = \dfrac{\ln 8}{\ln 1.16} = \dfrac{2.079}{0.148\ 4} = 14.009\ 4 = 14.01(年)$

8. (1) 各期的逐期增长量大致相等,该地区彩色电视机的销售量具有线性上升趋势。

(2) $n = 6$,时间 t 的取值为 $-5, -3, -1, 1, 3, 5$。

设趋势线的方程为 $\hat{y} = a + bt$。

$a = \dfrac{\sum y}{n} = \dfrac{68 + 71 + 75 + 79 + 84 + 88}{6} = \dfrac{465}{6} = 77.5$

$b = \dfrac{\sum ty}{\sum t^2} = \dfrac{-5 \times 68 - 3 \times 71 - 1 \times 75 + 1 \times 79 + 3 \times 84 + 5 \times 88}{(5^2 + 3^2 + 1^2) \times 2}$

$= \dfrac{143}{70} = 2.04$

所以 $\hat{y} = a + bt = 77.5 + 2.04t$ 为所求的趋势线方程。

2021 年时,$t = 11$,

所以 $y_{2021} = 77.5 + 2.04 \times 11 = 99.94(万台)$

9. 用按月平均法计算汗衫、背心销售量的季节比率。

月份	1	2	3	4	5	6	7	8	9	10	11	12
2015	12	17	44	68	111	225	210	85	42	22	17	13
2016	18	22	60	92	142	240	199	97	55	30	18	15
2017	16	24	66	90	150	255	240	130	78	50	25	19
2018	17	22	69	96	155	265	250	133	85	50	26	20
同月总和	63	85	239	346	558	985	899	445	260	152	86	67
月平均	15.75	21.25	59.75	86.5	139.5	246.25	224.75	111.25	65	38	21.5	16.75
季节比率 /%	18.06	24.37	68.53	99.21	160	282.43	257.77	127.59	74.55	43.58	24.66	19.21

总的月平均数 $= 4\ 185/48 = 87.19$

五、综合题

1. 略 2. 略

第六章

一、单项选择题

1. C 2. B 3. D 4. C 5. C 6. B 7. D 8. B 9. D 10. A 11. D 12. D 13. D 14. D 15. D

二、判断题

题号	1	2	3	4	5	6	7	8	9	10
答案	×	√	√	×	√	√	√	×	×	×

三、填空题

1. 平均性
2. 个体指数；总体指数
3. 平均指标对比指数
4. 综合；平均数
5. 基期；帕氏
6. 基期；报告期
7. 数量指标综合指数
8. 质量指标指数
9. 环比
10. 7.1%

四、计算题

1. （1）产量个体指数：

$$I_{q,甲} = \frac{q_1}{q_0} = \frac{5\,500}{5\,000} = 1.1 = 110\% \qquad I_{q,乙} = \frac{q_1}{q_0} = \frac{3\,600}{3\,000} = 1.2 = 120\%$$

价格个体指数：

$$I_{p,甲} = \frac{p_1}{p_0} = \frac{25}{20} = 1.25 = 125\% \qquad I_{p,乙} = \frac{p_1}{p_0} = \frac{28}{25} = 1.12 = 112\%$$

（2）产量总指数：

$$k_q = \frac{\sum q_1 p_0}{\sum q_0 p_0} = \frac{5\,500 \times 20 + 3\,600 \times 25}{5\,000 \times 20 + 3\,000 \times 25} = \frac{200\,000}{175\,000} = 114.29\%$$

（3）价格总指数：

$$k_p = \frac{\sum q_1 p_1}{\sum q_1 p_0} = \frac{5\,500 \times 25 + 3\,600 \times 28}{5\,500 \times 20 + 3\,600 \times 25} = \frac{238\,300}{200\,000} = 119.15\%$$

2. $$k_p = \frac{\sum p_1 q_1}{\sum p_0 q_1} = \frac{\sum p_1 q_1}{\sum \frac{1}{\frac{p_1}{p_0}}} = \frac{60 + 20 + 120}{\frac{60}{1.04} + \frac{20}{0.97} + \frac{120}{1.06}} = \frac{200}{57.69 + 20.62 + 113.21}$$

$$= \frac{200}{191.52} = 104.4\%$$

$$\sum p_1 q_1 - \sum p_0 q_1 = 200 - 191.52 = 8.48$$

3. (1) 拉斯贝尔销售量指数：

$$k_q = \frac{\sum q_1 p_0}{\sum q_0 p_0} = \frac{36 \times 1.1 + 20 \times 8.0 + 16 \times 2.2}{30 \times 1.1 + 20 \times 8.0 + 14 \times 2.2} = \frac{234.8}{223.8} = 104.9\%$$

拉斯贝尔价格指数：

$$k_p = \frac{\sum q_0 p_1}{\sum q_0 p_0} = \frac{30 \times 1.5 + 20 \times 10 + 14 \times 2.5}{30 \times 1.1 + 20 \times 8.0 + 14 \times 2.2} = \frac{280}{223.8} = 125.11\%$$

(2) 帕氏销售量指数：

$$k_q = \frac{\sum q_1 p_1}{\sum q_0 p_1} = \frac{36 \times 1.5 + 20 \times 10 + 16 \times 2.5}{30 \times 1.5 + 20 \times 10 + 14 \times 2.5} = \frac{294}{280} = 105\%$$

帕氏价格指数：

$$k_p = \frac{\sum q_1 p_1}{\sum q_1 p_0} = \frac{36 \times 1.5 + 20 \times 10 + 16 \times 2.5}{36 \times 1.1 + 20 \times 8.0 + 16 \times 2.2} = \frac{294}{234.8} = 125.21\%$$

4. 贸易额指数 $= \frac{\sum p_1 q_1}{\sum p_0 q_0} = \frac{4\,000 + 700 + 600}{3\,600 + 400 + 600} = \frac{5\,300}{4\,600} = 115.22\%$

贸易额上升了 15.22%，绝对数增加了 $5\,300 - 4\,600 = 700$（万元）。

价格指数 $k_p = \frac{\sum p_1 q_1}{\sum \frac{1}{\frac{p_1}{p_0}} \times p_1 q_1} = \frac{4\,000 + 700 + 600}{\frac{4\,000}{0.5} + \frac{700}{0.875} + \frac{600}{1.505}} = \frac{5\,300}{9\,198.67} = 57.62\%$

价格下降了 42.38%，贸易额减少了 $5\,300 - 9\,198.67 = -3\,898.67$（万元）。

贸易量指数 $k_q = \frac{115.22\%}{57.62\%} = 199.97\%$

$700 = (-3\,898.67) + 4\,598.67$

贸易量上升了 99.97%，使贸易额增加了 4 598.67 万元。

5. 基期全厂的劳动生产率 $= \frac{\sum x_0 f_0}{\sum f_0} = \frac{1 \times 100 + 0.9 \times 95}{100 + 95} = \frac{185.5}{195} = 0.951\,3$（吨/人）

报告期全厂的劳动生产率 $= \frac{\sum x_1 f_1}{\sum f_1} = \frac{1.2 \times 140 + 0.95 \times 100}{100 + 140} = \frac{263}{240} = 1.095\,83$（吨/人）

劳动生产率指数 $= \frac{1.095\,83}{0.951\,3} = 1.151\,9 = 115.19\%$，劳动生产率增长了 15.19%。

各车间劳动生产率的变化对全厂劳动生产率的影响，即固定构成指数为

$$\frac{\dfrac{\sum x_1 f_1}{\sum f_1}}{\dfrac{\sum x_0 f_1}{\sum f_1}}=\frac{\dfrac{1.2\times 140+0.95\times 100}{240}}{\dfrac{1\times 140+0.9\times 100}{240}}=\frac{1.095\ 83}{0.958\ 3}=1.143\ 5=114.35\%$$

各车间生产工人数的变化对全厂劳动生产率的影响,即结构影响指数为

$$\frac{\dfrac{\sum x_0 f_1}{\sum f_1}}{\dfrac{\sum x_0 f_0}{\sum f_0}}=\frac{\dfrac{1\times 140+0.9\times 100}{240}}{\dfrac{1\times 100+0.9\times 95}{195}}=\frac{0.958\ 3}{0.951\ 3}=1.007\ 4=100.74\%$$

综合来看,

相对数上:$1.151\ 9=1.143\ 5\times 1.007\ 4$

绝对数上:$1.095\ 83-0.951\ 3=(1.095\ 83-0.958\ 3)+(0.958\ 3-0.951\ 3)$

6. 出口总值指数$=1+35.2\%=135.2\%=$出口价格指数$\times$出口商品物量指数
$$=(1+15\%)\times\text{出口商品物量指数}$$

出口商品物量指数$=\dfrac{135.2\%}{115\%}=117.57\%$

进口总值指数$=1+20\%=120\%=$进口价格指数$\times$进口商品物量指数
$$=(1-10\%)\times\text{进口商品物量指数}$$

进口商品物量指数$=\dfrac{120\%}{90\%}=133.33\%$

7. 由国内生产总值=年平均人口数×劳动生产率,得

国内生产总值指数=年平均人口数指数×劳动生产率指数

即$(1+16\%)=(1+2\%)\times$劳动生产率指数

劳动生产率指数$=\dfrac{116\%}{102\%}=113.73\%$

所以劳动生产率提高了 13.73%。

8. 材料总消耗量=产量(q)×单耗(p)

材料总消耗量指数$=\dfrac{\sum p_1 q_1}{\sum p_0 q_0}=\dfrac{1\ 350\times 21+600\times 6}{1\ 200\times 20+500\times 8}=\dfrac{31\ 950}{28\ 000}=114.11\%$

材料总消耗上升了 14.11%,绝对数增加了 $31\ 950-28\ 000=3\ 950$(千克)

产量指数:$k_q=\dfrac{\sum q_1 p_0}{\sum q_0 p_0}=\dfrac{1\ 350\times 20+600\times 8}{1\ 200\times 20+500\times 8}=\dfrac{31\ 800}{28\ 000}=113.57\%$

产量上升了 13.57%,使得材料消耗量增加了 $31\ 800-28\ 000=3\ 800$(千克)

单耗指数：$k_p = \dfrac{\sum p_1 q_1}{\sum p_0 q_1} = \dfrac{31\ 950}{31\ 800} = 100.47\%$

单耗上升了 0.47%，使得材料消耗量增加了 $31\ 950 - 31\ 800 = 150$（千克）

综合来看，

相对数上：$114.11\% = 113.57\% \times 100.47\%$

绝对数上：$3\ 950 = 3\ 800 + 150$

五、综合题

1. 略　2. 略

第七章

一、单项选择题

1. D　2. D　3. B　4. D　5. A　6. A　7. C　8. D　9. A　10. D　11. D　12. B　13. B　14. D　15. A

二、判断题

题号	1	2	3	4	5	6	7	8	9	10
答案	×	√	×	√	√	√	√	√	×	×

三、填空题

1. 越高

2. 样本容量的平方根；标准差

3. 重复；不重复

4. 样本容量；抽样方法

5. 扩大为原来的四倍

6. 等距抽样

7. 区间估计

8. 成反比例关系

9. 大

10. 抽样极限误差

四、计算题

1. $N = 20\ 000$，$n = 200$，$n_1 = 20$，$p = \dfrac{n_1}{n} = \dfrac{20}{200} = 0.1$，$q = 0.9$

重复抽样时：$\mu_p = \sqrt{\dfrac{pq}{n}} = \sqrt{\dfrac{0.1 \times 0.9}{200}} = 0.021\ 2 = 2.12\%$

不重复抽样时：$\mu_p = \sqrt{\dfrac{pq}{n}\left(1 - \dfrac{n}{N}\right)} = \sqrt{\dfrac{0.1 \times 0.9}{200} \times \left(1 - \dfrac{200}{20\ 000}\right)} = 0.021\ 1 = 2.11\%$

2.

正常工作时间/千小时(组中值 x)	电视机/台
7	15
9	30
11	50
13	40
15	9
合计	144

$$\bar{x}=\frac{\sum xf}{\sum f}=\frac{7\times15+9\times30+11\times50+13\times40+15\times9}{144}=\frac{1\ 580}{144}=10.97(千小时)$$

$$\sigma^2=\frac{\sum(x-\bar{x})^2 f}{\sum f}$$

$$=\frac{(7-10.97)^2\times15+(9-10.97)^2\times30+(11-10.97)^2\times50+(13-10.97)^2\times40+(15-10.97)^2\times9}{144}$$

$$=\frac{663.90}{144}=4.61(千小时)^2$$

$$\mu_{\bar{x}}=\sqrt{\frac{\sigma^2}{n}\left(1-\frac{n}{N}\right)}=\sqrt{\frac{4.61}{144}\times(1-1\%)}=0.178=17.8\%$$

3. $N=1\ 000\ 000$ 个,$n=1\ 000$ 个,$n_1=20$ 个,$F(t)=99.73\%$,$t=3$

$$p=\frac{n_1}{n}=\frac{20}{1\ 000}=2\%,q=1-2\%=98\%$$

该厂生产的废品率的点估计值为 2%。

$$\mu_p=\sqrt{\frac{pq}{n}\left(1-\frac{n}{N}\right)}=\sqrt{\frac{0.02\times0.98}{1\ 000}\times\left(1-\frac{1\ 000}{1\ 000\ 000}\right)}=0.44\%$$

该厂生产的废品率的区间估计值为

$p-t\mu_p\leqslant P\leqslant p+t\mu_p$,

$2\%-3\times0.44\%\leqslant P\leqslant 2\%+3\times0.44\%$

$0.68\%\leqslant P\leqslant 3.32\%$

4. 不重复抽样时:

$$n_{\bar{x}}=\frac{Nt^2\sigma^2}{N\Delta_{\bar{x}}^2+t^2\sigma^2}=\frac{15\ 000\times(1.96)^2\times5^2}{15\ 000\times(2)^2+1.96^2\times25}=\frac{1\ 440\ 600}{60\ 096.04}=23.97=24(个)$$

5. $n=425$,$n_1=5$,$p=\frac{n_1}{n}=\frac{5}{425}=1.18\%$,合格品率$=1-1.18\%=98.82\%$。

所以,这批电视机的合格品率估计为 98.82%。

6. $N=150$ 万亩,$n=100$ 亩,$\bar{x}=500$ 千克,$\sigma=10$ 千克,$F(t)=0.9545$,$t=2$

$$\mu_{\bar{x}} = \sqrt{\frac{\sigma^2}{n}} = \sqrt{\frac{10^2}{100}} = 1, \Delta_{\bar{x}} = t\mu_{\bar{x}} = 2 \times 1 = 2$$

所以，平均亩产量的可能范围是

$$\begin{cases} \bar{x} - \Delta_{\bar{x}} \leqslant \bar{X} \leqslant \bar{x} + \Delta_{\bar{x}} \\ 500 - 2 \leqslant \bar{X} \leqslant 500 + 2 \\ 498 \text{ 千克/亩} \leqslant \bar{X} \leqslant 502 \text{ 千克/亩} \end{cases}$$

总产量是 $\sum X = N\bar{X}$，所以总产量的可能范围是

$$N(\bar{x} - t\mu_{\bar{x}}) \leqslant N\bar{X} \leqslant N(\bar{X} + t\mu_{\bar{x}})$$

$$150 \times 498 \leqslant N\bar{X} \leqslant 150 \times 502$$

$$74\ 700 \text{ 万千克} \leqslant N\bar{X} \leqslant 75\ 300(\text{万千克})$$

7. $n = 200, n_1 = 8, \dfrac{n}{N} = 4\%, F(t) = 0.954\ 5, t = 2$

$$p = \frac{8}{200} = 4\%, q = 1 - 4\% = 96\%$$

$$\mu_p = \sqrt{\frac{pq}{n}\left(1 - \frac{n}{N}\right)} = \sqrt{\frac{0.04 \times 0.96}{200} \times (1 - 4\%)} = 0.013\ 58 = 1.36\%$$

废品率的范围是

$$p - t\eta \leqslant P \leqslant p + t\eta$$

$$0.04 - 2 \times 1.36\% \leqslant P \leqslant 0.04 + 2 \times 1.36\%$$

$$1.28\% \leqslant P \leqslant 6.72\%$$

所以不能认为这批产品的废品率不超过 5%。

五、综合题

1. 略　2. 略

第八章

一、单项选择题

1. C　2. B　3. D　4. B　5. A　6. D　7. C　8. B　9. C　10. B　11. C　12. D　13. A　14. B　15. D

二、判断题

题号	1	2	3	4	5	6	7	8	9	10
答案	√	×	√	√	√	×	√	√	×	×

三、填空题

1. 相关关系
2. 单相关

3. 函数；+1 或 -1
4. 1 390
5. 多元回归分析
6. 密切程度；方向
7. 估计标准误差
8. 反向
9. 负相关
10. 最小平方法

四、计算题

1. (1) 散点图略。

   (2) 相关系数 $r = \dfrac{\sum(x-\bar{x})(y-\bar{y})}{\sqrt{\sum(x-\bar{x})^2}\sqrt{\sum(y-\bar{y})^2}} = 0.9509 \approx 0.951$

   (3) 根据线性回归方程求解回归系数

   $\hat{b} = \dfrac{n\sum xy - \sum x \sum y}{n\sum x^2 - (\sum x)^2} = 0.202$

   $\hat{a} = \bar{y} - \hat{b}\bar{x} = 21.81$

   所以，线性回归方程是 $\hat{y} = \hat{a} + \hat{b}x = 21.81 + 0.202x$。

2. (1) 设自变量是产量，为 x，因变量是单位成本，为 y。

   相关系数 $r = \dfrac{n\sum xy - \sum x \sum y}{\sqrt{n\sum x^2 - (\sum x)^2}\sqrt{n\sum y^2 - (\sum y)^2}} = -0.91$

   (2) $\hat{b} = \dfrac{n\sum xy - \sum x \sum y}{n\sum x^2 - (\sum x)^2} = -1.82$

   $\hat{a} = \bar{y} - \hat{b}\bar{x} = 77.37$

   $\hat{y} = \hat{a} + \hat{b}x = 77.37 - 1.82x$

   (3) 当产量达到 10 千件时，$\hat{y} = \hat{a} + \hat{b}x = 77.37 - 1.82 \times 10 = 59.17$(元/件)

3. 根据已知条件，有

   $\hat{b} = \dfrac{n\sum xy - \sum x \sum y}{n\sum x^2 - (\sum x)^2} = \dfrac{7 \times 9318 - 1890 \times 31.1}{7 \times 5355 - 1890^2} = \dfrac{6447}{-3534615} = -0.0018$

   $\hat{a} = \bar{y} - \hat{b}\bar{x} = \dfrac{\sum y}{n} - \hat{b}\dfrac{\sum x}{n} = \dfrac{31.1}{7} + 0.0018 \times \dfrac{1890}{7} = 4.93$

   所以，线性回归方程是 $\hat{y} = \hat{a} + \hat{b}x = 4.93 - 0.0018x$。

4. （1）根据已知条件,有

$$r = \hat{b}\frac{\sigma_x}{\sigma_y} \Rightarrow 0.92 = \hat{b} \times \frac{5}{6} \Rightarrow \hat{b} = 1.104$$

所以,y 对 x 的回归方程是 $\hat{y} = \hat{a} + \hat{b}x = 3.75 + 1.104x$

（2）$S_y = \sigma_y\sqrt{1-r^2} = 6 \times \sqrt{1-0.92^2} = 6 \times \sqrt{0.1536} = 2.35$

5. （1）相关系数为

$$r = \frac{n\sum xy - \sum x \sum y}{\sqrt{n\sum x^2 - (\sum x)^2}\sqrt{n\sum y^2 - (\sum y)^2}} = \frac{6 \times 1481 - 21 \times 426}{\sqrt{6 \times 79 - 21^2} \times \sqrt{6 \times 30268 - 426^2}}$$

$$= \frac{-60}{66} = -0.91$$

（2）根据已知条件,有

$$\hat{b} = \frac{n\sum xy - \sum x \sum y}{n\sum x^2 - (\sum x)^2} = \frac{6 \times 1481 - 21 \times 426}{6 \times 79 - 21^2} = -\frac{60}{33} = -1.82$$

$$\hat{a} = \bar{y} - \hat{b}\bar{x} = \frac{\sum y}{n} - \hat{b}\frac{\sum x}{n} = \frac{426}{6} + 1.82 \times \frac{21}{6} = 77.37$$

$$\hat{y} = \hat{a} + \hat{b}x = 77.37 - 1.82x$$

（3）$S_y = \sqrt{\dfrac{\sum y^2 - \hat{a}\sum y - \hat{b}(\sum xy)}{n-2}} = \sqrt{\dfrac{30268 - 77.37 \times 426 + 1.82 \times 1481}{6-2}}$

$$= \sqrt{\frac{3.8}{4}} = 0.975$$

6. （1）设回归直线方程为 $\hat{y} = \hat{a} + \hat{b}x$。

$$\hat{b} = \frac{n\sum xy - \sum x \sum y}{n\sum x^2 - (\sum x)^2} = 0.601$$

$$\hat{a} = \bar{y} - \hat{b}\bar{x} = \frac{\sum y}{n} - \hat{b}\frac{\sum x}{n} = -758.32$$

$$\hat{y} = \hat{a} + \hat{b}x = -758.32 + 0.601x,$$

（2）如果 2020 年时,人均月收入为 8500 元,则该地区商品销售额为

$y = -758.32 + 0.601 \times 8500$

$= 4350.18$（万元）

五、综合题

1. 略　2. 略

参考文献

[1] 贾俊平,谭英平.应用统计学.北京:中国人民大学出版社,2008.
[2] 袁卫,庞皓,曾五一,贾俊平.统计学习题与案例.北京:高等教育出版社,2006.
[3] 夏南新.新概念统计学.北京:中国财政经济出版社,2000.
[4] 黄良文.社会经济统计学原理.北京:中国统计出版社,1996.
[5] 施锡铨.抽样调查的理论和方法.上海:上海财经大学出版社,1996.
[6] 李心愉.应用经济统计学.北京:北京大学出版社,1999.
[7] 徐国祥、王德发.新中国统计思想史.上海:上海财经大学出版社,1999.
[8] 柯惠新,等.调查研究中的统计分析方法.北京:北京广播学院出版社,1992.
[9] 李洁明,等.统计学原理.上海:复旦大学出版社,2003.
[10] 钱伯海、黄良文.统计学.成都:四川人民出版社,1992.
[11] 陈允明.国民经济统计概论.北京:中国人民大学出版社,1995.
[12] 栗方忠.统计学原理标准化题型习题集.大连:东北财经大学出版社,2001.
[13] 郭国锋.国民经济统计概论自学考试题解.北京:中华工商联合出版社,1996.
[14] 徐国祥.指数理论及指数体系研究.上海:上海财经大学出版社,1999.

内容提要

　　本书主要介绍了基本的统计思想、统计理论和统计方法,教会读者用统计思想思考问题,用统计方法解决社会实际问题,书中结合 Excel 软件进行示范,以提高读者学习统计学的兴趣和应用统计方法解决实际问题的能力。第二版中增加了实验教学的相关内容,并且更新了所有的实际案例和关于数据的内容。

　　本书可作为高等院校经济管理类专业的教材和参考书,也可作为统计知识爱好者和研究人员的参考书。